Die Weinsteuer

vom Standpunkt der Gerechtigkeit, des Finanzbedarfes und des fördernden Schutzes von Produktion und reellem Handel.

Von

Hermann Fitz.

Springer-Verlag Berlin Heidelberg GmbH 1908

ISBN 978-3-662-32253-6 ISBN 978-3-662-33080-7 (eBook)
DOI 10.1007/978-3-662-33080-7

Vorwort.

Als Auszug aus einer größeren wissenschaftlichen Arbeit, die sich die Aufgabe gestellt hatte, das weite Thema der Weinsteuer in allseitiger Beleuchtung möglichst zu erschöpfen, gehen die nachfolgenden Blätter in die Öffentlichkeit: sie wenden sich an weitere Kreise der am Weinbau und Weinhandel unmittelbar oder mittelbar Interessierten mit der kühnen Absicht, eine möglichst große Zahl derselben für die darin vorgetragenen Ansichten zu gewinnen. Unter diesem Gesichtspunkt muß die vorliegende Schrift, die tendenziös auf die Einführung einer besonders gearteten Weinsteuer im Deutschen Reich zugeschnitten ist, beurteilt werden. Von ihm aus wird sich manche mir wohl bewußte Schwäche nicht nur als entschuldbar, sondern sogar als zweckdienlich erklären, wie namentlich eine gewisse Eindringlichkeit, selbst wiederholter Hinweis auf Bedeutungsvolles und eine den Stoff der Weinsteuer keineswegs erschöpfende Beschränkung auf das, was mir für das besondere Bestreben dieser Abhandlung von größerer Wichtigkeit schien. So glaubte ich vor allem statistische Betrachtungen, Erörterungen über der eigentlichen Weinsteuer nahe verwandte Gebiete, wie des Weinzolls und der Schaumweinsteuer, sowie nähere Darstellung der geschichtlichen und bestehenden Weinsteuergesetzgebung ziemlich übergehen zu können, um so mehr, da diese Verhältnisse schon größtenteils behandelt sind und ich in dieser Richtung kaum Neues hätte bieten können.

Hinsichtlich der Anordnung des Stoffes möchte ich hervorheben, daß ich mich im ersten Hauptteil nach Möglichkeit darauf zu beschränken suchte, nur allgemeinere Richtlinien anzugeben, wobei ich mich noch nicht ins Detail der Begründung verlieren wollte. Diesen theoretischen Teil zu Anfang hielt ich hauptsächlich deshalb für nützlich, um gleich von vornherein im Überblick erkennen zu lassen, wohin der Kurs der Untersuchung führt, so daß der Schlußteil gewissermaßen die unbedingt erwartete Folgerung für jeden Leser bilden kann. Der einzige Nachteil dieses Vorgehens liegt wohl nur darin, daß hin und wieder eine kleine Wiederholung nicht zu vermeiden war und ich den Leser bei der anfänglich allgemeineren Zusammenfassung bitten muß, sich mit eventuellen Einwürfen bis zum Eingehen ins Detail der Begründung zu gedulden.

Als Sohn eines Weingutsbesitzers würde ich mich glücklich schätzen, durch nachfolgenden Versuch einer eigenartigen Bearbeitung der Weinsteuer etwas zur Klärung dieser komplizierten Steuerfrage beitragen zu können, für weitere Kreise wünschenswerte Anregung zu bieten und vor allem auch den Nachweis zu liefern, daß an eine erfolgreiche Lösung der Weinfrage, um die nun schon Jahrzehnte lang ein heftigster wirtschaftlicher Kampf tobt, nur durch das Mittel der Weinsteuer gedacht werden kann.

Halle a. S., im Juli 1908.

Hermann Fitz.

Inhaltsverzeichnis.

Einleitung.

Die Frage der zweckdienlichen Durchführung einer Weinsteuer in Deutschland darf man wohl eine brennende Zeitfrage nennen und, wenn dies auch für den gegenwärtigen Augenblick noch von mancher Seite bestritten werden mag, so weisen doch unverkennbare Anzeichen deutlich darauf hin, daß sie für die nächste Zukunft von großer Aktualität werden wird. Damit rechtfertigt sich wohl der Gegenstand der vorliegenden Arbeit, um so mehr, da es um die Literatur über dieses Thema noch nicht sehr reich bestellt ist. Wohl ist der Weinsteuer in vielen finanzwissenschaftlichen Werken gelegentlich der Besprechung der Verbrauchsbesteuerung eine mehr oder minder gedrängte und kritische Betrachtung gewidmet, wohl sind auch schon in Aufsätzen teils bloß journalistisch-agitorischen, teils auch wissenschaftlichen Charakters die bestehenden Verhältnisse einzeln oder auch in gruppierender Übersicht geschildert worden, aber über diese ihren erstrebten Zweck erfüllende Behandlung hinaus fehlt eine umfassendere Darstellung mit positiven, wohl begründeten Vorschlägen für eine befriedigende Lösung des Weinsteuerproblems vollkommen. Zudem vergessen die meisten bisherigen Abhandlungen über die Weinsteuer allzusehr zu berücksichtigen, wie gerade diese Steuerfrage mit den Interessen der einschlägigen Produktion und auch des Handels auf das engste verknüpft ist. Hat man überhaupt bei der Einführung oder Änderung jeder Steuer und besonders jeder Verbrauchssteuer die voraussichtlichen Wirkungen auf das wirtschaftliche Leben wohl zu beachten, so darf getrost gesagt werden, daß jeder Versuch, eine beste Form der Weinsteuer ausfindig zu machen, von größter Bedenklichkeit ist, wenn er nicht in erster Linie das eifrigste Bestreben zeigt, alle Schwierigkeiten unter peinlichster wohlwollender Berücksichtigung der Produktion und des reellen Handels in Wein zu lösen.

Bei einer allgemeinen Betrachtung des jetzigen Standes der Weinsteuerfrage im Deutschen Reiche muß es eigentlich etwas sonderbar berühren, zu sehen, wie man meistens von der Gerechtigkeit und Zweckdienlichkeit der Weinsteuer durchaus überzeugt ist und trotzdem überall eine kleinere oder größere Scheu bemerkbar wird, die Weinsteuer, sei es zunächst nur theoretisch oder auch praktisch, in der festen Überzeugung ihrer Durchführbarkeit und Nützlichkeit mit Entschiedenheit aufzugreifen und sie einer besten Lösung zuführen zu wollen. Diese eigenartige Scheu erklärt sich aus mannigfachen Gründen. Soweit es nicht allgemein auf Vorurteil oder mangelndem Einblick in das komplizierte Gebiet der Weinfragen beruht, dürfte es bei Finanztheoretikern öfters eine gewisse Zaghaftigkeit sein, welche die außerordentlichen Schwierigkeiten bei der Weinbesteuerung für kaum überwindbar hält; für die Regierung und die Reichsschatzsekretäre, die schon seit längerer Zeit mehr oder minder offensichtlich mit einer Weinsteuer liebäugeln, sowie für die führenden Politiker scheint immer noch neben der Rücksicht auf die Bundesstaaten, die eine private Weinsteuer besitzen, die Furcht vor der bei unbeliebten neuen Steuern allzu leicht aufwallenden Volksseele vorzuherrschen; die Weinproduzenten dagegen und die reellen Händler, bei denen die Freunde einer besonders gearteten Weinsteuer schon eine beträchtliche, sich fortwährend mehrende Zahl darstellen, wagen es oft nicht freimütig Farbe zu bekennen, eingeschüchtert durch die Boykottdrohungen des Handels, der zu einem großen Prozentsatz, leider zum Nachteil des ganzen Standes, durch sein Verhalten in den letzten Jahrzehnten von einem gerechten Beurteiler vertrauende Voraussetzung besonderer Reellität kaum beanspruchen kann. Dieser wohl größere Teil des Handels allerdings wird bei jedem auftauchenden Gedanken an die Einführung einer Reichsweinsteuer mächtig Lärm schlagen und nach Kräften dagegen agitieren; könnte und sollte ihm doch vor allem durch eine Steuerkontrolle etwas mehr auf die Finger gesehen werden. Ihm werden in seinem Entrüstungssturm aus Produktionskreisen unreelle Elemente, die natürlich auch hier nicht fehlen, aus bösem Willen und eine große Zahl, die das bloße Wort

Steuer sofort in Schrecken versetzt, aus Kurzsichtigkeit Helfersdienste leisten.

Es ist zuzugeben, daß alle diese Momente der weitverbreiteten Scheu vor der Weinsteuer auf den ersten Blick wirklich dazu angetan sind, bezüglich einer befriedigenden Durchführbarkeit dieser Steuer recht skeptisch zu stimmen. Doch wie darf man bei diesen ersten großen Schwierigkeiten schon den Mut verlieren?! Nein, man prüfe zunächst einmal ohne Voreingenommenheit in einer eindringenden Untersuchung die ganze Frage und man wird vielleicht, trotz allen Widerspruchs von gegnerisch interessierter Seite unter der Voraussetzung, daß man sich auf einen vorurteilsfreien Standpunkt der Gerechtigkeit, des Finanzbedarfes und vor allem der Schutzbedürftigkeit der Reellität in Weinproduktion und Weinhandel zu stellen vermag, zum Schluß fast allgemein auf dem Standpunkt ankommen, daß die bisher so stiefmütterlich behandelte Weinsteuer, in wohldurchdachter Weise ausgebaut, eine gerechteste und nützlichste Steuer werden kann. Wohl ist — darüber kann ja kein Zweifel herrschen — jede Steuer, insbesondere die indirekten, an und für sich etwas Lästiges, ein gewisses Übel. Gibt es aber Steuern, die überwiegend von offensichtlichem Nutzen sein können, dann dürfte sicherlich als erste zu ihnen eine Weinsteuer gehören, die sich im Sinne der nachstehenden Untersuchung zu bewegen befleißigt. Denn man nenne doch eine zweite Steuer, die nicht nur im Interesse der Staatskasse, sondern auch vor allem in dem der Produzenten und des reellen Handels, sowie auch der Konsumenten liegt!

Erster Abschnitt.

Die Theorie der Weinsteuer.

I. Berechtigung der Weinsteuer.

Keiner langen Erörterung bedarf es wohl, um eigens nachzuweisen, daß die Besteuerung des Weins an und für sich zulässig und berechtigt ist. Ist tatsächlich für unsere moderne Finanzwissenschaft die Gerechtigkeit ein oberstes Prinzip, dann muß man sich doch des schreienden Unrechtes bewußt sein, den ein Zustand darstellt, in welchem Bier und Branntwein, die Getränke der minder bemittelten Bevölkerung, mit hohen Abgaben belastet sind, während der Wein steuerfrei bleibt. Daß aber gerade die alkoholischen Getränke ein sehr geeignetes Steuerobjekt sind, darüber sind sich alle, die nicht grundsätzlich jede Verbrauchssteuer verurteilen, vollkommen einig, und auch die Praxis bestätigt dies, indem in allen Kulturstaaten die Getränkesteuern nicht nur zu den ältesten, sondern auch den finanziell bedeutungsvollsten indirekten Steuerquellen gehören. Ist doch das maßgebende Moment der Entbehrlichkeit, der freiwilligen Selbstbelastung und Selbstentlastung, d. h. der sich offenbarenden Grundlage für eine steuerbare Leistungsfähigkeit, besonders in diesen Verbrauchssteuern, die mit der Bevölkerung und dem Wohlstand in ihrer Ergiebigkeit zu wachsen pflegen, weitgehend ausgeprägt. Zudem trifft ihre Besteuerung in der Hauptsache auch nur die arbeits- und erwerbsfähige männliche Bevölkerung, und zwar diese bei einigermaßen verhältnismäßiger Heranziehung aller Getränke ziemlich in ihrer Gesamtheit, wodurch auch dem Grundsatz möglichster Verteilung der Steuerlast auf das gesamte Volksvermögen Genüge geleistet wird.

Und nicht einmal als Nahrungsmittel, sondern wesentlich als Genußmittel, und zwar großenteils der Luxuskonsumtion mit nur zu leicht eintretender nachteiliger Wirkung auf Gesundheit und Wirtschaftslage hat man die geistigen Getränke einzuschätzen. Durch diese allgemeine Aufstellung soll natürlich keineswegs einer wohlbegründeten Unterscheidung für die speziellen Verhältnisse der einzelnen Länder vorgegriffen werden, worauf aber hier nicht eingegangen werden kann. Hinsichtlich des Weins muß anerkannt werden, daß er in einigen Gebieten, wie Italien, Spanien, dem größeren Teil von Frankreich das gewöhnliche Getränk breiter Schichten der Bevölkerung bildet, obwohl auch hier immer mehr andere geistige Getränke in starken Wettbewerb treten. Ob man dies auch von Deutschland sagen kann oder welche Beurteilung man den dortigen Verhältnissen angedeihen lassen muß, darüber erst später das nähere.

Eine beliebte Einwendung gegen die Berechtigung der Weinsteuer geht dahin, daß der Wein ein landwirtschaftliches Produkt ist und deshalb schon in der Besteuerung des Grund und Bodens und in der Einkommensteuer regelmäßig getroffen ist. Aber ganz ungeachtet dessen, daß diese Behauptung bei der hervorragenden Bedeutung einer verständigen Kellerbehandlung auf den Wein, die in ihrer Ausartung ja gegebenenfalls ein Erzeugnis herzustellen vermag, bei dem das Naturprodukt, die Traube, nur den geringeren Bestandteil ausmacht, sehr weit abgestritten werden kann, müßte eine Anerkennung dieses Einwurfes mit derselben Folgerichtigkeit dahin führen, auch für Branntwein, Bier und vor allem Tabak, auf deren Rohstoffen die gleichen Abgaben ruhen, Steuerfreiheit zu verlangen. Daraus dürfte die Haltlosigkeit der Einrede schon ohne weiteres hervorleuchten. Und überdies, entbehrt dieser Einwurf nicht überhaupt jedes motivierenden Rückhaltes, wenn derjenige, der die Grund- bzw. Einkommensteuer für das landwirtschaftliche Produkt der Trauben zahlt, d. h. der Winzer, durchdie Weinsteuer keineswegs belastet wird? Daß aber diese wichtigste Bedingung, ohne deren Erfüllung selbstredend von vornherein die Weinsteuer jede Berechtigung verliert, erreicht werden kann, das glauben wir in späteren Erörterungen bestimmt erweisen zu können.

Sicherlich läßt sich, wie diese Arbeit klarzulegen bemüht sein wird, bei der Erstrebung gewisser Anforderungen die Besteuerung des Weins, ähnlich wie die der übrigen geistigen Getränke, zu einer recht ergiebigen Finanzquelle ausgestalten, ohne dadurch berechtigte allgemeine oder spezielle Interessen in bedenklicher Weise verletzen zu brauchen, ja sogar mit dem besonderen Vorteil, in höchstem Maße für die mit der Steuer verbundene unvermeidliche Belästigung entschädigen zu können. Allerdings kann nicht in Abrede gestellt werden, daß bei der Weinsteuer die eigentümlichen Schwierigkeiten, die überhaupt die Besteuerung der alkoholischen Getränke aufweist, noch außerordentlich gesteigert sind und infolgedessen eine befriedigende Lösung der Weinsteuer zu den kompliziertesten Aufgaben der Steuerverwaltung gehört. Aber diese Schwierigkeiten dürften sich als keineswegs unüberwindlich herausstellen. Fragt man also, ob der Wein besteuert werden darf und soll, so muß, solange Verbrauchssteuern überhaupt nur anerkannt und angewendet werden, mit einem entschiedensten Ja geantwortet werden.

II. Die Höhe der Weinsteuer.

So wenig auch die grundsätzliche Berechtigung der Weinsteuer in der finanzwissenschaftlichen Literatur bestritten wird, so gehen doch hinsichtlich der Art ihrer Durchführbarkeit sowie auch schon bezüglich des Steuermaßes die Meinungen ziemlich auseinander. Es sei hier zunächst versucht, die angemessene Höhe des Steuersatzes theoretisch zu bestimmen. Natürlich kann es sich hierbei nicht um das Finden eines absoluten Maßes handeln, sondern es sollen in allgemeiner Betrachtung nur die Momente hervorgehoben werden, welche hauptsächlich bei der Festsetzung des Steuersatzes zu berücksichtigen sind.

Um diesen Zweck zu erreichen, wird sich sofort ein reflektierender Vergleich mit den übrigen Getränkesteuern aufdrängen. Wenn es auch nicht leicht ist, bei den verschiedenen Erhebungsformen ein entsprechendes Verhältnis der Steuersätze für die einzelnen alkoholischen Getränke zu konstruieren, so dürfte doch darin Übereinstimmung herrschen, daß der Steuerfuß für Wein ebensowenig unter dem für Bier bleiben, als den für Branntwein übersteigen darf. Dieses Verhältnis ergibt sich schon in Ansehung des Alkoholgehaltes, der ja vor allem das wirkende Reizmittel der geistigen Getränke darstellt; es enthält nämlich an Alkohol

Branntwein etwa 35—50%, Wein 5—20%, Bier 2—6%. Die gleiche Schlußfolgerung hinsichtlich des Steuermaßes läßt sich auch aus der Vergleichung der Verbrauchsmengen ziehen, in denen die einzelnen Getränke genossen zu werden pflegen. Es ist klar, daß bei den relativ kleinen Portionen des Branntweinkonsums ein hoher Steuerfuß längst nicht so ins Gewicht fällt, wie bei den bedeutend größeren des Wein- oder gar erst des Bierkonsums.

Hält man nun die gegenwärtige Besteuerung des Biers in den süddeutschen Staaten, im Gegensatz zur norddeutschen Brausteuergemeinschaft, für angemessen, so berechnet sich der Satz der Malzsteuer auf mindestens 10 % vom Wert des fertigen Fabrikates, wogegen die Höhe der deutschen Branntweinsteuer durchschnittlich etwa 300% des Wertes ausmachen dürfte. Damit sind die äußersten Grenzzahlen gegeben, zwischen denen sich der Satz der Weinsteuer bewegen darf.

Wohin hat sich nun der Steuerfuß des Weins zu neigen, an den des Branntweins oder an den des Biers? Zur Beantwortung dieser Frage muß man sich zuerst vergegenwärtigen, was die exzeptionelle Höhe der Branntweinsteuer in der Hauptsache neben den obigen äußerlichen Gründen bedingt. Selbstverständlich denkt man da sofort an die gesundheitspolizeilichen und sozialpolitischen Aufgaben, welche dem Staat als dem machtbegabtesten politischen Organ der Gesellschaft gegenüber dem Alkohol und den offensichtlichen Gefahren seiner Konsumtion obliegen: sehr richtig ist die allgemeine Erkenntnis der verderblichen Wirkungen gewohnheitsmäßigen Branntweinkonsums auf die Maßnahme der Steuerpolitik von großem Einfluß geworden. Erfordert nun aber auch der Weinkonsum ein solches sittlich-sanitäres Eingreifen des Staates? Sicherlich nicht, so wenig wie der Bierkonsum! Sein Steuerfuß braucht deshalb auch nichts weniger als an die Höhe des Branntweinsatzes sich anzulehnen. Demgegenüber wird aber der Wein aufs engste mit dem Bier insofern verbunden, daß beide die mächtigsten Feinde des gefährlichen Branntweins, d. h. der Hauptursache des Alkoholismus, sind und daß beide deshalb als wirksamste Mittel für die Bekämpfung des Branntweingenusses angesehen werden müssen. Daraus ergibt sich die Folgerung, daß der Steuerfuß des Weins sich an den des Biers zu halten hat und schon deshalb nicht zu hoch genommen werden darf, um nicht eventuell den Branntweinkonsum zu vergrößern.

Unterzieht man nun aber die Eigenschaften des Weins und des Biers einer Vergleichung, so sind sich die Mediziner darüber nahezu einig, daß ihr mäßiger Genuß trotz ihres Alkohols wegen ihrer sonstigen Bestandteile für unschädlich zu erachten ist. Auch darin herrscht ziemliche Übereinstimmung, daß der Wein, allerdings nur der Naturwein im scharfen Gegensatz zum übermäßig gezuckerten oder gar fabrizierten Wein, wegen seines mindest schädlichen Äthylalkohols und wegen der in ihm, besonders im Rotwein, enthaltenen Substanzen anderer Art noch gesünder und weniger bedenklich als das Bier ist. Trotzdem soll aber keineswegs der Steuersatz des Weins dem des Biers vollständig oder auch nur annähernd gleich sein. Denn man muß doch immer bedenken, daß der Wein in der Hauptsache das Getränk der wohlhabenden Klassen darstellt und in Deutschland im allgemeinen als ein Artikel der Luxuskonsumtion anzusehen ist, während man im Bier das typische Volksgetränk hat. Dieser Umstand darf natürlich nicht seinen Einfluß auf eine gerechte Besteuerung verfehlen, deren Ziel ein möglichstes Heranziehen nach der Leistungsfähigkeit sein muß.

Ein allzu niedriger Satz empfiehlt sich außerdem nicht rücksichtlich der Staatskasse, die doch auch zu ihrem Rechte kommen soll. In Anbetracht der gerade beim Wein recht beträchtlichen Erhebungskosten ist nicht zu vergessen, daß diese sich bei erhöhtem Steuerfuß in gleichem Verhältnis zum Mehrertrag vermindern. Allerdings ist hierbei die relative Begrenztheit dieser Behauptung nicht außer acht zu lassen. Denn nicht immer wachsen die Erträge aus indirekten Steuern proportional mit der Höhe des Satzes, sondern von einer gewissen Grenze an pflegen sie sich zu verringern, nämlich dann, wenn die Kaufkraft oder die Kauflust des Publikums bedenklich überspannt wird und infolge davon eine größere Verbrauchseinschränkung eintritt. Doch ist dieser Umstand beim Wein nicht allzu rasch zu befürchten, da es sich bei ihm zumeist um ein recht kaufkräftiges Publikum handelt, und bei einem solchen, wie sich vor allem bei der Schaumweinsteuer zeigte, die der menschlichen Natur eingepflanzte Genußsucht auf die Dauer hinlänglich für keinen oder doch wenigstens keinen fühlbaren Konsumrückgang bürgen dürfte.

Wie man jedoch besonders beim Wein wieder vorsichtig mit der Höhe des Steuersatzes sein soll und sie nicht erheblich über die des Biers steigern darf, darauf weisen folgende beiden wichtigen Momente hin. Erstlich muß die Rücksicht auf die Weinproduktion, die ja einen obersten Grundsatz für diese Bearbeitung der Steuerfrage bildet, auch hinsichtlich der Bemessung des Steuerfußes von ausschlaggebender Bedeutung sein. Unter keinen Umständen darf die Weinsteuer eine Schädigung des Weinbaus mit sich bringen, d. h. also auch, ihr Satz darf keine Höhe annehmen, die geeignet wäre, eine beträchtliche Verbrauchsverminderung herbeizuführen. Es würde für den deutschen Weinbau mit seinen ansehnlichen volkswirtschaftlichen Werten in der jetzigen Notlage der Ruin bedeuten, wollte man ihm direkt oder indirekt auch nur niedere Steuerlast aufbürden. Für den geringen Konsumrückgang, der fürs erste bei der Einführung der Weinsteuer wohl nicht ganz ausbleiben dürfte, ist der Produktion unbedingt voller Ersatz zu schaffen. Wie leicht dies geschehen kann und wo die Entschädigung einzusetzen hat, davon sei hier vorerst nur andeutungsweise so viel gesagt, daß die gegenwärtige Notlage des Weinbaus weit überwiegend der unreellen Konkurrenz der Weinfabrikation und Weinvermehrung oder wie sich diese euphemistisch zu nennen pflegt, der Weinverbesserung zu verdanken ist. Genau in der gleichen Richtung liegen auch die Interessen des reellen Handels.

Das weitere nicht zu übersehende Moment, auch beim Wein die Steuerschraube nicht zu straff anzuziehen, liegt in dem starken Anreiz zur Defraudation mit ihren demoralisierenden Folgen, den jeder zu hohe Steuersatz ausübt. Die besonderen Schwierigkeiten einer wirksamen Kontrolle bei der Weinsteuer mahnen hier zu um so größerer Vorsicht, wenn demgegenüber auch in mancher Hinsicht die Kaufkraft der Konsumenten einen gewissen Ausgleich bildet.

Damit wären wohl die wichtigsten Grenzlinien für die Höhe des Weinsteuersatzes, soweit sie sich theoretisch bestimmen lassen, gezogen. Es erübrigt sich nur noch eine kleine Untersuchung anzufügen. Man wird vielleicht einwenden, wir seien oben mit der absoluten Behauptung, der Wein sei in ganz Deutschland im allgemeinen ein Luxusgetränk, zu generell vorgegangen; im Süden und Westen von Deutschland müsse man den Wein als Nahrungs- oder doch wenigstens als allgemeines Genußmittel ansehen. Aber das dürfte doch wohl nicht ohne weiteres anzuerkennen sein.

Wenigstens für unsere Heimat, die Rheinpfalz, — und in den anderen deutschen Weinländern dürften die Verhältnisse gerade so oder doch ähnlich liegen, — können wir sagen, daß der Wein an allen Orten, an denen nicht unmittelbar Weinbau getrieben wird, kaum anders als wie ein Luxusartikel eingeschätzt werden kann. In der Weingegend selbst allerdings wird man wohl in dem Wein ein allgemeineres Genußmittel erblicken müssen, niemals aber ein mehr oder minder schwer entbehrliches Nahrungsmittel. Jedoch ist es eine offenkundige Tatsache, daß sich für die Weinproduzenten, sowie für die Weinbauarbeiter, die übrigens mit ganz geringen Ausnahmen selbst über ein Stück Rebland verfügen, der Weinkonsum sich größerenteils auf den häuslichen beschränkt. Für jeden minderbemittelten Winzer jedenfalls ist es nicht häufig, wenn er außerhalb seiner oder seiner Genossen oder seines Arbeitgebers Behausung Wein konsumiert; als sein gewöhnliches Getränk in den Wirtschaften muß das Bier angenommen werden. Sollte aber trotzdem in einzelnen Gegenden der Weinkonsum in den Wirtschaften auch für die kleineren Winzer üblicher sein, so ist dies eben wie bei den größeren Weinproduzenten entschieden ein Luxus, welchen sie sich über das allgemeine Genußmittel ihres Haustrunkes, den sie alle haben, gestatten und der keineswegs eine prinzipielle Bevorzugung verdient.

Dieser ganzen Sachlage kann deshalb durchaus genügend Rechnung getragen werden, wenn man für alle Weinproduzenten den häuslichen Weinkonsum abgabefrei läßt, eine Steuerbefreiung, die auch in anderer Hinsicht gerechtfertigt erscheint, weil der Weinbauer für den selbst verbrauchten Teil des Ertrages durch die Grundsteuer bzw. Einkommensteuer schon einigermaßen getroffen ist, eine direkte Verbrauchssteuer somit für ihn tatsächlich eine Mehrbelastung gegenüber den anderen Konsumenten bedeutete, und doch für jeden, der die Reben mit tausend Mühen und Sorgen pfleglich behandelt, das Schmerzenskind Wein — so kann man wahrlich mit bestem Rechte sagen — etwas viel näher Stehendes ist, als für alle übrigen, die ihn erst kaufen müssen. Demgegenüber sehen wir aber durchaus keinen Grund ein, warum der Wein für Beamte, Rentiers, kurz die ganze übrige Bevölkerung des Weinbaugebietes, die nicht unmittelbar am Weinbau interessiert ist, sowie für die Fremden eigentlich nicht ebensogut im

Weinland mehr oder minder ein Luxusartikel sein sollte, wie im übrigen Deutschland. Und dann darf man sich doch nicht über die schon bestehenden Verhältnisse der Weinbesteuerung hinwegtäuschen, auf die an dieser Stelle nur kurz hingewiesen werden kann. Nicht dort, wo der Wein ohne allen Zweifel durchaus ein Luxusgetränk darstellt, ist er gegenwärtig besteuert, sondern in 3 hauptsächlichen Weinländern, in Württemberg, Baden und Elsaß-Lothringen, die zusammen mehr als die Hälfte der gesamten deutschen Rebfläche umfassen und in denen am ersten vielleicht noch an den Ausdruck Volksgetränk gedacht werden könnte. Die diese private Weinsteuer ersetzende Reichsweinsteuer wird fragliche Weinbaugebiete nur wenig mehr, zum Teil sogar nicht unerheblich niedriger steuerlich heranzuziehen vermögen. Man berücksichtige doch hier vor allem, wie zurzeit in den genannten drei wichtigsten Weinländern gerade gegen den Weinkonsum der breiteren, wenig bemittelteren Volksschichten gefrevelt wird, wie besonders in Baden und Elsaß-Lothringen durch die Fixsteuer ohne jede Qualitätsberücksichtigung der billige Wein in unerhörtem Mißverhältnis zum besseren Wein tatsächlich mit 25 und mehr Prozent belastet ist.

In Anbetracht aller dieser Umstände sollte man sich doch in dieser Richtung nicht mehr kleinlichen Bedenken hingeben: wir wenigstens können bei dieser Sachlage nichts erkennen, was stichhaltig dafür sprechen sollte, entweder der Weinsteuer den Charakter der Luxussteuer überhaupt abzustreiten oder anzunehmen, es sei von Wichtigkeit, Form und Höhe der Besteuerung in den Weinbaugebieten anders zu gestalten, als im übrigen Deutschland. Dagegen wird aus weiteren Betrachtungen noch mehr als ein Grund hervorgehen, daß es unbedingt erwünscht ist, für ganz Deutschland eine einheitlich durchgeführte Steuer zu bekommen. Auch wird sich später nochmals Gelegenheit finden darauf hinzuweisen, wie durch die in Vorschlag zu bringende prozentuale Wertsteuer ganz unwillkürlich die größere Allgemeinheit des Weingenusses in den Weinbaugebieten angemessenerweise in Rechnung gebracht wird.

III. Die Überwälzung der Weinsteuer.

Es sei jetzt vor allem der Blick auf die Frage der Steuerüberwälzung gelenkt, da eine eingehende Untersuchung derselben bei jeder Steuer, insbesondere aber bei den Verbrauchssteuern von höchster Bedeutung ist und ihre unentschuldbare Vernachlässigung von seiten der Steuerpolitik von den mißlichsten Folgen begleitet sein kann. Zudem bildet ja die Befürchtung, daß die Weinsteuer, wie sie auch veranlagt werden würde, endgültig stets vom Winzer getragen werden müßte, das von weiten Kreisen hauptsächlich gehegte Bedenken gegen dieselbe.

Gänzlich verfehlt wäre es, bei der Einführung oder auch nur Abänderung einer Steuer sich auf die gerecht ausgleichende Macht der Überwälzung als einen einfachen sicheren Prozeß zu verlassen. Die Lehre von der Steuerüberwälzung gehört wegen der Mannigfaltigkeit der hier einwirkenden Faktoren zu den schwierigsten der Finanzwissenschaft, über die keine volle Einigkeit herrscht. Jedoch dürfte es kaum mehr einem Zweifel unterliegen, daß die Überwälzung eine Machtfrage ist, die sich in ganz analoger Weise austrägt wie die Machtfrage der Preisbestimmung. Auf die wesentlichsten Momente der Einwirkung bei Verbrauchssteuern im allgemeinen und bei der Weinsteuer im besonderen muß im folgenden zum allgemeinen Verständnis etwas näher eingegangen werden.

Wer Steuerdestinatar ist, d. h. wer die Steuer endgültig nach Absicht des Gesetzgebers tragen soll, darüber kann bei Verbrauchssteuern kein Zweifel herrschen: es ist der Konsument. Da nun meist diese Steuern der leichteren Durchführbarkeit wegen nicht unmittelbar vom Steuerdestinatar erhoben werden, gehört die Überwälzung in den Steuerplan, und es ist deshalb dringendste Aufgabe der Finanzverwaltung, nach Kräften für einen richtigen Vollzug derselben Sorge zu tragen. Liegt die Erfüllung dieser Aufgabe aber im Bereich der Möglichkeit, werden sich nicht stets die wirtschaftlichen Verhältnisse stärker erweisen als die Staatsgewalt? Nicht ganz mit Recht dürfte oft ein erfolgreiches Eingreifen der Steuerpolitik in zu starke Zweifel gezogen werden, wenigstens nicht für einzelne Fälle.

Feststeht, daß der wirtschaftlich Stärkere bei der Überwälzung den Sieg davontragen wird. Aber bei dieser Machtfrage scheint unseres Erachtens gewöhnlich das persönlich Individuelle etwas zu sehr in den Vordergrund gestellt zu werden. Da dieses aber bei jedem am Überwälzungsvorgang Beteiligten verschieden zu sein pflegt, so kann sich wohl der eine Steuerzahler stark genug für die gewollte Überwälzung erweisen, sein wirtschaftlich etwas ungünstiger gestellter Genosse dagegen nicht. Demgegenüber sei das sachliche, allgemein gleichwirkende Moment als ausschlaggebend hervorgehoben. Gelänge es, diese letzte Anschauung überzeugend zu vertreten, so wäre viel für die Behauptung der Möglichkeit einer erfolgreichen Überwälzungspolitik gewonnen. Denn es ist klar, daß der Gesetzgeber bei einer sich in wirtschaftlich gleicher Allgemeinheit abspielenden Machtfrage bedeutend leichter maßgebend einzugreifen imstande ist, als bei einer persönlich mannigfach zersplitterten.

An der Hand eines Bildes kann vielleicht am besten die vorschwebende Ansicht veranschaulicht werden. Wir denken uns eine Ebene, dargestellt durch ein längliches Brett, das an den beiden Enden auf je einem Unterbau liegt. In dieser Ebene wollen wir die Überwälzungsfläche erblicken, indem wir uns an dem linken Ende den Sitz der Produktion, an dem rechten den der Konsumtion vorstellen. Die volkswirtschaftliche Äußerung von Produktion und Konsumtion, d. h. Angebot und Nachfrage, vergegenwärtigen wir uns in den beiden Unterbauten, und zwar so, daß die Produktion als das linke Ende unserer Ebene auf dem Unterbau der Nachfrage, die Konsumtion dagegen auf dem des Angebotes ruht. Mit Angebot und Nachfrage soll auch der entsprechende Unterbau steigen bzw. fallen. Sodann sehen wir noch in einer quadratischen Masse die zu überwälzende Steuerlast. Aus diesem Bilde ergibt sich, die Wirklichkeit bestens versinnbildlichend, der ganze Überwälzungsvorgang bei den Verbrauchssteuern.

Zweckdienlich scheiden wir den Überwälzungsvorgang in eine Fortwälzung und eine Rückwälzung. Die Fortwälzung ist bei den Verbrauchssteuern die von der Steuergewalt beabsichtigte Überwälzung von der Produktion, welche die Steuer auslegt, auf die Konsumtion. Stellen wir uns dies bildlich dar, so legen wir unsere quadratische Masse auf die Produktion, d. h. das linke Ende unserer Ebene, und es heißt nun die Masse auf die Konsumtion am anderen Ende zu schieben. Dazu gehören natürlich Kräfte. Was sind dies für Kräfte und wie wirken sie? Zur Beantwortung dieser ersten Frage der Überwälzung haben wir drei verschiedene Stellungen unserer Ebene zu unterscheiden. Diese Stellungen müssen aus den beiden Unterbauten, auf denen ja unsere Ebene allein ruht, dem Angebot und der Nachfrage, folgen. Nehmen wir zunächst ohne weitere Berücksichtigung Angebot und Nachfrage als gleich an und liegt mithin unsere Ebene wagerecht, dann kann nur eine einzige Kraft, der Antrieb, die quadratische Masse fortbewegen. Diese Kraft ist das natürliche Streben, die Steuerlast abzuwälzen. Die Größe dieser Kraft bedingt sich fast ausschließlich durch die wirtschaftliche Macht jedes Individuums, und ist deshalb je nach der wirtschaftlichen Situation der einzelnen sehr verschieden. Andere Momente, wie das Gefühl der ungerechten Überlastung, mögen wohl zu etwas energischerer Anstrengung anspornen, aber nie wird dadurch die Kraft an sich vergrößert. Nach der Darstellung unseres Bildes leuchtet es ein, daß in der wagerechten Stellung unserer Ebene höchstens die günstiger situierten Produzenten die nötige Kraft zum Antrieb haben werden, zu einer Überwindung der hemmenden Reibung zwischen der zu überwälzenden Masse und der Fläche, wohl auch nur auf eine Teilstrecke, so daß die Last doch mehr oder minder noch auf ihnen ruhen bleibt.

Wesentlich anders vollzieht sich der Überwälzungsvorgang für den zweiten Fall, daß die Nachfrage größer ist als das Angebot. Dies versinnbildlicht sofort unser Bild. Dadurch, daß der Unterbau der Produktion mit der Nachfrage stieg, oder was gleichbedeutend ist, der Unterbau der Konsumtion mit dem Angebot fiel, ist unsere Ebene plötzlich zu einer schiefen geworden. Auf die bei der Produktion liegende Überwälzungsmasse wirkt nun nicht mehr allein der oben charakterisierte Antrieb, sondern es kommt ganz unwillkürlich aus der veränderten Lage eine zweite Kraft hinzu, der Abtrieb. Dieser aber unterscheidet sich in seinem Wesen vollkommen vom Antrieb dadurch, daß er eine für alle am Überwälzungsvorgang Beteiligten gleich stark wirkende Kraft ist. So wird es denn in dieser Stellung der Überwälzungsebene auch dem wirtschaftlich Schwachen, welcher der auf ihm lastenden Masse nur einen schwächlichen Antrieb geben kann, wohl gelingen, die Masse unterstützt vom Abtrieb auf den Konsumenten herabzustoßen und zwar um so leichter, je schiefer die Ebene ist, oder mit anderen Worten, je mehr die Nachfrage das Angebot übersteigt.

Die dritte und letzte mögliche Stellung unserer Ebene ist die, daß das Angebot größer ist als die Nachfrage, daß somit unsere Ebene, in der entgegengesetzten Richtung schief, von der Konsumtion auf die Produktion hinneigt. In dieser Situation ersehen wir sofort die Unmöglichkeit jeder Fortwälzung. Denn selbst der wirtschaftlich Bestgestellteste wird nimmer durch seinen Antrieb die natürliche Reibung samt dem dieses Mal entgegenwirkenden Abtrieb zu überwinden und die Überwälzungsmasse bergaufwärts zu schieben vermögen.

In ganz analoger Weise veranschaulicht sich die Rückwälzung an unserem Bilde, von welcher man dann spricht, wenn die von dem Steuerzahler in der gewollten Weise auf den Steuerdestinatar fortgewälzte Steuer von diesem wieder auf jenen zurückgeschoben wird oder auch wenn der Gesetzgeber die Steuern sofort dem Konsumenten aufgelegt hat, diesem es aber gelingt, die Steuer auf den Produzenten zu überwälzen. Bei dieser Rückwälzung wirken Antrieb und Abtrieb gerade so wie bei der Fortwälzung, nur daß wir uns eben von Anfang an die Überwälzungsmasse auf der Konsumtion lastend vergegenwärtigen, so daß die Überwälzung in der wagerechten Stellung unserer Ebene nur wenigen wirtschaftlich besonders starken Konsumenten gelingen könnte, während sie bei größerem Angebot durch den nun allgemein helfenden Abtrieb ebenso leicht vollständig möglich wäre, wie sie bei größerer Nachfrage bergan gänzlich ausgeschlossen ist.

Es erübrigt uns noch den Handel als die gewöhnliche Zwischenstufe zwischen Produktion und Konsumtion einzugliedern, was auch in unserem Bilde ohne weiteres dargestellt werden kann. Wir brauchen nur den Sitz des Handels auf unserer Überwälzungsebene gleichfalls als Zwischenstufe in der Mitte anzunehmen. Dann ergeben sich sofort entsprechend auch für den Handel unsere beiden Kräftemomente, wobei insofern für den Handel eine Sonderstellung ersichtlich wird, als für ihn, wenn er, sei es von vornherein oder erst nach einer Überwälzung die Steuerlast zu tragen hat, sowohl eine Fortwälzung auf die Konsumtion als auch eine Rückwälzung auf die Produktion möglich ist. Er wird natürlich die Überwälzungsmasse dahin schieben, wohin die Ebene neigt, kann somit erheblich bevorzugt in zwei Stellungen den Abtrieb benutzen und ungünstig ist für ihn gegebenenfalls nur die wagerechte Lage der Ebene.

Aus der bisherigen Darstellung trat wohl hinreichend deutlich hervor, daß für die Überwälzung die unterschiedliche wirtschaftliche Kraft der einzelnen Individuen, d. h. unser obiger Antrieb ziemlich unwesentlich sein dürfte gegenüber der allgemein gleich wirkenden sachlichen Kraft des Abtriebes, erzeugt durch die Größendifferenz zwischen Angebot und Nachfrage. Daraus folgt, daß für den Gesetzgeber der beabsichtigte Überwälzungsvorgang bei Verbrauchssteuern so gut wie garantiert ist, wenn es in seiner Macht liegt, Angebot und Nachfrage bei der Einführung oder Erhöhung der Steuer in das entsprechende Verhältnis zu bringen und dafür zu sorgen, daß dieses Verhältnis, abgesehen von vorübergehenden ungünstigen Konjunkturen, die selbstredend hin und wieder unvermeidlich eintreten können, kein umgekehrtes wird. Dieses Ergebnis ist für den Weinsteuervorschlag dieser Arbeit von höchster Wichtigkeit.

Bevor jedoch hierfür die Begründung erbracht werden soll, sei zunächst in Kürze eine zweite bedeutungsvolle Folgerung erwähnt, welche sich uns auch aus obigem Bilde aufdrängt, nämlich die, daß eine richtige Überwälzung von der Finanzverwaltung durch möglichste Annäherung der Steuererhebung an den Konsumtionsakt, ja, wenn durchführbar, vielleicht sogar durch die direkte Auferlegung auf die Konsumtion sehr erleichtert werden kann. Ist doch dann der Steuerplan nur in dem einen Fall, daß das Angebot die Nachfrage unmittelbar übersteigt, wirklich in empfindlicher Allgemeinheit zu durchkreuzen. Diese Erkenntnis gibt uns einen höchst beachtenswerten Fingerzeig für die Veranlagung der Weinsteuer.

Weiterhin ist es jetzt wohl unumgänglich, auf die hauptsächlichsten Möglichkeiten des tatsächlichen Überwälzungsvorganges etwas näher einzugehen, um sie darnach auf die Weinsteuer beurteilend anzuwenden. Bis jetzt wurden ja nur theoretisch die bei der Überwälzung tätigen Kräfte gewürdigt. Deren sehr verwickelte Bedingungen und ihr Einsetzen in der Wirklichkeit kann hier natürlich nur in den Hauptpunkten charakterisiert werden und muß deshalb auch die als unwesentlich erkannte individuelle Kraft unberücksichtigt bleiben.

Wie pflegt die Überwälzung im Wirtschaftsleben vor sich zu gehen? Eigentlich gibt es nur zwei Fälle: offensichtlich und verschleiert. Die offensichtliche Überwälzung ist nichts anderes als eine Preissteigerung der mit der Abgabe belasteten Ware um den Steuerbetrag, bzw. bei der Rückwälzung ein entsprechender Preisabschlag. Sie spielt sich durchaus nach den Regeln des wirtschaftlichen Preiskampfes ab und reguliert sich mithin allein durch Angebot und Nachfrage. Um mit dieser letzten Behauptung nicht vielleicht ein Mißverständnis herbeizuführen, sei ausdrücklich bemerkt, daß ihr eine Auffassung zugrunde liegt, welche Angebot und Nachfrage nicht, wie es häufig geschieht, Vorrat und Bedarf gleich setzt. Vorrat und Bedarf sind lediglich für Angebot und Nachfrage nur die sachlich grundlegenden Hauptmomente, die durch die mannigfaltigsten Umstände, wie z. B. die Ersetzbarkeit durch Surrogate, die Dringlichkeit des Bedürfnisses, bei der Preisbildung wesentlich modifiziert werden können. Erst das Schlußresultat aller dieser Einflüsse ergibt Angebot und Nachfrage, deren Verschiebungen dann aber auch allein den Preis bestimmen.

In zweifacher Weise wird sich gewöhnlich die Fortwälzung durch Preissteigerung vollziehen können. Erstlich geschieht es sofort, nämlich dann, wenn die Nachfrage zunimmt. Dieses Zunehmen allerdings braucht sich nicht in einem Wachsen des Bedarfes, das bei einer Preissteigerung nur in den seltenen Fällen einer gleichzeitigen Qualitätsverbesserung der Ware erklärlich werden könnte, zu äußern, sondern bloß in dem Standhalten der früheren Nachfrage nach dem jetzt verteuerten Gegenstand. Dies läßt sich sehr wohl denken bei einer besonders großen Kaufkraft der Konsumenten und der Beliebtheit des Artikels, wozu auch noch die Unersetzlichkeit durch Surrogate kommen kann.

Zweitens läßt sich die Fortwälzung in der Preissteigerung durch ein Sinken des Angebots, gegebenenfalls bei gleichzeitigem Zurückgehen des Bedarfes durch ein stärkeres als bei diesem bewirken. Das ist natürlich der viel häufigere Fall. Aber hier kann meist nur allmählich abgewälzt werden, da sich die Produktion erst der verminderten Nachfrage durch Einschränkung der Betriebe anpassen muß, was mit mehr oder minder großen Schwierigkeiten verbunden ist. Gleich hier sei jedoch darauf hingewiesen, daß eine Verminderung des Angebots mit der Wirkung der Steuerfortwälzung wohl auch sehr rasch durch ein gesetzliches Beschränken oder Verbieten von üblichen Surrogaten unter gewissen Umständen zu erzielen ist.

Bei der Rückwälzung werden genau dieselben Hauptursachen wirksam, nur mit der direkten Kehrseite.

Die verschleierte Steuerüberwälzung ist, wie oben angeführt, die zweite Möglichkeit. Sie geschieht hauptsächlich durch Qualitäts- und Quantitätsverschlechterung, jedenfalls aber so, daß die Konsumenten nichts davon zu merken pflegen und der Steuerzahler scheinbar auch die Steuer trägt.

Dazu kommt ein der Steuerüberwälzung nahestehender Vorgang, den die Finanzwissenschaft mitunter Abwälzung nennt. Hierbei schiebt der Steuerzahler weder offensichtlich noch verschleiert die Steuerlast ab, hält sich aber ohne Schmälerung des bisherigen Einkommens dadurch schadlos, daß ihn die Steuer anspornt, die Produktion mit privatwirtschaftlichem wie volkswirtschaftlichem Vorteil zu verbilligen und zu verbessern.

Nicht unerwähnt darf der allerdings höchstens bei einer niedrigen Verbrauchssteuer eintretende Fall bleiben, daß die Steuer ohne jede Über- oder Abwälzung auf der Produktion oder dem Handel dauernd liegen bleibt. Dies ist selbstverständlich nur dann denkbar, wenn der frühere Gewinn so groß war, daß er die Reduktion durch die Steuer ertragen kann, ohne Kapital und Arbeit unrentabel zu machen.

Alle diese gebrachten Hauptmomente der Wirkung einer Verbrauchsbesteuerung können gegebenenfalls auch gleichzeitig bruchstückweise zusammenwirken, während jedoch meistens das eine oder andere ausschließlich vorherrscht.

Wenden wir nun die vorstehenden Ergebnisse unserer Betrachtung speziell auf die Weinsteuer an! Die letzten beiden Möglichkeiten eines Steuertragens ohne eigentliche Überwälzung schalten für die Weinsteuer bei der Unabsehbarkeit einer Produktionsverbesserung und -verbilligung und der jetzigen gedrückten Lage von Weinbau und reellem Handel völlig aus. Die Weinsteuer muß, wenn sie gerecht und günstig wirken soll, unbedingt endgültig vom Konsumenten bestritten werden, d. h. sie muß, soweit sie nicht vielleicht teilweise direkt beim Konsumenten erhoben werden kann, auf diesen fortgewälzt und darf nicht wieder zurückgewälzt werden. Die verschleierte Überwälzung aber muß gerade beim Wein, wo sie als Qualitätsverschlechterung nur zu nahe liegt, unter allen Umständen zum Schutz der reellen Ware unterbunden werden. Mithin bleibt allein die offensichtliche Überwälzung, und hier ist es eben, wo die Steuerpolitik nach Kräften einzusetzen hat.

Bei näherem Zusehen erhellt sich alsbald, daß bei der Weinsteuer ganz eigentümliche Verhältnisse vorliegen, daß es um den Wein bei der gewollten Steuerüberwälzung einerseits schlechter, andererseits aber auch erheblich besser als um andere abgabepflichtige Waren bestellt ist. Erschwert wird die Überwälzung einmal durch die Entbehrlichkeit des Weinkonsums und seine Ersetzbarkeit durch allerhand Surrogate, was ein weites Zurückgehen der Nachfrage ermöglicht, und ferner vor allem durch die außerordentliche Schwierigkeit der eventuell nötigen Produktionseinschränkung. Durch das weitgehende Übergewicht der Grundstücke und des stehenden Kapitals mangelt beim Weinbau dem Vermögen gar sehr die Beweglichkeit, die Produktionskräfte aus dem unlohnend gewordenen Betrieb ohne beträchtliche Verluste herauszuziehen, Verluste, die auch volkswirtschaftlich um so schmerzlicher sind, weil der Boden in den Weinbaugebieten ohne die Rebe meist längst nicht so ergiebig ausgenützt werden kann.

Außerdem muß auch als besonders zur Vorsicht hinsichtlich der Überwälzung mahnend auf die wirtschaftliche Schwäche der Mehrzahl des Winzerstandes Bedacht genommen werden. Diese Schwäche erklärt sich namentlich aus der allgemeinen drückenden Notlage des Weinbaus und aus eigentümlichen Verhältnissen in der Weinbranche, wie hauptsächlich der Verzettelung der Rebfläche in kleinen und kleinsten Parzellenbesitz, der weitgehenden Verschuldung vieler Winzer, wodurch sie bei Notwendigkeit des sofortigen Verkaufs der Herbsterträge, um Geld zu bekommen, sehr oft auf jedes Gebot einzugehen gezwungen sind und schließlich dem Umstande, daß der Wein keinen Weltmarktpreis, sondern nur einen individuellen Preis hat. Wenn demnach der Winzer auch in der Regel den wirtschaftlich schlechter situierten Teil ausmacht, so ist es doch gänzlich verfehlt, hieraus allein schon zu folgern, daß er auch der unterliegende Teil im Überwälzungskampf sein wird. Denn die angedeutete Schwäche bezieht sich als wesentlich nur auf die individuelle Überwälzungskraft, womit noch nichts über das viel bedeutungsvollere sachliche Kräftemoment des Verhältnisses zwischen Angebot und Nachfrage ausgesagt ist, ein Kräftemoment, das zwar gegenwärtig durch die unlautere Konkurrenz der künstlichen oder übermäßig gezuckerten Weine auch zuungunsten des Winzers liegt, das aber, wie wir sehen werden, sehr leicht durch die Weinsteuer ins Gegenteil umgewandelt werden kann. Deshalb bedeutet die wirtschaftlich schwache Position des Winzerstandes nichts weiter als eine Erschwerung des Überwälzungsvorganges, die nur mit um so größerem Nachdruck darauf hinweist, auf die ausgleichende Stärke der sachlichen Überwälzungskraft besonderes Augenmerk zu legen oder, um auf obiges Bild zurückzukommen, den Abtrieb bei der Schwäche des Antriebes um so größer zu gestalten.

Demgegenüber tritt aber eine ansehnliche Erleichterung der beabsichtigten Überwälzung der Weinsteuer in dreierlei Hinsicht ein. Zunächst hat man es in der Hauptsache mit einer kaufkräftigen Konsumtion zu tun, die mit ihrer Nachfrage wohl der Preiserhöhung zu folgen imstande ist. Sodann fällt namentlich die Widerstandsfähigkeit der Weinbranche bei einer vorübergehenden Überproduktion durch eine quantitativ übermäßige Ernte ins Gewicht. Während bei allen anderen Verbrauchssteuern zur Zeit der Überproduktion Produzenten und Händler sehr intensiv in Mitleidenschaft gezogen werden, ist solches bei der Weinsteuer nicht so rasch zu befürchten. Dies erklärt sich daraus, daß der Wein durch das Einlegen in Kellern leicht zurückgehalten werden kann, und zwar gewöhnlich bei der erheblichen Wertsteigerung durch die Lagerung ohne jeden Zinsverlust, was bei keiner anderen abgabepflichtigen Ware der Fall ist, was aber auch gerade beim Wein um so wichtiger ist, da die jährlichen Ernteergebnisse so außerordentlich schwanken.

Doch diese beiden Arten der Überwälzungserleichterung bei der Weinsteuer verschwinden gegenüber dem dritten Umstande, daß der Gesetzgeber ein treffliches Mittel an der Hand hat, Angebot und Nachfrage in das nötige Verhältnis zu setzen, so daß für die Weinsteuer der gewollte Überwälzungsvorgang zu einem vollkommen sicheren werden kann. Und dieses naheliegende Mittel ist nichts anderes als das kräftige Erfassen der unlauteren Weinfabrikation und Weinvermehrung, die sich nun wahrlich schon lange genug unter dem unschuldigen Namen der Weinverbesserung auf Kosten der Reellität bereichert hat. Dieses unnachsichtliche Vorgehen gegen die Weinfabrikation und Weinvermehrung, das eine gerechtfertigte Weinverbesserung keineswegs erdrosseln soll und darf, bildet nach der wirtschaftlichen wie nach der steuertechnischen Seite eine unbedingt notwendige Ergänzung der Besteuerung des Naturweins; ohne dieser Forderung zu genügen, müßte die Weinsteuer zu einem Ausfluß gröbster Ungerechtigkeit und ruinierende Vergewaltigung der Reellität in Produktion und Handel werden und wäre deshalb bedingungslos zu verwerfen. Denn nur einzig und allein dadurch, daß das Angebot von Wein durch Unterdrückung des unlauteren Wettbewerbs in sehr beträchtlichem Umfange vermindert wird, kann die gewollte Überwälzung, auf die so gut wie alles ankommt, gesichert werden und wird, selbst wenn gleichzeitig die Nachfrage durch die Preiserhöhung etwas zurückgehen sollte, wohl zweifellos im beabsichtigten Sinne ohne weiteres funktionieren. Die erfolgversprechende Inangriffnahme dieser gegen die unreelle Konkurrenz der Weinfabrikation und Weinvermehrung einschreitenden Eigenart einer befriedigenden Weinsteuer soll erst weiter unten des näheren besprochen werden.

Hier seien nur noch einige Worte über die naheliegende Befürchtung eines empfindlichen Konsumrückgangs durch die Weinsteuer beigefügt. Wenn auch schon überhaupt die Befürchtung des gewöhnlichen anfänglichen Rückschlags auf den Konsum bei neuen Verbrauchssteuern kaum als ein hinreichender Grund für ein ablehnendes Bedenken gegen die Einführung eines Steuergesetzes anerkannt werden darf, so ist gerade für die Weinsteuer, der es leicht gelingen kann, endlich einmal die oft geradezu empörende unreelle Ware der Weinfabrikation und der übermäßigen Weinvermehrung so gut wie auszurotten, zu sagen, daß durch sie der Weinkonsum voraussichtlich nur ganz vorübergehend abnehmen, ja vielleicht, unseres Erachtens sogar wahrscheinlich, sich gerade durch sie mit der Zeit vermehren dürfte. Ganz abgesehen von der Erfahrung, daß z. B. durch die Einführung höherer Zollsätze der Weinkonsum nicht beeinträchtigt wurde, zeigte sich eine derartige Wirkung von Verbrauchssteuern schon öfters entgegen allen Befürchtungen, z. B. bei der Schaumweinsteuer und der Biersteuer, besonders in Bayern. Vielleicht wendet man ein, daß diese Betriebe im Aufblühen gewesen seien, während der Wein schon gegenwärtig im Konsum zurückgehe. Aber dies ist sicherlich beim Wein, wenn es überhaupt zuzugeben ist, hauptsächlich nur darauf zurückzuführen, daß man seit Jahren fast immer seltener außerhalb der Weinbaugebiete einen wirklich guten und reinen Tropfen vorgesetzt erhält, daß der heutige Wein großenteils durch das übermäßige Zuckern und den dadurch beträchtlich vermehrten Gehalt an Alkohol und ebenso verminderten Gehalt an den gesundheitsfördernden mineralischen Naturbestandteilen oder gar erst durch das Weinfälschen so wenig bekömmlich ist. Wenn man jedoch durch die Steuer eine Garantie für guten reinen Wein hat, dann dürfte trotz der Preissteigerung, der über den Steuerbetrag hinaus durch die starke Konkurrenz des Auslandes ein baldiges Ziel gesetzt ist, über kurz oder lang eine Zunahme des Weinkonsums, besonders im Norden und Osten Deutschlands, nichts weniger als ausgeschlossen sein. Das bayrische Bier eroberte sich erst recht die Welt, als 1868 die Malzsteuer mit dem gleichzeitigen Verbot aller Malz- und Hopfensurrogate eingeführt wurde, ein heilsames Verbot, das eben durch die Steuerkontrolle, und zwar nur durch sie ein wirksames ward: war dadurch doch das bayrische Bier am besten und bekömmlichsten geworden.

Aus alledem leuchtet — es sei dies nochmals ausdrücklich hervorgehoben — schon deutlich ein und nachfolgende Ausführungen werden dies noch dringender erweisen, daß für eine gerechte Weinsteuer das unnachsichtliche Schröpfen der Weinfabrikation und der Weinvermehrung das wichtigste Erfordernis ist, ohne dessen Erfüllung die Weinsteuer völlig unannehmbar wäre, mit dessen Erfüllung sie aber geradezu eine Wohltat für den notleidenden Weinbau und reellen Handel werden wird, die dann ja nicht nur von jeder Sorge eines eventuellen Tragens der Steuerlast befreit sind, sondern sogar ein neues Aufblühen ihrer Betriebe, auf das schon so lange vergeblich gehofft wurde, bestimmt erwarten dürfen, ein Umstand, der für sie die unvermeidliche Belästigung durch die Steuerkontrolle zum mindesten erträglich erscheinen lassen wird.

IV. Die Erhebungsformen der Weinsteuer.

Gehen wir nun zu einer kritischen Besprechung der hauptsächlichen Erhebungsformen der Weinsteuer über.

Zunächst ist der eigentlichen inneren Weinsteuer der Weinzoll gegenüberzustellen. Er macht für die Weinbesteuerung die weitaus einfachste Form aus, die in allen nicht weinproduzierenden

Ländern ihrer Aufgabe leicht und gut zu genügen vermag. Für alle anderen Länder bietet der Weinzoll entweder die natürliche Ergänzung der inneren Verbrauchsabgabe, der er dann möglichst genau entsprechen soll, oder er ist, sei es gleichzeitig neben seiner ergänzenden Funktion, sei es allein, Schutzzoll oder darüber hinaus sogar Finanzzoll.

So einsichtlich aber die Lösung einer zweckdienlichen Weinbesteuerung im Wege des Zolls ist, wenn nur aus dem Auslande eingeführter Wein zum Verbrauch kommen kann, so außerordentlich schwierig gestaltet sie sich in Ländern mit eigener Weinerzeugung. Man unterscheidet hinsichtlich der Veranlagung und Erhebung drei Hauptarten der inneren Verbrauchsauflage von Wein: die Produktionssteuer, die Verkehrssteuer und die Schanksteuer.

Die Produktionssteuer wird entweder als Flächensteuer nach der Größe der mit tragbaren Reben bebauten Fläche in Anlehnung an die Grundsteuer oder als Keltersteuer nach dem wirklichen Mosterzeugnis (früher in Preußen) erhoben. Beide Formen erscheinen als sehr roh und in keiner Weise höheren Anforderungen genügend. Den einzigen anerkennenswerten Vorzug weist die Flächensteuer insofern auf, als sie bei der Offenkundigkeit des mit Wein bebauten Landes und der Kenntlichkeit der Steuerpflichtigen sehr einfach und ohne jede Beschränkung des Weinverkehrs leicht kontrollierbar ist, weshalb sie steuertechnisch entschieden viel Verlockendes bietet. Bei der Keltersteuer fällt auch diese Lichtseite noch weg. Denn bei ihr bedarf es schon einer lästigen und umständlichen Kontrolle. Diese äußert sich entweder durch steueramtlichen Verschluß der Keltervorrichtungen, so daß nur in Gegenwart eines Steuerbeamten gekeltert werden darf, oder in der Anmeldepflicht des geernteten Mostes von seiten der Weinproduzenten, der sodann steueramtliche Ermittelung der Vorräte folgt. Eine Nebenkontrolle bietet gewöhnlich die Schätzung des Ertrages durch ortskundige Sachverständige. Trotz dieser komplizierten Steueraufsicht hat man hier ebenso wie bei der Flächensteuer nicht einmal die Möglichkeit, die Qualität des Weines auch nur annähernd genügend zu berücksichtigen. Ganz abgesehen davon, daß der nach den Jahrgängen oft recht verschiedene Kellerbau, der für den späteren Wert des Weines von größter Bedeutung ist, bei der Produktionssteuer gänzlich außer acht gelassen werden muß, bleibt doch die schablonenhafte Abstufung der Steuersätze nach der Lage und Güte der Weinberge ein höchst unvollkommener Versuch einer primitivsten Qualitätsbesteuerung. Nicht nur, daß in derselben Gegend, oft sogar Weinberg an Weinberg ganz anders einzuschätzende Weinsorten erzeugt werden, nein, auch die einzelnen Jahre zeigen die erheblichsten Qualitätsschwankungen, ja kehren häufig geradezu das Verhältnis um, so daß z. B. ein minderwertiger Sandboden mitunter in nassen Jahren einen besseren Ertrag abwerfen kann als ein hochgeschätzter Lettenboden. Während nun aber die Keltersteuer nach entsprechendem Abzug für Hefe, Trübwein und andere Abgänge wenigstens die Quantität des Naturweins gerecht zu erfassen vermag, ist die Flächensteuer auch dazu völlig außerstande. Denn kein anderes landwirtschaftliches Produkt ist nur annähernd derartig von den Witterungsverhältnissen abhängig, so daß nicht nur der qualitative, sondern auch der quantitative Ernteausfall teils nach der Gegend, teils nach dem Jahr außerordentlich schwankt. Die Folge davon ist die stets ungerechteste Ungleichheit in der Belastung der Weinbauern. Um diese nicht völlig unerträglich zu machen, darf sich die Flächensteuer immer nur sehr niedrig halten, während die Keltersteuer an sich schon einen höheren Satz zuläßt.

Gemeinsam aber haben beide wieder das Üble der Erhebung bei der Produktion, wodurch schon allein die beabsichtigte Überwälzung äußerst erschwert wird und damit gerade der Winzer am meisten in Gefahr läuft, die Steuer nicht nur zahlen, sondern auch tragen zu müssen, er, der am wenigsten dazu imstande ist. Dazu kommt noch obendrein der lange Steuervorschuß, der dem überwiegend nichts weniger als zahlungskräftigen Weinproduzenten zugemutet wird, der ihm oft den gewinnbringenderen Absatz nach längerem Lagern unmöglich macht und stets nicht nur bei schlechter, sondern fast noch mehr bei besonders reicher Herbsternte um so härter trifft. Die Steuerverwaltung sieht sich deshalb meist gezwungen, einerseits in schlechten Erntejahren erhebliche Nachlässe zu gewähren, andererseits bei absatzverzögernder Überfüllung des Marktes weitgehende Zahlungsfristen einzuräumen. Daraus resultiert dann wieder, neben der sonstigen unvorherzusehenden Unregelmäßigkeit des Weinertrages, besonders bei der Keltersteuer ein größtes Schwanken des Steuerergebnisses, was für jedes geordnete Budget sehr mißlich sein muß. Eine nicht unbedenkliche Schwierigkeit besteht bei der Produktionssteuer auch in einer angemessenen Rückvergütung der Steuer bei der Ausfuhr, sowie bei Verwendung zur Essig- und Branntweinbereitung.

Aber alle diese Mißverhältnisse der Produktionssteuer verschwinden für den Standpunkt dieser Arbeit hinter dem Umstand, daß sie nur den inländischen Naturwein trifft, daß sie vor allem den Kunstwein und die Weinvermehrung völlig frei läßt, ja geradezu eine Prämie auf sie setzt. Darin liegt natürlich nach obigen und späteren Ausführungen für diese Art der Steuererhebung die schärfste Verurteilung. Welcher Wahnwitz demgegenüber, wie es schon geschehen ist, der Produktionssteuer nachrühmen zu wollen, daß sie am besten und verhältnismäßig am gerechtesten sei, weil sie durch die Heranziehung auch des Hausverbrauchs der Produzenten, dessen Steuerbefreiung wir übrigens oben gerade als gerechtfertigt und zweckdienlich hervorhoben, allein den gesamten Weinkonsum steuerbar zu machen gestatte!

Aus alledem erkennt man zwingend, daß die Produktionssteuer, in welcher Modifikation sie auch auftrete, für eine gerechte Besteuerung des Weins vollkommen ausgeschlossen ist. Unbegreiflich ist es deshalb, wie diese Erhebungsform selbst in jüngster Zeit noch durchaus nicht allgemein für so veraltet und gänzlich unzulänglich zu gelten scheint. Denn nach Mitteilungen des Grafen v. Posadowsky, des früheren Staatssekretärs, an den Präsidenten des deutschen Weinbauvereins Buhl-Deidesheim wurde im Jahre 1906 ernstlich eine Grundsteuererhöhung der Weinbergfläche zugunsten des Reiches erwogen.

Als zweite Hauptform der Besteuerung des Weins wurde die Verkehrssteuer genannt. Die finanzwissenschaftliche Literatur unterscheidet bei ihr regelmäßig die Versand- und die Einlagesteuer. Diese Einteilung für sich allein dürfte jedoch trotz ihrer theoretischen und selbst praktischen Berechtigung nicht immer ganz zweckdienlich sein. Denn ganz abgesehen davon, daß diese Trennung in Wirklichkeit niemals rein vorliegt, sondern beide Arten stets mehr oder minder verquickt sind, indem jede die naturgemäßeste Gegenprobe der anderen für die Kontrolle abgibt, hält man sich doch dabei an zwei mehr nebensächliche und für die Steuerpolitik ziemlich bedeutungslose Momente, die zudem zeitlich nur kurz auseinanderliegen. Man spricht eben von Versandsteuer, wenn, wie in Elsaß-Lothringen und Frankreich, die Erhebung bei der Entnahme des Weins von seinem Erzeugungs- oder Aufbewahrungsort, jedenfalls vor Beginn des Transportes, und zwar auf Anzeige des Versenders erfolgt, und demgegenüber von Einlagesteuer, wenn, wie in Baden, die Veranlagung an das Verbringen des Weins in den Keller oder einen geschlossenen Raum zur Lagerung mit erster Anmeldepflicht des Empfängers geknüpft ist. Alles andere ist für die beiden Besteuerungsformen grundsätzlich gleich, höchstens vielleicht mit der zweifelhaften Ausnahme, daß zwar bei der Einlagesteuer die subjektive Steuerpflicht stets auf dem Einleger liegt, bei der Versandsteuer dagegen teils der Versender, teils der Empfänger die Steuer zu entrichten hat, was sich auf Zweckmäßigkeitsgründe der Kontrolle wegen gründet. Gerade diese hier so vernachlässigte Frage, wann der Gesetzgeber die Steuer auferlegt, dünkt uns aber äußerst wichtig und kennzeichnend.

Wir möchten deshalb neben der Scheidung in Versand- und Einlagesteuer eine Dreiteilung nach der Steuerpflicht vorschlagen, die dem Kern der Sache wohl in mancher Hinsicht näher kommt und vor allem für die Beurteilung der Verkehrssteuer wünschenswert ist. Der erste Modus sei die Produktionsverkehrssteuer, bei der, wie schon der Name andeutet, der Wein beim Erzeuger, also stets beim Verkauf aus erster Hand zur Besteuerung gelangt. Die Handelsverkehrssteuer, wo stets der Handel, sei es nun beim ersten oder jedem späteren käuflichen Verkehrsakt die Steuer auslegt, kann man nötigenfalls wieder in zwei Unterabteilungen trennen, in die Großhandels- bzw. Kleinhandelsverkehrssteuer, je nachdem ein Großhändler oder ein Kleinhändler steuerpflichtig ist. Bei der Konsumtionsverkehrssteuer endlich, die nur beim letzten Verkehrsakt Platz greift, wird der Konsument als Steuerdestinatar unmittelbar zur Steuer herangezogen. Diese Einteilung ergibt sich ganz folgerichtig aus einem wesentlichen Merkmal der Verkehrssteuer gegenüber der Produktionssteuer, nämlich dem Näherrücken der Erhebung an den wirklichen Weinverbrauch, was steuerpolitisch sehr ins Gewicht fällt.

Charakteristisch für jede Art der Verkehrssteuer ist die Notwendigkeit einer weitverzweigten eigentümlichen Kontrolle. Diese muß sich auf strenge Beaufsichtigung des gesamten inländischen

Weinverkehrs erstrecken. Das erste Erfordernis dazu ist die Anmeldung des zu versendenden Weins nach Quantität und Qualität mit gleichzeitiger genauer Angabe der Zahl und Zeichen der Gebinde und Flaschen, wie des Ortes der Verladung und Einlage. Darauf erfolgt meist von seiten der Steuerverwaltung amtliche Revision, mit der bei der Versandsteuer sofort die Berechnung, eventuell auch die Erhebung der Steuer verbunden wird, Funktionen, die bei der Einlagesteuer erst der die Einlagerung kontrollierenden Behörde obliegen. Über die stattgehabte amtliche Einsicht wird eine Urkunde ausgestellt, die als Beglaubigungs- und Begleitschein bei Strafvermeidung den ganzen Verkehrsakt mitzumachen hat und deren Vorzeigung jederzeit von den zuständigen Organen verlangt werden kann.

Viele Vorzüge zeichnen die Verkehrssteuer vor der Produktionssteuer aus, und zwar größtenteils in steigender Linie, je nachdem sie Produktions-, Handels- oder Konsumtionsverkehrssteuer ist, mit anderen Worten, je näher ihre Erhebung an den Konsum heranrückt. Die Verkehrssteuer jeder Schattierung ermöglicht vor allem ein viel vollständigeres Erfassen des Weinkonsums, indem hier das gesamte Quantum, das in den größeren Handelsverkehr tritt, zur Steuerleistung herangezogen wird und mithin der künstlich bereitete und vermehrte Wein wenigstens keine unmittelbare Bevorzugung genießt. Auch der ausländische Wein kann dabei leicht steuerpflichtig gemacht werden, was sehr wesentlich ist für den Fall, daß man, durch Handelsverträge gebunden, keine der Steuer entsprechende Zollerhöhung vornehmen kann.

Fernerhin befreit die Verkehrssteuer den Produzenten von der drückenden Vorausentrichtung der Steuer entweder vollständig oder doch wenigstens bis zu dem Augenblick, wo er für sein Erzeugnis einen Verkäufer gefunden hat. Dadurch ist man dem wichtigen Ziel, eine richtige Überwälzung tunlichst zu gewährleisten und den Winzer vor jeder Rückwälzung zu sichern, schon einen guten Schritt näher gerückt und dies um so mehr, je unmittelbarer der steuerpflichtige Verkehrsakt dem Konsum vorangeht. Eine weitere günstige Folge bietet die Verkehrssteuer durch die Steuerfreiheit der Einlagen der Produzenten, wodurch für sie nicht nur der besonders im ersten Jahr starke Lagerabgang, sondern auch gerechtfertigterweise ihr Hausverbrauch von selbst von der Besteuerung ausgenommen ist. Sodann übersehe man nicht die Erleichterung der Steuerrestitution für ausgeführten oder technisch verwendeten Wein, die meist bei offenkundigem Nachweis durch Bezettelung mit einem Freischein zweckentsprechend gänzlich vermieden werden kann. Und nicht zuletzt rechne man der Verkehrssteuer zugute, daß sie, ohne schädigend zu wirken, nicht nur eine viel stärkere Belastung als die Produktionssteuer gestattet, sondern daß auch die erheblich größeren Erträgnisse ziemliche Gleichmäßigkeit versprechen und gewöhnlich nur geringen jährlichen Schwankungen unterliegen, da der Weinverbrauch im schroffen Gegensatz zur Weinerzeugung Jahr für Jahr einigermaßen konstant zu bleiben pflegt.

All diesen Vorzügen gegenüber machen sich aber auch bei der Verkehrssteuer recht bedenkliche Nachteile fühlbar.

Eine Hauptschwäche zeigt sich schon in der jahrelangen Ausdehnung und Vielgestaltigkeit des Weinverkehrs, der den Wein bald jung, bald alt, teils in großen, teils in kleinen Mengen zum Verkauf kommen läßt und der mitunter das gleiche Getränkequantum der Reihe nach die Keller des Produzenten, des Großhändlers, des Kleinhändlers oder Wirts durchwandern läßt, bis er schließlich zum Konsum gelangt. Wann und wo soll nun hier die Steuerpflichtigkeit eintreten, an welchen der mannigfachen, zeitlich so verschiedenen Verkehrsakte soll sie sich knüpfen? Das Prinzip der Verkehrssteuer verlangt zweifellos, jeden Transport unterschiedslos der allgemeinen Zahlungsverbindlichkeit zu unterwerfen. Wenn man sich aber nur schon den Umstand, daß das eine Weinquantum durch den direkten Übergang vom Produzenten zum Konsumenten nur einen einzigen Besitzwechsel, das andere dagegen zwei, ja öfters noch mehr Verkehrsakte durchzumachen hat, vor Augen hält, so ist sofort klar, daß es ausgeschlossen ist, bei jeder Versendung bzw. Einlage die Steuer mit einem höheren Einheitssatze, wie es doch die reine Verkehrssteuer voraussetzt, zur Erhebung zu bringen, wenn man sich nicht häufige empfindlichste Ungerechtigkeiten zuschulden kommen lassen will. Es bieten sich unter Festhaltung der reinen Verkehrssteuer zwei Möglichkeiten, um die Klippe einigermaßen glimpflich herumzukommen, welche aber beide trotz ihrer gerechten Zweckmäßigkeit in unvereinbarem Widerspruch zu einer konsequenten Verkehrssteuer stehen. Das eine Mal begeht man den gefährlichen, der Defraudation Tür und Tor öffnenden Schritt, jede wiederholte Besteuerung desselben Weins zu vermeiden, indem man von vornherein die Steuer auf einen einzigen bestimmten Übergang festlegt, während man das andere Mal grundsätzlich die Steuerpflichtigkeit jeden Transportes aufrecht erhält, die Doppelbesteuerung aber durch mannigfache Steuerbefreiungen zu umgehen sucht. Dahin gehören neben der Freilassung des Verkehrs zwischen zwei Kellern desselben Besitzers vor allem die Steuerfreiheit der Transporte an Großhändler sowie des Kleinverkehrs aus den Lagern der Kleinhändler oder Wirte. Selbstredend muß auch die gesamte steuerfreie Weinbewegung der Transportkontrolle unterworfen sein, um nicht jede Sicherheit für die Behörde in Frage zu stellen. Trotz der Einschränkung der mehrfachen Besteuerung durch solche ausnehmenden Versuche kann sie nicht stets vermieden werden. Wohl aber bedeutet die fortwährende amtliche Untersuchung, ob auch wirklich eine rechtmäßige Steuerbefreiung Platz greift, eine erhebliche Erschwerung der Durchführung der Verkehrssteuer, ohne auch nur annähernde Garantie gegen häufige Steuerhinterziehung zu leisten.

Eine zweite Schwierigkeit greift hinsichtlich der Qualitätsbesteuerung hindernd ein. Wenn an eine solche bei der Verkehrssteuer auch viel eher zu denken ist, wie bei der Produktionssteuer, schon deshalb, weil ja der Wein zu einer Zeit erfaßt wird, wo er schon mehr oder minder die Qualitätssteigerung der Kellerbehandlung genossen hat, so ist eine genauere Berücksichtigung der Qualität, die gerade bei den gewaltigen Wertunterschieden des Weins als eine ernsteste Forderung einer gerechten Besteuerung auftritt, doch nichts weniger als einfach. Man glaubt manchmal in völliger Verkennung der wirklichen Sachlage durch bloßes Beachten der Bezugsgegend oder gar des Produktionsortes dem erstrebten Ziele nahe zu kommen. Aber ganz abgesehen davon, daß man bei der üblichen Etikettenwillkür des Handels einzig und allein bei dem Bezug vom Produzenten selbst der wirklichen Herkunft des Weines gewiß ist, muß man doch bedenken, daß an vielen Produktionsorten ohne größere räumliche Entfernung Wertschwankungen von 200 und mehr Prozent vorkommen. Auf ebenso schwachen Füßen steht ein weiterer Vorschlag, die Qualität behördlich taxieren und den durchschnittlichen Preis zugrunde legen zu lassen. Wohl kann die Pflicht der Wertdeklarades Hausverbrauches wegen fast immer geschieht, so wird eben ein nicht unbeträchtlicher Teil steuerpflichtigen Weins der machtlosen Transportkontrolle entschlüpfen. Betreiben Weinproduzenten und Weinhändler zugleich Weinausschank, so müssen sie gehalten sein, besondere steuerpflichtige Keller zu führen. Außerdem muß eine behördliche Genehmigung aller Betriebsräume gefordert werden, was bei Neueinführung einer Verkehrssteuer manche Mißhelligkeiten mit sich bringen würde. Aber so berechtigt im Grunde auch alle diese und ähnliche Klagen sein mögen, so kann diese strenge Kontrolle gegenwärtig kein schweres Bedenken gegen eine Weinverkehrssteuer mehr bilden oder vielleicht gar als Hindernis für eine befriedigende Weinsteuer angesehen werden. Den Grund davon werden wir in Bälde weiter unten kennen lernen.

Hier sei zur Erschöpfung der Verkehrssteuer mit einigen Worten noch eine Abart derselben, die Eingangssteuer, berührt. Diese wird bei der Einführung des Weins in Städte oder geschlossene Orte erhoben. Infolgedessen unterwirft sie nur einen Teil des Weinkonsums, allerdings einen großen, der Besteuerung. Daraus ist sofort ersichtlich, daß sie unter keinen Umständen für eine Staatsbesteuerung in Betracht kommen darf, da sie schwer gegen den Grundsatz der Allgemeinheit verstoßen und in ungerechter Weise den ländlichen Weinkonsum vor dem städtischen begünstigen würde, was auch dann der Fall ist, wenn sie, wie früher in Frankreich, nur zum Zwecke der Mehrbelastung des Verbrauchs in den vermeintlich steuerkräftigeren Städten besteht. Dagegen ist nicht zu bestreiten, daß sie für eine Kommunal-Besteuerung des Weinverbrauchs gegebenenfalls empfehlenswert sein könnte. Auf die Frage der Berechtigung einer kommunalen Weinsteuer soll aber erst später eingegangen werden.

Um in Kürze das Ergebnis der letzten Betrachtungen zusammenzufassen, muß ausgesprochen werden, daß die Verkehrssteuer für sich allein keineswegs allen Anforderungen an eine befriedigende Weinsteuer zu genügen vermag. Dahingegen ist anzuerkennen, daß die Verkehrssteuer entschieden vorzügliche Ansätze zu einer gerechten Weinbesteuerung zeigt, Ansätze, die unter allen Umständen im Auge behalten zu werden verdienen, um sie nötigenfalls ausnutzen zu können.

Es erübrigt nun noch die dritte und letzte hauptsächliche Erhebungsform der Weinsteuer zu charakterisieren und zu beurteilen: es ist die Schanksteuer, welche in Württemberg angewendet wird. Sie stellt sich als eine Abgabe vom gewerbsmäßigen Kleinverkauf in Wein, also größtenteils vom Weinausschank in Wirtshäusern dar.

Voraussetzung für diesen Steuermodus bildet zunächst die Anzeige des Beginns des Verschleißgeschäftes bei der Steuerbehörde und die Genehmigung der Betriebsräumlichkeiten. Sodann erfolgt eine genaue steuerliche Aufnahme des Getränkevorrats mit periodisch wiederkehrender Revision der Weinbestände. Dabei wird von den Schankwirten eine fortlaufende eingehende Buchung der Weineinlagen, der steuerfreien Verkäufe im Großen, der sog. Achsverkäufe, der etwaigen Weinverluste durch Auslaufen oder dergleichen, sowie der Abgänge an Hefe und Trübwein verlangt. Doch müssen alle diese Vorgänge amtlich revidiert sein, wenn sie bei der Ermittelung des Getränkebestandes in Anrechnung gebracht werden sollen, soweit nicht etwa für die Abschreibung Normalsätze in Prozenten festgesetzt sind. Von allen seit der jüngsten Revision nicht mehr vorhandenen Weinen abzüglich der genannten Notierungen und des eventuell abgeschätzten oder prozentual bestimmten Hausverbrauches wird der Ausschank angenommen und danach die Steuer berechnet. Da diese in Prozenten der Kleinverkaufspreise bemessen zu werden pflegt, ist auch eine stete Kontrollierung der Ausschankpreise erforderlich, wenn nicht Anwendung eines Durchschnittspreises Platz greift.

Zur Sicherung gegen Defraudation, wie heimliche Getränkeeinlagen usw. bedarf es fernerhin gewöhnlich einer Überwachung sämtlicher Weintransporte, sowie einer strengsten Kellerkontrolle für die Kleinhändler, die sich bis zur behördlichen Versiegelung und zum Verbot jeder Kellerbehandlung ohne das Beisein eines Steuerbeamten versteigen kann.

Einige neue wesentliche Vorzüge bringt die Schanksteuer über die Verkehrssteuer hinaus offensichtlich mit sich. Dahin gehört erstens die allenthalben gleichmäßige Besteuerung des Weingenusses in Wirtshäusern mit ihrer Möglichkeit einer exakten Berücksichtigung der Qualität durch prozentuale Wertbesteuerung nach den Ausschankpreisen. Dieser letztere Umstand, verbunden mit dem Wegfallen jeden Steuervorschusses, da ja erst nach dem Eintritt der Konsumtion die in dem Weinerlös bereits erhobenen Beträge, öfters sogar Monate später an die Steuerkasse abzuliefern sind, erlaubt ohne empfindlichen Druck, einen die Höhe der Verkehrssteuer bedeutend übersteigenden Steuersatz, so daß trotz der nur teilweisen Belastung des gesamten Weinverbrauchs mit Leichtigkeit finanziell ergiebigere Resultate zu erzielen sind. Damit geht noch gleichzeitig sehr sympathisch Hand in Hand, daß noch stetigere Steuererträgnisse als bei der Verkehrssteuer alljährlich der Staatskasse zufließen, was für einen geordneten Staatshaushalt nicht zu unterschätzen ist; denn die Konsumtion ist ja schon durch das fortwährende Konkurrieren einer größeren Anzahl von Jahrgängen von den jährlich so sehr schwankenden Herbstergebnissen ziemlich unabhängig, und sollte sich doch einmal durch jahrelange schlechte Ernten ein größerer Rückgang der konsumierten Weinmengen fühlbar machen, so ergibt sich für die Steuerverwaltung ganz selbsttätig ein Ausgleich durch das Steigen der Ausschankpreise. Außerdem wird die größte überhaupt erreichbare Entfernung der Steuerveranlagung vom Weinproduzenten weg bis zum unmittelbaren Konsumtionsakt ihre vorteilhafte Wirkung auf einen Schutz des Winzers gegen die Rückwälzung nicht verfehlen.

Aber diese günstigen Lichtseiten der Schanksteuer werden durch einigen Schatten recht verdüstert. Die unverhältnismäßig schwache Belastung des künstlich bereiteten oder vermehrten Weines, die sich auch hier wie bei der Verkehrssteuer äußert, braucht dieses Mal in ihrer Schädlichkeit nur angedeutet zu werden. Dagegen ist mit unnachsichtlicher Schärfe ein schwerer Übelstand hervorzuheben, der die Schanksteuer zu einer groben Verletzung der Gerechtigkeit und Allgemeinheit der Besteuerung werden läßt: es ist dies der Umstand, daß diese Steuerform die Weineinlage der Privatleute, also gerade den Weinkonsum, der entschieden auf die größere und größte Leistungsfähigkeit schließen läßt, vollständig übergeht.

Ein gewichtiger Einwand gegen die Schanksteuer gipfelt aber für viele wieder, wie bei der Verkehrssteuer, in der Steuerkontrolle, die hier als Kellerkontrolle noch ein viel detaillierteres und umständlicheres Verfahren erfordert. Wohl ist an sich die Kontrolle auf eine möglichst kleine Anzahl von Personen beschränkt und wohl braucht man bei der reinen Schanksteuer den Weinverkehr der Produzenten, der Großhändler und Privaten eigentlich nicht zu belästigen, was meist als ein besonderer Vorzug angepriesen wird, aber unterläßt man selbst eine eingehendere Transportkontrolle, so wird damit der Defraudation das Dasein in unverantwortlicher Weise erleichtert. Um die aus der Kellerkontrolle entspringenden Mißhelligkeiten möglichst zu vermeiden, verfiel die Finanzverwaltung sehr allgemein darauf, unter Verzicht auf die Steuerzahlung nach dem wirklichen Verschleiß sich entweder durch Pauschalierung mit der Gesamtheit der Schankwirte abzufinden und diese selbst für eine gemäße Repartition unter die Beteiligten sorgen zu lassen oder sich durch Abonnements mit den einzelnen Schankwirten über eine jährliche Abfindungssumme zu vereinbaren. Durch dieses Vorgehen kann mit Ausnahme der Fälle, wo keine Einigung zustande kommt oder wo eventuell bei Wirtschaftseröffnungen noch die Grundlage für eine Berechnung fehlt, die Steuerkontrolle mit einer bloßen Überwachung des Weinverkehrs für Wirte und mit der zwangsweisen Buchung über Weineinlagen und Versendungen im Großen auskommen. Zweifellos hat dieses Akkordverfahren den dankenswerten Vorzug, nicht nur die den Wirten verursachten Unannehmlichkeiten, sondern auch die Erhebungskosten der Steuer wesentlich zu verringern, ein Vorzug, der so groß ist, daß er fast trotz der unvermeidlichen Ungerechtigkeiten in der willkürlichen Behandlung der einzelnen Abonnenten und gar erst Nichtabonnenten gegenüber, sowie in der Unmöglichkeit, die Veränderlichkeit des Wirtschaftsgewerbes genügend zu berücksichtigen, und trotz des steten Zukurzkommens des Staates, in manchen Fällen der Verbrauchsbesteuerung dieses System zweckdienlich erscheinen lassen kann. Für die in Vorschlag zu bringende Weinsteuer allerdings müssen wir uns im allgemeinen unbedingt ablehnend dagegen verhalten, da uns, wie später näher begründet wird, gerade an dieser so mißachteten strengen Kellerkontrolle ungeheuer viel liegt.

Als beliebte Nebenform der Schanksteuer sei noch in Kürze der Lizenzen gedacht, die als feste Abgabe dem Kleinverschleiß, bisweilen auch dem Großhandel auferlegt sind. Sie steigen über den Charakter einer bloßen Gebühr für die Erlangung oder auch jährliche Erneuerung der Konzession für den Geschäftsbetrieb zu einer eigentlichen Steuer nur dann, wenn sich bei jährlicher

Erhebung ihre Höhe nach allgemeinen Anhaltspunkten des Betriebsumfanges abstuft. Maßgebend für diese Bemessung sind ganz äußerliche Merkmale, wie die Stärke des Wirtschaftsbesuches, der Mietswert der Wirtschaftsräume, die Einwohnerzahl des Betriebsortes und dergleichen. Die Verwerflichkeit einer solch rohen, auf besseres resigniert verzichtenden Besteuerung, die man hin und wieder vergeblich durch Repartierung zu mildern sucht, braucht wohl nicht näher auseinandergesetzt zu werden; bei höheren Abgabesätzen wird sie in ihrer Ungerechtigkeit geradezu unerträglich.

Um auch bei der Schanksteuer kurz das Endergebnis zu ziehen, so erkennen wir ähnlich wie bei der Verkehrssteuer in ihr ebenfalls trotz ihrer Abweisung als alleinige Form verschiedene Momente wertvollster Hinweise auf eine befriedigende Lösung der Weinsteuer.

V. Die Schwierigkeiten der Weinsteuer.

Aus der vorstehenden allgemeinen Darlegung der hauptsächlichen Veranlagungsmethoden leuchten schon deutlich die allgemeinen Schwierigkeiten hervor, die der Finanzverwaltung aus einer allen Anforderungen möglichst genügenden Besteuerung des Weines erwachsen. Alle jene Umstände, die schon die Bier- und Branntweinsteuer sehr erschweren, erscheinen noch viel spröder beim Wein, begründet in der Eigenart dieses Artikels. Da steht obenan die außerordentliche Zersplitterung sowohl der Produktion wie auch des Verkehrs, der Übergang an den Konsum meist in kleinen und kleinsten Quantitäten, oft direkt vom Produzenten, oft indirekt durch die Hand eines oder mehrerer Händler und nicht zuletzt die Tatsache, daß der Wein nicht allein ein rein landwirtschaftliches Erzeugnis darstellt, sondern eine Ware, bei welcher das Hinzutreten jahrelanger Pflege und sorgfältigsten Ausbaus in den Kellern der Produzenten und Händler von maßgebendem Einfluß ist. Dazu tritt das jährliche eminente Schwanken der Herbstergebnisse nach Qualität und Quantität, das um so wandelbarer ist, je näher der Weinbau den Gegenden liegt, worin ihn das Klima nicht mehr gestattet, ferner die bedenkliche Notlage des Winzerstandes und die vielgestaltigen beträchtlichen Wertabstufungen des Weines, alles schwerwiegende Punkte, welche die Aufgabe der Steuerverwaltung unendlich komplizieren und welchen man unmöglich ohne die kostspieligsten und lästigsten Kontrollmaßregeln gerecht werden kann. Wahrlich, in Anbetracht dieser Sachlage erscheint es nicht ganz unerklärlich, daß die Weinsteuer nicht nur tatsächlich in vielen Ländern so unentwickelt ist oder sogar vollständig fehlt, sondern daß sie auch in der finanzwissenschaftlichen Literatur so resigniert fast ohne zielbewußte Lösungsversuche behandelt wird.

Aber das alles darf nicht entmutigen: wohl sind wir uns durchaus aller eigentümlichen Schwierigkeiten bewußt und trotzdem dürfen wir mit guter Zuversicht bei dem Bestreben nach durchdachter Kombination der Veranlagung und geschickter Durchführung den Wein ein günstigstes Steuerobjekt nennen. Zu der von den Finanztheoretikern für die Weinbesteuerung hauptsächlich ins Feld geführten Forderung der Gerechtigkeit und des Finanzbedarfes tritt für uns als völlig neuer Gesichtspunkt ausschlaggebend die Rettung des deutschen Weinbaus vor seinem immer drohender werdenden Ruin hinzu, ein Umstand, der, wenn wir so sagen dürfen, uns die Weinsteuer in hohem Maße Mittel zum Zweck werden läßt.

Doch bevor auf diese Fragen näher eingegangen werden soll, ist es wohl angebracht, eine gedrängte Betrachtung über die Frage der Kontrolle vorauszuschicken. Denn wie die obige Besprechung der Erhebungsformen zeigt, bildet die lästige Steuerkontrolle, welche besonders in Ländern, die bisher keine Weinsteuer hatten, äußerst drückend empfunden werden müßte, einen Hauptangriffspunkt gegen die Weinsteuer. Alle hieraus resultierenden Einwürfe gegen die Einführung einer Weinsteuer sind jedoch als veraltet, als völlig gegenstandslos für die Gegenwart zurückzuweisen und demgegenüber darauf aufmerksam zu machen, daß gerade diese so angefeindete strenge Kellerkontrolle jetzt die dringendste Forderung der weitesten Kreise der Weinproduktion und auch des reellen Handels bedeutet. Es ist dies eine eigene Sache um die Weinkontrolle, die in engster Verbindung mit dem schon vor Jahrzehnten einsetzenden hartnäckigen Kampf um den Verkehr mit Wein steht. Hier ist natürlich nicht der Platz, diesen bedeutungsvollen Kampf, dem der folgende Abschnitt dieser Arbeit gewidmet ist, zu besprechen. Doch bleibe auch schon in diesem Zusammenhang nicht unerwähnt, daß schon für das erste

Reichsgesetz, das sich mit dem Verkehr mit Wein beschäftigt, dem Nahrungsmittelgesetz vom 14. Mai 1879 im Entwurf eine ziemlich scharfe Kontrolle vorgesehen war, die allerdings bis zur Rechtskräftigkeit sehr eingeschränkt wurde. Bei der folgenden Entwicklung trat die Frage der Kontrolle mehr und mehr in den Vordergrund, bis schließlich das Verlangen des größten Teiles der Weinproduktion nach einer strengen Kellerkontrolle trotz des Widerspruches des Weinhandels im Weingesetz vom 24. Mai 1901 wenigstens dem Buchstaben nach durchdrang. Seit dieser Zeit wurden die Klagen über zu laxe Durchführung der Kellerkontrolle, hauptsächlich außerhalb der Weinbaugebiete, immer lauter und gegenwärtig steht hinter der Forderung einer scharfen Kontrolle nicht nur die gesamte Weinproduktion, sondern auch ein großer Teil des Handels. Dem trägt auch der vorläufige, im Reichsanzeiger veröffentlichte Entwurf eines neuen Weingesetzes Rechnung und bringt neben anderen verschärften Bestimmungen der Kellerkontrolle vor allem auch den Zwang der Führung eines genauen Lagerbuches.

Es sei nun die Frage aufgeworfen, was will denn die verhaßte Steuerkontrolle noch darüber hinaus, was der Weinproduktion und dem Weinhandel noch besondere Unannehmlichkeiten verursachen könnte? An und für sich durchaus nichts weiter, höchstens vielleicht mit der Ausnahme der längst nicht so lästigen Transportkontrolle und der durch diese bedingten Anmeldungsverpflichtung. Dahingegen schreit gewissermaßen die allgemeine Weinkontrolle nach einer Weinsteuerkontrolle als ihrer naturgemäßen Ergänzung, ja sogar als einzige Grundlage einer erfolgversprechenden Wirksamkeit. Bietet doch die Kontrolle durch die Steuerverwaltung zwei wesentliche Garantien für die so äußerst erwünschte straffe Durchführung der Kellerkontrolle, um endlich einmal der Unreellität der Weinfabrikation und übermäßigen Weinvermehrung auf die Spur zu kommen und sie auf ein Mindestmaß beschränken zu können, womit ein neues Blühen der reellen Weinbranche gewährleistet würde. Erstlich dürfte es doch einleuchten, daß eine zuverlässige Kontrolle geradezu von einer Weinsteuer abhängig ist, da die verbündeten Regierungen, besonders die am Weinbau nicht unmittelbar interessierten, niemals die erheblichen Kosten einer genügenden Durchführung ohne jede Entschädigung zur Verfügung stellen werden. Und zweitens ist, da Reichsbeamte in Bundesstaaten nicht angestellt werden können, eine einheitliche, im ganzen Deutschen Reiche gleichmäßig und genügend gehandhabte Kontrolle, worauf das größte Gewicht von Produktion und reellem Handel gelegt wird, ohne eine Reichsweinsteuer, selbst bei eventueller reichsgesetzlich geregelter Weinkontrolle so gut wie ausgeschlossen.

Diese später noch zu ergänzenden Ausführungen mögen hier genügen, um den Erweis zu bringen, daß die strenge Steuerkontrolle nicht nur nicht als mißlichster Nachteil gegen die Einführung einer Weinsteuer spricht, sondern im Gegenteil in vieler Beziehung als ein höchst ersehnter Vorzug anzusehen ist. Man lasse sich nur nicht durch den Entrüstungsrummel der Unreellität, der Aufdeckung seiner Heimlichkeiten fürchtet, zu Trugschlüssen verführen. Ganz wohl vermag Produktion und Handel bei ehrbarem Erwerb die Kontrolle zu ertragen. Im wesentlichen wird ihnen durch die Weinsteuer auch nicht mehr zugemutet, als sich in ähnlicher Weise die Produzenten und Händler anderer Zweige der Verbrauchsbesteuerung ohne den heilsamen Nebenzweck gefallen lassen müssen.

VI. Die leitenden Grundsätze für die Weinsteuer.

Im folgenden soll nun der wohlberechtigten Forderung der heutigen Finanzwissenschaft, dem gesamten Steuerwesen wie auch den einzelnen Steuern mit Bewußtsein gewisse höchste Ziele und Aufgaben zu stecken, genügt werden. Die bisherigen Ausführungen geben eigentlich schon deutlich den Maßstab für die obersten Grundsätze einer Weinsteuer, die wir nun hier möglichst allgemein, jede eingehendere Begründung uns für die Besprechung unseres Entwurfes einer Reichsweinsteuer vorbehaltend, zusammenstellen wollen.

Als erster Richtpunkt sei, wie allgemein im Steuerwesen, die Gerechtigkeit vorangestellt. Diese erfordert von der Weinsteuer zweierlei: Allgemeinheit und Gleichmäßigkeit. Die Allgemeinheit betrifft die Heranziehung des gesamten Weingenusses. Als gerechte Ausnahme hiervon kommt, da der Wein ein entbehrliches Verbrauchsgut ist, die Freilassung eines Existenzminimums nicht in Frage. Dagegen ist die Steuerfreiheit des Hausverbrauches der Weinproduzenten ratsam und, wie oben nachzuweisen versucht wurde, an sich auch vollständig billig. Die Gleichmäßigkeit dringt auf eine gerechte Verteilung der Steuerlast, d. h. auf eine verhältnismäßige Besteuerung nach der Leistungsfähigkeit. Dies bedingt neben der zum mindesten gleich hohen Belastung des privaten Weinkonsums im Verhältnis zu dem im Wirtshause unter allen Umständen eine Qualitätsbesteuerung, und zwar in Prozenten des Wertes; denn nur dadurch kann eine richtige Anpassung an die beim Verbrauch hervortretende Leistungsfähigkeit der Konsumenten erzielt werden. Sofern der Wein nicht nach dem Werte getroffen wird, sind die feinen Weine vor den mittleren und beide vor den geringen, und demgemäß auch der reichere Konsument vor dem ärmeren unnatürlich, jeder Gerechtigkeit gewissermaßen zum Hohn, bevorzugt. Eine Progression dürfte jedoch nicht angebracht sein, da eine solche nicht nur fast undurchführbar wäre, sondern auch die unvermeidliche Willkür bei der Anlegung eines solchen Steuermaßes das, was dadurch etwa für die Gerechtigkeit gewonnen wäre, mehr als aufgehoben würde. Die Schwierigkeit der prozentualen Besteuerung des Weines, auf welche schon oben die Aufmerksamkeit gelenkt wurde, dürfte, wie sich später aus dem Versuch eines Entwurfes ergeben mag, mit genügender Sicherheit befriedigend gelöst werden können. Ein ganz besonderer Vorteil der Besteuerung nach Wertprozenten ist auch darin zu erblicken, daß dadurch die Steuer in den Weinbaugebieten, wo der Wein Genußmittel breiterer Schichten ist, in angemessener Weise ganz von selbst sich beträchtlich vermindert, da der Wein in diesen Gegenden nicht unerheblich billiger ist als dort, wo sich in seinem Genuß reiner Luxus zeigt.

Zur der Aufzählung der obersten Grundsätze für die Weinsteuer zurückkehrend, sei als zweiter der **Finanzbedarf** genannt. Hier kann man sich sehr kurz fassen. Denn daß ein solcher bei der chronischen Reichsfinanznot, deren Hebung immer noch ein schwieriges Problem darstellt, sowie auch bei den Bundesstaaten und Kommunen, wenn diese in Frage kommen sollten, besteht, kann nicht bestritten werden. Die Weinsteuer soll also, soweit dies die sonstigen obersten Grundsätze und die Überlegung, daß der Ertrag von Verbrauchssteuern nur bis zu einer bestimmten Grenze steigt, zulassen, der Staatskasse nach Möglichkeit dienstbar gemacht werden.

Der dritte und letzte oberste Grundsatz, dem die Weinsteuer, fast möchten wir sagen, am dringendsten gerecht zu werden hat, ist der Schutz der Produktion und des reellen Handels, die Verbesserung deren jetziger trostloser Lage. Wohl könnte man eigentlich bei einem volkswirtschaftlich so bedeutungsvollen Produktionszweig den Staat zur Erfüllung dieser Aufgabe auch ohne Steuer für verpflichtet halten. Aber ungeachtet dessen, daß so ausnahmsweise hohe Kosten, wie sie dazu erforderlich wären, doch wohl nicht ohne Entschädigung dem Staatsganzen für eine an sich nur kleinere Zahl direkt Interessierter zugemutet werden könnte, vermöchte, wie später nähere Begründung erweisen wird, selbst bei bestem Willen und trotz größter Opfer und Mühen das Eingreifen des Staates ohne Steuer nie und nimmer eine in jeder Beziehung erfolgreiche Abschaffung der bestehenden Mißstände zu schaffen.

Die Forderung des fördernden Schutzes der Produktion und des reellen Handels gipfelt in der Unterdrückung der unreellen Konkurrenz der Weinfabrikation und der Weinvermehrung, in welcher wir weit überwiegend die Ursache der heutigen Notlage der reellen Weinbranche zu suchen haben. Mit Leichtigkeit ist es einer Weinsteuer möglich, diesem so erwünschten, viel umstrittenen Ziel zuzustreben, ja es wird überhaupt erst durch sie erreichbar. Nur zweierlei, was der Weinsteuer so nahe liegt, ist dazu nötig. Es ist dies in erster Linie strengste Durchführung der Kellerkontrolle mit Lagerbuchzwang, wodurch jede heimliche Weinfabrikation aufgespürt werden kann, und so endlich einmal hinreichende Garantie gegen die Umgehung der gesetzlichen Bestimmungen geboten wird, und weiterhin nicht minder wichtig eine hohe besondere Besteuerung jeder Weinvermehrung. Auch hier reformierend einzugreifen, dazu liegt für den Staat nicht nur die Berechtigung, sondern sogar die Pflicht in der Konsequenz des Gesetzes über den unlauteren Wettbewerb, in den Anschauungen, welche diesem Gesetze zugrunde liegen. Diese Besteuerung muß eine Höhe erreichen, durch die das unerhörte Mißverhältnis zwischen den hohen Produktionskosten der Naturweine und den niedrigen der sog. verbesserten Weine mit seinem verlockenden Anreiz zur maßlosen Weinvermehrung aufgehoben wird; sie soll jedoch nicht eine Grenze überschreiten, wo eine rationelle Weinverbesserung so sehr verteuert wird, daß sie unrentabel und deshalb auch in den Fällen, wo sie tatsächlich nötig ist, unterlassen würde.

Diesen beiden bedeutungsvollen Gesichtspunkten des den Schutz der Produktion und des reellen Handels bezweckenden Grundsatzes, auf denen das Schwergewicht unseres ganzen Weinsteuervorschlages beruht, tritt sodann noch die kaum weniger dringend nötige Sorge um einen einheitlichen erfolgversprechenden Kampf gegen die wachsende Gefahr der Rebschädlinge, insbesondere der Reblaus zur Seite, eine Sorge, zu der sich beim Bestehen einer Weinsteuer die Regierung schon aus eigenem Interesse verpflichtet sehen wird.

Letztens ist zum Schutz von Weinbau und Weinhandel eine durchaus sichere Steuerüberwälzung in der beabsichtigten Weise vorzusehen. Dieses Erfordernis bildet sozusagen den Brennpunkt alles dessen, was man von einer befriedigenden Lösung der Weinsteuer verlangen muß. Denn ohne dessen Erfüllung wird nicht nur der Grundsatz der ausgleichenden Gerechtigkeit und des Schutzes der reellen Weinbranche offensichtlich direkt ins Gegenteil umgesetzt, sondern auch bei der unvermeidlich daraus folgenden ruinösen Weinkrise der Finanzeffekt sehr in Frage gestellt. Mithin muß unter allen Umständen jede Rückwälzung auf die Produktion oder den Handel, abgesehen von nur vorübergehender, schlechter Konjunktur, vor der kein Wirtschaftszweig dauernd gehütet werden kann, so gut wie ausgeschlossen sein. Dies wird, wie oben des näheren auseinandergesetzt wurde, leicht und zuverlässig ermöglicht durch die erhebliche Einschränkung des Angebots, wie sie von selbst aus der Schröpfung der Weinfabrikation und der übermäßigen Weinvermehrung hervorgeht. Als große Erleichterung erscheint daneben auch die Entfernung der Steuererhebung von der Produktion, die sich gerade bei der Weinsteuer so gut wie keiner anderen Verbrauchsabgabe durchführen läßt. Denn bei ihr kann man es neben der Verschiebung der Besteuerung bis zum Wirtschaftsgenusse auch getrost wagen, die Steuer direkt dem Privatkonsumenten aufzuerlegen, da es sich dabei ja fast nur um ein höherstehendes und zahlungskräftigeres Publikum handelt. Diese direkte Erhebung bringt zugleich den Vorzug mit sich, daß dadurch der Versender kein unmittelbares Interesse hat, den Wert der Steuerverwaltung falsch zu deklarieren.

Bei dieser Gelegenheit sei auch nicht versäumt, schon hier zu erwähnen, daß bei einer Weinsteuer im Sinne dieser Arbeit auch der Konsument keineswegs ohne Entschädigung für seine Steuerleistung ausgeht. Erhält er doch die hygienisch nicht hoch genug einzuschätzende Gewähr für eine gute und gesunde Ware, während andererseits die Konkurrenz des Auslandes auch keine zu hohe Preissteigerung des Weins zulassen wird. Dazu kommt noch der für den Konsumenten gleichfalls sehr erwünschte Schutz vor trügerischer Täuschung. Denn man vergesse nicht, daß der Konsument niemals mit Wissen Wein trinken will, der nur zum Teil Traubensaft, im übrigen aber Zucker- oder Spritwasser ist, oder der gar mit Chemikalien wie Glyzerin usw. oder Birnenbrühe und dergleichen mehr oder minder versetzt ist. Ein stichhaltiger Grund zur Verfolgung der Weinfabrikation und Weinvermehrung besteht deshalb schon in der Tatsache, daß der Verkehr mit diesen sog. Weinen regelmäßig zum Betrug des Konsumenten führt, der nie über solche Behandlung des Weins aufgeklärt zu werden pflegt. Wäre letzteres der Fall, dann könnte man ruhig von jedem Kampfe gegen Weinfabrikation und Weinvermehrung absehen; denn die Absatzunmöglichkeit solcher Erzeugnisse würde die Schmierer selbst alsbald ihr fälschendes Gewerbe als unrentabel aufgeben lassen.

Aus dieser vorstehenden Zusammenfassung der obersten Grundsätze für die Weinsteuer mit Berücksichtigung der Kritik, die an den hauptsächlichen Erhebungsformen geübt wurde, ergibt sich als natürliche Folgerung die wünschenswerte Kombination verschiedener Veranlagungsmethoden, die allein einer befriedigenden Lösung der Weinsteuerfrage zuführen dürfte. Hinsichtlich der Betrachtung derselben müssen wir uns aber an dieser Stelle mit vorbereitenden knappen Umrissen begnügen.

Da die Produktionssteuer für uns unter allen Umständen ausgeschaltet ist, sind zunächst Verkehrs- und Schanksteuer derart zu verknüpfen, daß man ihre beiderseitigen Vorzüge voll zur Geltung bringt, ihre Schattenseiten dagegen nach Möglichkeit lichtet, was auch recht gut gelingen mag. Als erstes Ergebnis erhalten wir dann selbstverständlich eine Konsumtionsverkehrssteuer und eine Schanksteuer. Beide sollen sich in der Höhe möglichst genau entsprechen und dürfen kräftige Sätze zeigen. Mit ihnen sei den Bedürfnissen der Staatskasse gedient.

Daneben hat eine Handelsverkehrssteuer Platz zu greifen, und zwar bei jedem Verkehrsakt ohne Scheidung zwischen Großhandel und Kleinhandel, nur mit Ausnahme des Umsatzes, den die Konsumtionsverkehrssteuer oder die Schanksteuer trifft. Diese Handelsverkehrssteuer muß in ihrem Satze größte Mäßigkeit halten. Sie besteht mit der Absicht, höchstens die Kosten der Steuerkontrolle zu decken, nicht des Ertrages wegen, sondern nur um der gewichtigen Forderung der Produktion und des reellen Handels noch einer strengsten allgemeinen Kellerkontrolle nachzukommen, womit zugleich für die Finanzverwaltung größte Sicherung gegen Defraudation erreicht wird. Mit dem niedrigen Satze verbindet sich überdies auch der angenehme Vorteil der Überflüssigkeit etwaiger Steuerrestitution bei der Ausfuhr oder Verwendung des Weins zur Essig-, Branntwein- oder Schaumweinbereitung. Gerade bei der Wertbesteuerung des Weins ist die Rückvergütung, wenn nur einigermaßen zugänglich, unbedingt zu vermeiden, wenn nicht daraus durch die beträchtliche Wertsteigerung des lagernden Weines ein mißliches Prämienunwesen entspringen soll.

Zu dieser eigentlichen Weinsteuer hat dann noch die besondere Besteuerung der Weinvermehrung als wichtigste Ergänzung hinzuzutreten. Sie wird, wie später bei dem Weinsteuerentwurfe eingehend begründet werden wird, am besten als Weinzuckersteuer veranlagt, indem jedes Zuckerquantum, das zu wirklichen oder vorgegebenen Weinverbesserungszwecken verwendet werden soll, unabhängig von der sonstigen Zuckersteuer nochmals versteuert werden muß.

Von einer Kunstweinsteuer kann nicht mehr die Rede sein, da die gewerbsmäßige Weinfabrikation seit dem Weingesetz vom 24. Mai 1901 nicht mehr gestattet ist, wenn sie auch gegenwärtig trotz des Verbotes bei der ungenügenden Kellerkontrolle in peinlicher Verborgenheit noch in bester Blüte steht. Eine eigentliche Kunstweinsteuer ohne allgemeine strengste Kellerkontrolle ist überhaupt auch bei der Heimlichkeit fraglichen Gewerbes vollständig sinnlos, wie sich an der kläglichen Erfolglosigkeit derartiger früherer Versuche in Baden, Elsaß-Lothringen und namentlich Bayern zeigte.

Auf dieser im Vorstehenden umrissenen Grundlage dürfte sich sehr wohl ein Weinsteuergesetz aufbauen lassen, das unter steter Beachtung der obersten Prinzipien allen theoretischen wie praktischen Anforderungen in befriedigender Weise zu genügen vermag. Die Bedenken, die gewöhnlich einer solchen systematischen Verbindung einzelner Veranlagungsarten entgegengehalten werden, sind wohl bei der vorgeschlagenen Kombination, soweit es nur denkbar ist, gegenstandslos geworden. Die Kompliziertheit der Steuer durch einen umständlichen Kontroll- und Erhebungsapparat und durch die unbequemen Verpflichtungen, die der Produktion, dem Handel und der Konsumtion auferlegt werden müssen, und die daraus resultierende Verkehrshemmung bringt, ganz abgesehen davon, daß heute in einem gerechten Steuersystem nicht mehr die Bequemlichkeit und Ausgiebigkeit der Besteuerung allein maßgebend sein darf, im Grunde genommen nichts anderes als das, was schon jetzt ziemlich allgemein als notwendigstes Erfordernis zum Schutze der Reellität in Produktion und Handel auch ohne Steuer anerkannt wird, und kann deshalb unserem Versuche eines Weinsteuerentwurfes keinesfalls zur Last gelegt werden. Und der weitere hauptsächliche Einwurf, der vielleicht dem angeregten System gemacht werden könnte, nämlich der, daß es ungerechte Doppelbesteuerungen mit sich bringen werde, ist wohl bei der großen Mäßigkeit der Handelsverkehrssteuer, die allein für diesen Vorwurf in Betracht kommen kann, nicht gar zu ernstlich zu nehmen. Jedenfalls sind voraussichtlich die Ungleichheiten durch Ausfallen der Handelsverkehrssteuer einerseits und andererseits dem mehr als einmaligen Fälligwerden derselben auf eine solche Minderzahl beschränkt und unzweifelhaft bei dem niedrigen Steuersatze so wenig fühlbar, daß man ihrethalben keineswegs auf das gewagte Mittel weitgehender Steuerbefreiungen verfallen darf, weil dadurch die Sicherung sowohl des Steuerertrages als auch der Kellerkontrolle mehr oder minder aufs Spiel gesetzt würde.

Aber noch ein Bedenken gegen unseren Versuch einer befriedigenden Weinsteuer, das gelegentlich eines naheliegenden Vergleiches mit dem früheren französischen Weinsteuersystem auftauchen könnte, sei kurz berührt: man könnte fragen, wie sollte man sich jetzt in Deutschland bei viel schwierigeren Verhältnissen zu einer ähnlich kombinierten Erfassung des Weins versteigen, nachdem man gesehen hat, wie selbst Frankreich trotz der jahrhundertlangen Gewöhnung sein altes, fein durchdachtes System als zu drückend im Jahre 1900 zugunsten einer einfachen Verkehrssteuer aufgegeben hat. Aber nicht nur, daß die in Vorschlag gebrachte Kombination viel einfacher und einheitlicher sein dürfte, als die frühere französische mit ihren acht verschiedenen und ineinander übergehenden Veranlagungsmethoden, muß vor allem hervorgehoben werden, daß die französische Weinsteuer ein reines Finanzgesetz mit rücksichtslosem Streben nach höchstem Ertrage war, während uns doch die Weinsteuer hauptsächlich einziges Mittel zum Zweck des fördernden Schutzes der reellen Weinbranche ist mit dem Vorteil, zugleich auch einen sehr annehmbaren Reinertrag abzuwerfen; die scharfe Kellerkontrolle, deren Mißliebigkeit in der französischen Weinbranche die beseitigende Reform von 1900 bedingt hat, wobei sich übrigens die daran geknüpften Erwartungen des neuen Aufblühens des Weinbaus nichts weniger als erfüllten (Winzerunruhen 1907!), gerade diese strenge Kellerkontrolle bildet ja in Deutschland jetzt die dringendste Forderung der Produktion und des reellen Handels. Daraus wird ersichtlich, wie unangebracht unter den gänzlich verschiedenen Voraussetzungen ein unmittelbarer Vergleich der Vorschläge dieser Arbeit mit der Aufhebung des ganz anders gearteten alten französischen Weinsteuersystems ist.

VII. Die Weinsteuer zugunsten des Reiches, der Bundesstaaten oder der Kommunen.

Um den ersten Hauptteil dieser Arbeit über die Theorie der Weinsteuer abzuschließen, erübrigt sich noch, die Frage aufzuwerfen, von welchem öffentlichen Verband eine den dargelegten leitenden Grundsätzen und deren praktischer Anwendung genügende Weinsteuer am zweckdienlichsten auszugehen hat, ob eine Reichs-, Landes- oder Kommunalweinsteuer wünschenswert ist.

Für eine ausschließliche Weinsteuer der Bundesstaaten tritt eigentlich nur bedauerlicher Partikularismus ins Feld, der natürlich in der finanzwissenschaftlichen Literatur, wie auch bei der weiterblickenden Politik keinen rechtfertigenden Anklang findet. Zugunsten einer kommunalen Weinsteuer erheben sich dagegen maßgebendere Stimmen, besonders mit dem Hinweis auf die Möglichkeit leichter Differenzierung der Steuerhöhe und -anlage nach den verschiedenartigen Verhältnissen einzelner Gegenden, je nachdem der Wein als allgemeines Genußmittel breiterer Volksschichten oder nur als reiner Luxusartikel der höheren Klassen anzusehen ist, Verschiedenheiten, die aber, wie wir oben erkannten, für Deutschland nicht so zwingend sind und denen auf andere Weise durchaus hinreichend Rechnung getragen werden kann. Indes gewichtige Gründe drängen besonders von dem Standpunkte dieser Arbeit aus zur unbedingten Ablehnung der Kommunalweinsteuer, wie auch der Landesweinsteuer.

Denn abgesehen, von der zu wünschenden Einheitlichkeit der Getränkebesteuerung in der Hand des Reiches und der unvorbildlichen Unordnung der meisten gegenwärtig bestehenden städtischen Weinsteuern liegen bei einer Kommunalweinsteuer zunächst schon derartige steuertechnische Schwierigkeiten vor, daß an eine befriedigende und einigermaßen gesicherte Besteuerung kaum zu denken ist. Dazu kommt, daß mit ihnen, wie im größeren Maßstabe auch mit den Landesweinsteuern, die berüchtigten Binnenzölle mit der Gewährung steuerfreier Lager- und Transitkeller, der Rückvergütung gezahlter Steuern beim Absatz nach außen und dergleichen unnötig belästigenden Übeln wieder auftreten. Jedoch als hauptsächlichster Grund gegen die kommunale Weinsteuer spricht, daß sie schon bei geringer Höhe auf den Weinbau zurzeit geradezu vernichtend wirken müßte. Denn es wäre unausbleiblich, daß diese Steuer auf die Produktion zurückgewälzt würde, da weder die Weinfabrikation beseitigt noch die Weinvermehrung beschränkt werden könnte und dadurch der Markt für den Absatz der Naturweine nicht nur nicht freier würde, sondern sogar noch enger bei dem unvermeidlichen städtischen Konsumrückgang, der nicht durch Qualitätsverbesserung hintangehalten würde. Welche Folgen aber diese Steuerlast bei der jetzigen trostlosen Lage des deutschen Weinbaus haben müßte, das braucht wohl nicht näher erläutert zu werden. Alles das, was oben unter dem bedeutungsvollen Grundsatze des Schutzes der Produktion und des reellen Handels ausgeführt wurde, wird durch eine Kommunalsteuer mit einem Schlage unmöglich gemacht. Nicht nur, daß die reelle Weinbranche, wie die Konsumtion für die erwachsende Belästigung ohne jede Entschädigung ausgingen, würde sogar die Weinfabrikation und Weinvermehrung ohne die bei der Kommunalsteuer unmögliche, überall gleiche

Kontrolle von der Traube bis zum Glase sogar noch wesentlich gefördert, geradezu herausgefordert werden, da es doch dann für den steuerbelasteten Weinbau und Weinhandel möglichst billige Weine zu liefern hieße, um so durch Qualitätsverschlechterung wenigstens zum Teil eine verschleierte Steuerüberwälzung zustande zu bringen. Gerade das, was sonst der kommunalen Wirksamkeit gegenüber der staatlichen den Vorzug gibt, d. h. ein ungleichheitliches Vorgehen eingegeben durch die empfehlenswerte Rücksichtnahme auf lokale Eigentümlichkeiten, läßt sie für die Verhältnisse in Weinbau und Weinhandel verwerflich erscheinen, da, wie wir schon erkannt haben und später noch klarer einsehen werden, in erster Linie nur die einheitliche und gleichmäßige Durchführung der steuerlichen Weinkontrolle für das gesamte deutsche Reich, die Weinsteuer für die reelle Weinbranche annehmbar, ja sogar höchst erwünscht machen kann.

Nicht viel besser steht es in dieser Hinsicht mit der Landesweinsteuer. Wohl könnte bei ihr an eine strenge Kellerkontrolle zur Unterdrückung der Weinfabrikation und an eine Besteuerung der Weinvermehrung wenigstens gedacht werden, aber das wichtigste Erfordernis einer gleichmäßig strengen Durchführung in ganz Deutschland wäre auch bei ihr ausgeschlossen und damit so gut wie alles verfehlt. Denn es leuchtet doch ein, daß Bundesstaaten, wie Hamburg, Bremen, Braunschweig und alle anderen, die am Weinbau nicht im geringsten interessiert sind, selbst wenn sie sich, was allerdings kaum anzunehmen ist, zu einem befriedigenden Weinsteuergesetz hergeben würden, die kostspielige Kellerkontrolle und Vermehrungssteuer nur ungenügend handhaben würden, und daß die äußerst freizügige, heimliche Weinfabrikation alsbald diese Gegenden, wo sie ihr unlauteres Gewerbe ziemlich ungestört forttreiben kann, aufgefunden hätte.

Wie steht es aber nun mit den gewöhnlichen Einwänden gegen eine Reichsweinsteuer? Man pflegt hier schon zunächst auf den geringen finanziellen Reinertrag hinzuweisen, der durch eine Reichsweinsteuer nur zu erwarten wäre und der zum mindesten niemals den entstehenden Belästigungen entsprechen könnte. Daß dies nicht der Fall zu sein braucht, suchen spätere Ausführungen und Berechnungen klar zu legen. Andere Bedenken, wie die Schwierigkeit der Durchführung, namentlich der Kontrolle und sodann vor allem die schädigende Belastung des deutschen Weinbaus, der schon jetzt an der Grenze seiner wirtschaftlichen Existenzmöglichkeit angelangt ist, zugunsten der Reichsfinanzen, dürften wohl durch die früheren Erörterungen, denen ja stets der Gedanke einer Reichsweinsteuer zugrunde lag, hinreichend zerstreut sein. Nur gegen einen Einwurf bedarf es wohl noch einer kurzen Verteidigung. Es ist die zur Erregung des partikularistischen Geistes aufgestellte Behauptung, eine Reichsweinsteuer stelle eine einseitige Belastung der deutschen Weinländer dar und sei deshalb ungerecht und verwerflich. Wie wenig stichhaltig diese Einrede ist, erkennt man sofort, wenn man nicht vergißt, daß nicht nur die prozentuale Wertbesteuerung schon eine gewisse Anpassung schafft, sondern daß eine Reichsweinsteuer nach unserem Vorschlag ja gerade den Weinbaugebieten in entschädigender Förderung zugute käme und dann vor allem auch, daß dadurch nur eine gerechte Ausgleichung einträte gegenüber der Branntweinsteuer, die doch überwiegend vom Norden und Osten Deutschlands getragen wird und in der man deshalb mit viel größerem Rechte hinsichtlich der Produktion, wie der Konsumtion eine regionale Vorbelastung erblicken könnte.

In Anbetracht all dieser Umstände kann für den Fall, daß man neben den finanzwissenschaftlichen Erwägungen nicht dem Bestreben nach schützender und fördernder Rücksicht auf die Reellität in Weinproduktion und Weinhandel mehr oder minder anerkennende Billigung versagen will, bei vorurteilsfreier Beurteilung wohl kaum mehr ein Zweifel darüber bestehen, daß die Weinsteuer nur als Reichssteuer eine befriedigende Lösung erhalten dürfte. Als solche ist sie aber einerseits für das Reich eine hochwillkommene, gute Einnahmequelle, andererseits für die reelle Weinbranche bei tunlichster Beseitigung der Weinfabrikation und besonderer Besteuerung der Weinvermehrung, sowie bei unterstützendem Schutz gegen pflanzliche und tierische Feinde der Rebe nicht nur nicht eine Last, sondern geradezu ein Segen, eine sichere Gewähr für ein neues Aufblühen der deutschen Weinkultur.

Zweiter Abschnitt.

Die deutschen Weinverkehrsgesetze, ihre Entstehung und ihre Lösung.

Es soll jetzt unsere Aufgabe sein, eine gedrängte, aber doch übersichtliche Skizze über die geschichtliche Entwicklung dessen zu entwerfen, was man unter der Bezeichnung „Verkehr mit Wein" zusammenzufassen pflegt, und daran die Frage anzuknüpfen, ob nicht Lehren aus dieser Entwicklung zu ziehen sind, ob sich nicht mehr oder minder zwingend die Überzeugung aufdrängt, daß das Gewollte in der bisherigen Richtung wohl nie genügend zu erreichen ist, sondern daß man zu der so dringend nötigen Lösung dieser wirtschaftlichen Frage einen anderen Weg als allein erfolgversprechend einschlagen muß, einen Weg, der wohl auf den ersten Blick seine nicht zu unterschätzende Bedenklichkeit haben mag, der aber mehr und mehr mit dem Schwinden nicht ganz unerklärlichen Vorurteils gerade von den unmittelbar interessierten Kreisen als der allein zum Ziele führende erkannt werden wird. Nur ein Überblick unter Vermeidung der großen Gefahr, auf dem vielseitigen Gebiete dieser Weinfrage abzuschweifen, darf es für diese Arbeit werden und es kann sich deshalb auch längst nicht darum handeln, alle Wünsche und Beschwerden mit ihrer großen Meinungsverschiedenheit, die schon so oft im Reichstag ihren Widerhall fanden, in objektiver Sachlichkeit nebeneinanderstellend wiederzugeben. Es können nur die hauptsächlichsten Punkte herausgegriffen werden und auch bei ihnen muß man sich kurzer Erledigung befleißigen. Dadurch wird es natürlich unvermeidlich sein, daß die folgende Darstellung einen gewissen tendenziösen Anstrich bekommt, da der Nachdruck darauf zu legen ist, zu zeigen, daß der reellen Weinbranche durch die Weinverkehrsgesetze nicht in erforderlichem Maße zu helfen ist. Aber nur durch diese Tendenz und eben, soweit diese Tendenz in den geschichtlichen Vorgängen ihre sachliche Begründung findet, paßt die vorzunehmende Betrachtung in den Rahmen dieser Arbeit, ja, paßt sie sogar nicht nur hinein, sondern gehört unter allen Umständen als wesentliches Glied hinein und nimmt für den Versuch eines Entwurfs einer Reichsweinsteuer, an den im nächsten Abschnitt herangetreten werden soll, schon einen gewichtigsten Teil der Begründung vorweg. Diejenigen Leser aber, welche sich für das Nähere dieses höchst beachtenswerten wirtschaftlichen Entwicklungsganges, dem leider von den nicht unmittelbar beteiligten Kreisen zu wenig Beachtung geschenkt wird, interessieren, seien auf Wichmanns Buch „Der Kampf um die Weinverbesserung im Deutschen Reiche"*) verwiesen, ein Buch, das in großer Sachlichkeit bis zum Weingesetz von 1901 ein erschöpfendes klares Bild über diesen Ausschnitt aus der Wirtschaftsgeschichte der Gegenwart vorführt.

Die folgende Erörterung drängt von selbst zum engsten Anschluß an den wechselvollen gesetzlichen Niederschlag der Bestrebungen in der Weinfrage. Denn sehr richtig weist Wichmann in der Einleitung seines Buches auf das Charakteristische der Weinfrage hin, daß sie sich in einen Kampf um das Recht, um die Frage, was bei der wirtschaftlichen Ausnutzung des vorhandenen Produktes erlaubt und was verboten ist, zuspitzt. „Herkommen, Brauch, Gewohnheiten, Handelsusancen, geschriebenes Recht, Erfordernisse wirtschaftlicher Notlagen, das alles ist in einen heftigen, unentwirrbaren Kampf verflochten, in den von wirtschaftlichen Fraktionen vergebens versucht wird, mit Hilfe der Gesetzgebung eine Klarheit der Begriffe, eine Grenze für das wirtschaftlich Zulässige, wie überhaupt eine derartige Entscheidung herbeizuführen, daß die wirtschaftliche Existenz der Beteiligten eine rechtlich unantastbare Sicherheit erhält. In dem vorliegenden Streitpunkte ist der Kampf um die wirtschaftliche Existenz zugleich ein Kampf ums Recht und der Kampf ums Recht ein Kampf um die wirtschaftliche Existenz." Lernen wir dies an den Tatsachen selbst kennen.

*) Dr. Fritz Wichmann, „Der Kampf um die Weinverbesserung im Deutschen Reiche", Jena (Fischer) 1902.

I. Das Nahrungsmittelgesetz von 1879.

Trotzdem das Auftreten der Weinpantscherei nicht erst neuesten Datums ist, kann man von einer eigentlichen Weinfrage, d. h. einer Frage, welcher es obliegt, der durch wirtschaftliche Mißstände hervorgerufenen Unzufriedenheit eines größeren in seiner Existenz mehr oder minder bedrohten Bevölkerungsteiles eine lösende Abhilfe zu schaffen, erst von der Zeit an sprechen, wo dem Naturwein, d. h. dem aus reinen Traubensaft durch Vergärung hergestellten Getränk, in dem auf die verschiedenste Weise mit teilweiser, ja eventuell sogar vollständiger Ausschaltung des Traubensaftes fabrizierten Wein ein gefährlichster Konkurrent erwuchs, gegen den man sich nicht mehr anders zu helfen vermochte, als dadurch, daß man die Unterstützung der autoritären Gewalt des Staates in Anspruch nahm. Für Deutschland erscholl der erste Weckruf für den Kampf um den Wein, der früher oder später in allen weinproduzierenden Staaten einsetzte, in den 60er Jahren, wo man sich in Produktionskreisen vor allem gegen das sich mehr und mehr mißbräuchlich einbürgernde Gallisieren, d. h. das zur Weinverbesserung bestimmte Entsäuerungsverfahren durch Zuckerwasserzusatz, zu wenden begann.

Doch zeigte sich fürs erste in Regierungskreisen noch wenig Verständnis für die Weinfrage, da man noch der naiven Annahme huldigte, die strafgesetzlichen Bestimmungen über Betrug und Verfälschung bildeten auch für die Weinbranche eine genügende Sicherung. Als jedoch unter dem Druck der Verhältnisse eine immer wachsende Bewegung sich geltend machte und immer energischer drei Hauptforderungen, nach einer Legaldefinition von Wein als reiner Naturwein, nach einem Deklarationszwang für alle dieser Definition nicht entsprechenden Weine und nach einer Definition des Tatbestandes der Weinfälschung bis in den Reichstag hinein ertönte, da wurde dieses allgemeine Drängen die Hauptveranlassung zu dem dem Reichstag am 22. März 1878 vorgelegten Nahrungsmittelgesetzentwurf, welcher sich die hohe Aufgabe setzte, alle Unlauterkeiten auf dem Gebiete des Nahrungsmittelwesens zu beseitigen. Und in der Tat stellte dieser Entwurf ein weites Entgegenkommen für die Wünsche der Weinproduzenten dar, indem er die Erfüllung der genannten Forderungen in ziemlich aussichtsreicher Weise versuchte. Insbesondere lobenswert war die vorgesehene scharfe Kontrolle, nach welcher den Beamten der Gesundheitspolizei die Befugnis der Revision der Verkehrs- und Aufbewahrungsräume und der Probeentnahme zum Zwecke der Untersuchung zustand, und nicht minder die das Strafgesetzbuch weit übertreffende klare Begriffsdefinition des Betruges durch Verfälschung, dessen Tatbestand vorhanden war, wenn die Herstellung oder auch nur der Verkauf und das Feilbieten von nachgemachten oder mit dem Scheine einer besseren Beschaffenheit versehenen oder durch Entnehmen oder Zusetzen von Stoffen verschlechterten Nahrungs- oder Genußmittel zum Zwecke der Täuschung im Handel und Verkehr erfolgte.

Befriedigte nun einerseits dieser Nahrungsmittelgesetzentwurf noch keineswegs einen Teil der Produzenten, die schon damals auf ein Kunstweinverbot oder auch eine Kunstweinbesteuerung abzielten, so war andererseits den Weinhändlern das Vorgehen höchst unliebsam. In die Dienste der letzteren stellte sich die Reichstagskommission, an die der Gesetzentwurf verwiesen wurde, und traf einschränkende Abänderungen hinsichtlich der Kontrolle und des Betrugsbegriffes, welche die Regierungsvorschläge so gut wie wirkungslos machten. Wenn auch diese Kommissionsberatungen durch den Reichstagsschluß hinfällig wurden, so behielten sie doch ihre Bedeutung insoweit, als der in der nächsten Legislaturperiode erneute Nahrungsmittelgesetzentwurf sich wenigstens bezüglich der Kontrolle der getroffenen Abänderung anschloß und die Revisionsbefugnis auf die Verkaufsräume beschränkte. Fand nun auch diese Regierungsvorlage in der neuen Kommission Beifall, so wurde sie auf ganz unerwartete Weise in der Plenarsitzung verstümmelt, indem man aus Bedenken eines falschen Rückschlusses der strafgesetzlichen Rechtsprechung eine Betrugsdefinition, welche soweit über diejenige des Strafgesetzbuches hinausging, vermeiden zu müssen glaubte und deshalb den Betrugsparagraphen des Nahrungsmittelgesetzes eine solch eingeschränkte undeutliche Fassung gab, daß es darnach höchst fraglich war, ob nach dem Nahrungsmittelgesetz vom 14. Mai 1879 ein Deklarationszwang für die künstlich hergestellten oder verbesserten, also auch insbesondere die gallisierten Weine, diese damalige Hauptforderung der Produzenten zur Bekämpfung des unreellen Wettbewerbs, zu Recht bestehe. Damit hatte das Gesetz seinen Hauptzweck gänzlich verfehlt. Denn nach wie vor war das richterliche Ermessen von Fall zu Fall der einzige Maßstab für die Entscheidung, ob die Anwendung eines Stoffs oder Verfahrens bei der Behandlung des Weins als ordnungsmäßig zu betrachten sei oder ob damit der Tatbestand einer Nachahmung oder Verfälschung vorliege. Unbedingt verboten war nur der Gebrauch von gesundheitsschädlichen Stoffen zur Verfälschung. Selbstredend war bei diesem Zustand von Anfang an ausgeschlossen, der unlauteren Konkurrenz erfolgversprechend beikommen zu können, zumal nachdem die Kontrollbefugnis der Regierung so bedauerlich beschnitten worden war.

II. Das Weingesetz von 1892.

Die Unzulänglichkeit und Undeutlichkeit des Nahrungsmittelgesetzes rächte sich gar bald. Das eigentümliche Gepräge erhielten die nun einsetzenden wechselvollen Kämpfe um den Wein durch das fruchtlose Bemühen, eine fest bestimmte Grenze zu ziehen zwischen der zu billigenden rationellen Weinverbesserung, die nicht als Verfälschung angesehen und deshalb dem Deklarationszwang nicht unterliegen sollte, und der übermäßigen dem Deklarationszwang zu unterwerfenden Weinvermehrung mit ihrer Ausartung der direkten Weinfabrikation. Man verfiel in Versuchen, die teils von der Regierung, teils vom Reichstag ausgingen, auf die allerverschiedensten Gedanken, diese berechtigte Trennung mit ihrer außerordentlichen Schwierigkeit durchführen zu können, an und für sich ganz schöne, aber für die Eigenart des Weins bald gänzlich verfehlte, bald nicht genügend wirksame Gedanken, deren Folgen zum Teil den Zustand mehr und mehr verschlimmerten und lange Zeit gerade das erst recht begünstigten, was man hauptsächlich bekämpfen wollte, nämlich die unlautere Konkurrenz des Wassers, sei es nun als Zuckerwasser oder als Spritwasser. Nur gegen die zwei einzigen erfolgversprechenden Hilfsmittel mit ihren unumgänglichen Vorbedingungen war man und blieb man so lange blind, ja verwahrte sich sogar mit aller Entschiedenheit dagegen; es ist, um dies schon hier kurz anzudeuten, erstlich die strengste Kontrolle von der Traube bis zum Glase, deren unbedingt zu fordernde Einheitlichkeit und überall gleichmäßige Wirksamkeit allein durch eine allgemeine Weinsteuer garantiert wird, und weiterhin das Benehmen des durch die hohen Gewinnchancen so verlockenden Anreizes zur mißbräuchlichen Ausnutzung des nicht zu verbietenden Zuckerwasserzusatzes, ein Anreiz, den nicht die höchsten Strafen, nicht die verklausuliertesten Gesetze, sondern allein die Verteuerung des Zuckerns, d. h. die Besteuerung desselben, heben kann, was aber mit durchgreifendem Erfolg auch wieder nur in engster Verbindung mit einer allgemeinen Weinsteuer denkbar wird. Nach langem Irren hat man sich endlich, als es schon viel zu spät war, in neuester Zeit zu einer auftauchenden Erkenntnis des ersten Punktes durchzuringen begonnen, wenn man auch längst noch nicht die unbedingt nötigen Konsequenzen daraus zu ziehen sich aufraffen kann; gegen den letzteren mindestens ebenso wichtigen Punkt sträubt man sich meist auch jetzt nach wie vor noch hartnäckig. Doch es wird nicht fern sein, wo man sich auch zu ihm und den erforderlichen Vorbedingungen seiner Wirksamkeit bekennt und damit endlich das Übel an der Wurzel ausrottend erfaßt, allerdings zu einer Zeit, wo ihm in seiner Verwucherung der deutsche Weinbau schon nahezu unrettbar zum Opfer gefallen sein wird. Betrachten wir nun in Kürze den Weg der einmal unvermeidlich gewesenen Abirrung, um desto unzweifelhafter uns auf den hindrängen zu lassen, der allein dem so allgemein gewünschten Ziele erfolgreich zuführen kann und dies auch, soweit es überhaupt denkbar ist, tun wird.

Durch die widersprechendsten gerichtlichen Urteile und Gutachten chemischer Sachverständiger über die deklarationslose Weinverbesserung und die deklarationspflichtige Weinverfälschung kam es nach dem Nahrungsmittelgesetz, in dem jeder feste Anhaltspunkt für den Begriff der Verfälschung fehlte, zu einer großen Unsicherheit, die in Weinhändlerkreisen zu heller Aufregung aufschlug, als das Reichsgericht im Jahre 1881 eine von den Weinproduzenten frohlockend begrüßte Entscheidung dahin traf, daß ein strafbares Vergehen schon durch die Handlung des Verfälschens oder Nachahmens mit der Absicht der Täuschung begründet wird. Auf diesen Reichsgerichtsspruch reagierte der Weinhandel mit einer mächtigen Agitation für die gefährdete Weinverbesserung. Aber auch in Produktionskreisen ließ die anfängliche Befriedigung sehr rasch nach, da die Hoffnung auf

Schröpfung der Herstellung von Kunstweinen wie auch verbesserten Weinen sich nur zu bald als hinfällig erwies, indem die vom Reichsgericht eingeschlagene Tendenz nicht an allen Gerichten Nachahmung fand, insbesondere nicht in Bayern, das durch seine gewerbliche Kunstweinsteuer die Weinfabrikation damals gewissermaßen sanktionierte. Dem allgemeinen Drängen nach einer Klärung des Rechtszustandes gab die Reichsregierung schließlich 1883 durch die Berufung einer Sachverständigenkommission nach, in der es trotz des heftigen Gegensatzes zwischen den Wünschen der Produktion und des Handels zur Ausarbeitung eines Entwurfs kam, der die Weinfrage durch scharfe Bestimmungen über die Weinetikette mit Unterscheidung von Naturwein, Wein und Halbwein zu lösen versuchte. Trotzdem es nach der Ablehnung des verfehlten Gesetzentwurfes durch die Regierung beim alten blieb, legte sich allmählich die Aufregung in der Weinbranche nicht ohne Einfluß der Hoffnung, welche man damals der um diese Zeit erfolgten Einigung der Chemiker auf eine einheitliche Untersuchungsmethode und auf Grenzzahlenfestsetzungen entgegenbringen zu können glaubte.

Dem Reichsgericht war es wieder vorbehalten, durch Kenntlichmachung des unhaltbaren Rechtszustandes die Interessenstürme von neuem anzufachen. Im ungerechtesten Widerspruch zu seiner früher gegebenen und auch später aufrecht erhaltenen Entscheidung, daß jedes Zuckern deklarationspflichtige Weinfälschung sei, ließ es im Jahre 1887 die Mouillage, d. h. den Zusatz von Alkohol und Wasser zum Wein, für eingeführte ausländische Erzeugnisse unbeanstandet zu, sofern nur der Genußwert des Weines erhöht werden sollte. Dies stand natürlich in grellstem Widerspruch zu den Interessen des deutschen Weinbaus, da die Mouillage nicht nur nicht eine unerhörte Weinvermehrung, welche noch viel gewinnbringender als die des Zuckerns war, darzustellen pflegte, sondern auch noch nicht in Deutschland gewachsenen Wein zur Unterlage hatte. Die gefährlichste Folge des reichsgerichtlichen Urteils dürfte aber nicht einmal in der direkten Schädigung des deutschen Weinbaus zu suchen sein, sondern vielmehr darin, daß sich nun in dem Kampf gegen die Mouillage des norddeutschen Weinhandels ein erster Anhaltspunkt zu einer Verständigung des Weinhandels der Weinbaugebiete, der fast nur am Gallisieren interessiert war, und der Weinproduktion gefunden hatte, eine Verständigung, auf deren Grundlage allein das unglückselige Weingesetz von 1892 ermöglicht wurde.

Als die willkürliche Handhabung des Nahrungsmittelgesetzes so wieder einen Sturm des Unwillens ausgelöst hatte, trat die Reichsregierung 1887 mit einem Weingesetzentwurf hervor, der aber allgemein enttäuschte, da er, die Grundlage des Nahrungsmittelgesetzes beibehaltend, sich nur auf gesundheitspolizeiliche Vorschriften beschränkte und die brennendste Frage, ob freie Weinverbesserung oder Deklarationszwang, unentschieden ließ. Aber noch heftiger entbrannte in Weinhändlerkreisen der Kampf, als sich aus den Arbeiten der Reichstagskommission eine neue Vorlage entwickelte, die ausdrücklich den Deklarationszwang für gezuckerte Weine aufrecht erhielt, demgegenüber aber die unbegrenzte Mouillage für die eingeführten Auslandsweine deklarationslos gestattete. Doch blieb diese Vorlage des Reichstagsschlusses wegen ohne Plenarberatung unerledigt. Das gleiche Schicksal hatten in der nächsten Reichstagssession zwei Initiativanträge, von denen der eine einfach das deklarationsfreie Zuckern verlangte, während der andere, welcher wieder sein Hauptaugenmerk auf die mit der Weinverfälschungsfrage sich keineswegs deckende Etikettierung lenkte, aus den Beratungen einer selbstständig zusammengetretenen Reichstagskommission hervorging.

Mittlerweile hatte sich die Situation noch weiter in dem angedeuteten Sinne verändert: immer mehr ließen sich die Weinproduzenten durch die klingenden Worte der Weinhändler, die eben in dem Kampf gegen die stets stärker auftretende unlautere Konkurrenz der billigen mouillierten Weine ein Moment der Interessengemeinschaft mit der Produktion gefunden hatten, betören, wozu noch der Umstand kam, daß infolge schlechter Weinjahre mit saueren Weinen sich auch in Winzerkreisen Stimmung für rationelles Zuckern Geltung zu verschaffen begann. So war es denn möglich, daß im Jahre 1891 sich auf einer Weinkonferenz in Wiesbaden Weinhandel, Weinproduktion und Weinchemie auf ein bestimmt formuliertes Programm einigten, auf dessen Grundlage eine gesetzliche Regelung aufzubauen für die Regierung nahelag. Jedoch bedurfte es zu dem folgenschweren Schritte noch eines äußeren Anstoßes, der plötzlich durch die Handelsvertragspolitik von 1891 mit ihrer schweren Bedrohung der Existenz des deutschen Weinbaus, insbesondere durch die Zollermäßigung auf Traubenmaische und Verschnittweine gegeben wurde. War man auch schon durch das ungenügende Nahrungsmittelgesetz und die aus ihm resultierenden unhaltbaren Zustände mit seinen Wünschen für die reelle Weinbranche immer mehr ins Abirren geraten, so kam der verhängnisvolle Stein doch erst durch den italienischen Handelsvertrag ins Rollen, dessen indirekte Wirkung noch viel schlimmer für den Weinbau war als seine direkte Schädigung. Denn nun verfiel man auf den unheilvollen Gedanken, das freie Zuckern als Verteidigungswaffe der deutschen Weinbranche in die Hände zu drücken, um sie dadurch in die Lage zu versetzen, so billige Massenprodukte zu schaffen, daß sie sich gegen die Konkurrenz der ausländischen Weine und ihrer Verfälschungsprodukte den deutschen Markt wahren konnte. Und so sehr erschien dieser Gedanke damals die einzige Rettung des Weinbaus, daß auch der letzte Widerstand der Produktion gegen das deklarationsfreie Gallisieren gebrochen wurde.

Das Produkt dieser bedauerlichen Entwicklung des Kampfes um den Wein war ein im Gesundheitsamt ausgearbeiteter Gesetzentwurf, betreffend den Verkehr mit Wein, weinhaltigen und weinähnlichen Getränken, der nach seiner Begründung sowohl auf dem Gebiet der Gesundheitspolizei, als auch in wirtschaftlicher und verkehrspolizeilicher Hinsicht die wichtigsten bei der Anwendung des Nahrungsmittelgesetzes entstandenen Zweifel heben und dem Weinbauer, sowie dem Weinhändler durch bestimmte Vorschriften einen sicheren Anhalt dafür geben wollte, wo die Grenzen zwischen der erlaubten Behandlung des Weins und der Fälschung im Sinne des Nahrungsmittelgesetzes liegen. Am 17. März 1892 ging dieser Entwurf dem Reichstag zu, gelangte ohne Kommissionsberatung mit ganz unwesentlichen Änderungen zur Annahme und wurde schon am 20. April 1892 als Gesetz verkündet. Den Kernpunkt des Gesetzes bildete die vielumstrittene deklarationsfreie Gestattung des Zuckerns, das nur in qualitativer Weise dahin eine Einschränkung fand, daß durch den Zusatz von Zuckerwasser der Gehalt des Weines an Extraktstoffen und Mineralbestandteilen nicht unter die bei ungezuckertem Wein des Weinbaugebietes, dem der Wein nach seiner Benennung entsprechen soll, in der Regel beobachteten Grenzen herabgesetzt werden durfte. Die unbegrenzte Mouillagefreiheit blieb nach wie vor bestehen, und auch einige andere Kellerbehandlungsmethoden wurden ausdrücklich dem Verdachte der Verfälschung entzogen. Im übrigen wurden nur einerseits eine Reihe von gesundheitsschädlichen Stoffen von der Weinbereitung vollständig ausgeschlossen und verboten, mit deren Hilfe hergestellte Weine in den Verkehr zu bringen, andererseits die Anwendung bestimmter Stoffe und Verfahren bei der Weinbereitung als Verfälschung im Sinne des Gesetzes gekennzeichnet, d. h. für diesen direkten Kunstwein in Anlehnung an die Vorschriften des Nahrungsmittelgesetzes der Deklarationszwang beibehalten. Außerdem traf man die Bestimmung, daß der verbesserte Wein nicht unter Bezeichnungen in den Verkehr gebracht werden dürfe, welche die Annahme hervorzurufen geeignet wären, daß eine Verbesserung nicht stattgefunden hätte. Die Kontrollvorschriften erhoben sich nicht über die alten Vollmachten aus dem Nahrungsmittelgesetz.

Ein wahres Frohlocken rief natürlich dieses Gesetz in den Kreisen der Weinhändler hervor, deren jahrelange vergebliche Wünsche sie nun plötzlich mehr denn erfüllt sahen. Aber auch bei der Weinproduktion fand dieser Gesetzesakt ziemlich allgemein Beifall. Es ist doch sonderbar, kein Gesetz oder Gesetzentwurf früher wie später hat in der ganzen Weinbranche so ungeteilt günstige Aufnahme gefunden, von keinem Vorgehen hat man mehr erwartet und keines sollte im Erfolg verderblicher werden für alle Beteiligten, soweit sie reell genannt werden können. Denn hatte sich auch schon früher das undeklarierte Zuckern in weitem Umfange eingebürgert, da ein mäßiger Zuckerzusatz ohne genügende Kontrolle nicht nachweisbar ist und die Handhabung des Nahrungsmittelgesetzes in den einzelnen Bundesstaaten sehr zu wünschen übrig ließ und die Staatsanwaltschaft oft sogar auf höheren Wink der Konkurrenzgefährdung des Landes wegen von der Anklageerhebung bezüglich einfachen undeklarierten Gallisierens Abstand nehmen mußte, so zog doch erst das Weingesetz von 1892 das Zuckern, diesen in seinen Auswüchsen gefährlichsten Feind des Weinbaus groß, hatte ja nach den Motiven des Entwurfs die ausdrückliche Bestimmung dies zu tun zum Ausgleich der bedrohlichen Zollermäßigung für die Einfuhr von Verschnittweinen und Traubenmaische.

Und bei dem allen war das Schlimmste, daß man die Aufgabe, das erlaubte, zweckentsprechende Zuckern von der Weinfälschung abzugrenzen, in der denkbar verfehltesten Weise zu lösen versuchte. Denn von all den vielen Vorschlägen, die im Laufe der Jahre aufgetaucht waren, griff man nur die qualitative Begrenzung auf, und zwar durch die Festsetzung von chemischen Grenzzahlen, wodurch die ganze Weinbranche geradezu zum hilflosen Spielball der Chemie herabgewürdigt wurde, die von nun an in sich bedenklichster Weise die Rolle der ausschließlichen Richterin und die der belehrenden Verbrecherin vereinte. Deklarationspflichtige Kunstweine verschwanden jetzt überhaupt vom Markte, weil man es ja so leicht einrichten konnte, daß die Weine als analysenfest, d. h. sich innerhalb der aufgestellten Extrakt- und Aschengrenzen bewegend, an sich durchaus den gesetzlichen Vorschriften genügten. In diesen aber waren, besonders bei Zuckerwasseraufguß auf Traubenmaische, ohne weiteres ungeheuere gesetzlich nicht zu beanstandende Vermehrungen möglich, während demgegenüber ein wirklich verbesserungsbedürftiger, kranker, schon gekelterter Wein bei einer durchaus reellen Zuckerung sehr leicht in Gefahr laufen konnte, die Grenzzahlen zu überschreiten. Überhaupt konnte der einfache Winzer, dem doch gerade die Gestattung der Weinverbesserung zugute kommen sollte, mit den umständlichen chemischen Grenzbestimmungen, die der Bundesrat seiner Vollmacht gemäß zu dem Gesetze veröffentlichte, unmöglich etwas anzufangen wissen. Bei einer solchen maßgebenden Handhabung eines Weingesetzes durch die Chemie kann ein mehr oder minder unschuldiger Laie gefaßt werden, nie und nimmer aber ein gewohnheitsmäßiger Fälscher, der sich in seiner Sachkunde durch die chemische Analyse stets danach einrichten kann, sich selbst bei unerhörtester Weinvermehrung nicht der Strafbarkeit auszusetzen. Wie unzulänglich überhaupt die richterliche Tätigkeit der Chemie beim Weine ist und bleiben wird, erhellt schon sofort aus der Erkenntnis, daß der Wein kein toter Körper ist, der sich mit Sicherheit chemisch analysieren läßt, sondern daß man in ihm einen lebenden Körper zu erblicken hat, oder besser gesagt, einen Körper, in dem zahlreiche Lebewesen vorhanden sind, der deshalb oft den mannigfachsten Änderungen bis in sein hohes Alter ausgesetzt ist. Aus allen diesen Gründen ist jedes Weingesetz, bei dem der Chemie eine ausschlaggebende Stellung zugewiesen ist, unbedingt zu verurteilen, besonders aber das Gesetz von 1892, das ausschließlich auf die chemische Kontrolle aufgebaut war.

III. Das Weingesetz von 1901.

Nicht lange sollte es währen, da gingen der enttäuschten Produktion die Augen auf über das, was hinsichtlich des Weingesetzes mit ihrer eigenen Zustimmung über sie verhängt worden war. Zwei gefährlichste Feinde hatte das Jahr 1892 für den schon damals keineswegs glänzend gestellten deutschen Weinbau heraufbeschworen, die durch den völlig ungenügenden Schutzzoll so sehr erleichterte Konkurrenz des viel billiger produzierenden Auslandes durch Vermehrung der Einfuhr und die Konkurrenz des Zuckerwassers durch eine ins Ungemessene gehende Vermehrung des einheimischen Erzeugnisses. Sie sollten sich gegenseitig bekämpfen und nicht überhandnehmen lassen, so daß der deutsche Weinbau trotz der Ungunst der Verhältnisse den lachenden Dritten hätte bilden können: aber sie vereinigten sich und stürzten sich zusammen auf den Weinbau, der nur zu rasch die üblen Folgen zu spüren bekam. Sprechende Zahlen werden nachher beweisen, wie seit dieser Zeit die Lage der Weinproduktion stets ungünstiger wurde, wie selbst das in mancher Beziehung einen lobenswerten Fortschritt bedeutende Weingesetz von 1901 und die Erhöhung des Schutzzolls durch den neuen Zolltarif und die neuen Handelsverträge seit 1905 dem gänzlich verfahrenen Zustand nicht abzuhelfen vermochten.

Wohl trafen auch die Befürchtungen ein, die sich unmittelbar an den italienischen Handelsvertrag angeknüpft hatten, was insbesondere an der schweren Schädigung des deutschen Rotweinbaus zutage trat, aber entschieden wuchs sich noch das, was durch das Weingesetz von 1892 großgezogen wurde, zu dem weit folgenschwereren Unglück aus. Dieses Unglück charakterisiert sich hauptsächlich in dem Worte „analysenfest“, das jedoch ohne die durch die Handelsverträge so geförderte Einfuhr von Verschnittweinen und vor allem Trauben und Traubenmaische, welche einen besonders hohen Gehalt an Mineralbestandteilen, Extraktstoffen und Säuren besaßen, kaum diese Gefährlichkeit hätte annehmen können. Nun stellten sich nämlich die Richter auf den Standpunkt, daß gegen einen Wein, welcher der chemischen Analyse entsprach, nicht vorgegangen werden könne, mochte er auch noch so ungeheuer vermehrt und dann durch allerlei Chemikalienzusätze in die Grenzzahlen zurückgepanscht sein. Wohl war die Zurückverbesserung unter Deklarationszwang gestellt, aber dieser mußte ohne Kellerkontrolle an der Analysenfestigkeit völlig scheitern. Die Kunstweinfabrikation, die selbstredend auch nur noch garantiert analysenfeste Weine lieferte und mit ihren Schleuderpreisen der reellen Ware immer mehr den Markt abgrub, stieg ins Ungemessene. Unter den mannigfaltigen Mitteln der Verfälschung bildete sich aber neben der Mouillage als allerschlimmste Manipulation das sog. Petiotisieren aus, gegen das man in seiner gebräuchlichen Ausführung nicht einmal die Deklaration verlangen konnte. Die gesetzliche Vorschrift, welche gegen dieses unlautere Verfahren sich wenden sollte, indem sie die Herstellung von Wein unter Verwendung eines Aufgusses von Zuckerwasser auf ganz oder teilweise ausgepresste Trauben als deklarationspflichtige Weinverfälschung bezeichnete, blieb gänzlich wirkungslos. Denn man petiotisierte nun nicht mehr mit ganz oder teilweise ausgepreßten Trauben, sondern nur mit eingestampften oder eingeraspelten Trauben, deren Most man ohne Pressung ablaufen, die zurückgebliebenen Treber und Beeren unter einem Zuckerwasseraufguß aufgären und die Flüssigkeit dann wieder ablaufen ließ und solches des öfteren wiederholte. Auf diese Weise konnte eine vier- und mehrfache Verlängerung des Weins mit Leichtigkeit ohne Gefahr, die Grenzzahlen zu überschreiten, erzielt werden, wobei ein solcher Wein streng nach dem Wortlaut des Gesetzes deklarationsfrei war.

Unter dem Druck der bei solchen Verhältnissen zusehends verzweifelter werdenden Situation des Weinbaus erhob alsbald in Produktionskreisen eine scharfe Agitation gegen das Weingesetz von 1892 ihr Haupt. In ziemlich einmütiger Heftigkeit lief man gegen die Kunstweinfabrikation Sturm. Wie aber für die in diese Zeit fallenden Anregungen eines reichsgesetzlichen Vorgehens in der Kunstweinbesteuerung die Reichsregierung ohne allgemeine Weinsteuer mit Recht nicht zu haben war, so blieb zunächst auch noch die immer energischer auftauchende Forderung nach dem Verbot unerhört. Ein wirres Durcheinander der Wünsche herrschte dagegen hinsichtlich der Weinverbesserungsfrage. Neben widersprechenden Ansichten in den einzelnen Weinbaugebieten stießen hier Produktion und Handel hart aufeinander. Letzterer ergab sich nämlich im Rahmen der Analysenfestigkeit nach dem Weingesetz von 1892 nicht nur mehr vereinzelt, sondern in seiner weit überwiegenden Mehrzahl der Weinverfälschung, teils aus schnöder Gewinnsucht, teils auch nur der Not gehorchend, um konkurrenzfähig zu bleiben. Das einzige Erfreuliche in diesem tobenden Interessenkampf war nur der Umstand, daß die Produzenten dabei immer mehr der Erkenntnis des einen der beiden allein erfolgversprechenden Mittel gegen das unlautere Gebahren der Weinfabrikation und Weinvermehrung zugeführt wurden: je klarer die verderbliche Ohnmacht der chemischen Kontrolle eingesehen werden mußte, um so mehr ging die Keller- und Buchkontrolle ihrer Spruchreife entgegen, so sehr sich auch der Handel sofort beim Auftauchen dieser Gedanken dagegen wehren mochte.

Bei der sich stets verschärfenden Erregung in den Kreisen der Weininteressenten und dem eindringlichen Ruf nach Abänderung des Weingesetzes, dessen sich von da ab die politischen Parteien der Gefolgschaft der Winzer wegen um die Wette wohlwollend annahmen, konnte die Regierung nicht umhin, nun auch den Klagen ihre Aufmerksamkeit zu schenken. Als der Versuch einer strafferen Handhabung des Weingesetzes ergebnislos geblieben war, im Reichstag die Weinfrage immer wieder fordernd zur Sprache gebracht wurde, so besonders auf dem Wege einer Interpellation im Januar 1899, und reine Petitionsstürme aus den gedrückten Winzerkreisen losgelassen wurden, berief die Regierung im Februar 1899 eine Sachverständigenkonferenz unter dem Namen Weinparlament, auf welchem der Zwiespalt kaum vereinbarer Forderungen wieder nur zu deutlich erkenntlich wurde. Im August 1899 erschien sodann in der Presse ein anonymer, scheinbar regierungsseitig ausgearbeiteter Gesetzentwurf, der auf der Grundlage des Weingesetzes von 1892 schon mehrere Abänderungen vorschlug, die später Gesetz wurden. Ein heftiger Kampf der Ansichten entspann sich über diesen Entwurf, besonders zwischen der noch nicht befriedigten Produktion und dem geängstigten Handel.

Den fördernden Anstoß zu der tatsächlichen Vorlegung einer Novelle zum Weingesetz von 1892 mußte erst eine weitere Interpellation im Reichstag im April 1900 und ein fortwährendes Anwachsen der Bewegung in den Weinbaugebieten geben. Der neue Entwurf ging nach seiner vorherigen Veröffentlichung am

2. Februar 1901 dem Reichstag zu. Er stellte sich als der Versuch einer vermittelnden Zusammenfassung von Hauptwünschen, die nach dem Bekanntwerden des anonymen Entwurfes bei Produktion und Handel hervorgetreten waren, heraus und enthielt insbesondere das Verbot des Kunstweins und die Einführung einer gewissen Kellerkontrolle. Die Aufnahme der Regierungsvorlage in den Interessentenkreisen wiederholte wieder den alten scharfen Gegensatz zwischen Produktion und Handel: ersterer genügten die vorgeschlagenen Verbesserungen keineswegs, insbesondere war sie über das Ausbleiben der Neuregelung der Beschränkung der Gallisierungsfreiheit unter Aufgeben der Grenzzahlen und Beseitigung der chemischen Kontrolle sehr unzufrieden, letzterer war zwar für das Kunstweinverbot zu haben, sträubte sich aber mit leidenschaftlicher Hartnäckigkeit vor allem gegen jede Kellerkontrolle und wollte möglichst die „Errungenschaft" des 1892er Weingesetzes aufrechterhalten wissen. Die Reichstagskommission, an die der Entwurf verwiesen wurde, stellte sich mit aller Entschiedenheit in den Dienst der Forderungen der bedrückten Produktion, arbeitete die Regierungsvorlage selbständig um und machte aus ihr ein fast völlig neues Gesetz. Dies konnte aber nur unter außerordentlich harten Kämpfen mit dem Handel und auch teilweise der Regierung und mannigfachen Zugeständnissen geschehen: das Zustandekommen des Gesetzes war des öfteren sehr in Frage gestellt, der Mehrheit der Kommission, die den Verkehr mit Wein auf einer gänzlich neuen Grundlage geregelt wissen wollte. genügte es keineswegs. Gleichwohl wurde schließlich der Entwurf in der Fassung der Kommissionsbeschlüsse dritter Lesung als ein Kompromiß, über den hinaus zur Zeit nichts zu erreichen war und der immerhin bei richtiger Handhabung eine Besserung bedeuten konnte, am 8. Mai im Reichstag angenommen. Das am 24. Mai 1901 vollzogene Gesetz trat am 1. Oktober 1901 in Kraft.

In dem brennenden Punkte der ganzen Frage, d. h. dem Bestreben, die Verderblichkeit der unlauteren Weinfälschung und übermäßigen Vermehrung von der nützlichen rationellen Verbesserung möglichst scharf abzugrenzen, zeigte gegenüber dem Weingesetz von 1892 die Novelle von 1901 bei dem Versuch, durch verschiedenartige Abänderungen die Mißstände, die jenes nicht aus der Welt hatte schaffen können, oder vielmehr erst richtig sich hatte entfalten lassen, nach Möglichkeit wieder zu beseitigen, unzweifelhaft einen Fortschritt, der aber noch keineswegs dem erstrebten Ziele nahebringen konnte. Dieser Fortschritt offenbarte sich vor allem in zwei Momenten, dem Verbot des Kunstweins und der Einführung einer Kellerkontrolle. Hatte sich das alte Weingesetz begnügt, eine Anzahl von Verfälschungsverfahren lediglich dem Deklarationszwang zu unterwerfen, so vervollständigte zunächst das neue Gesetz die Liste der als Verfälschung anzusehenden, für die Behandlung des Weins entbehrlichen Herstellungsarten, insbesondere durch Einbeziehung der Mouillage und des Petiotisierens, und verbot die gewerbsmäßige Herstellung von Getränken unter Anwendung solcher Verfahren, sowie auch deren Feilhalten und Verkauf; nur die nicht gewerbsmäßige Herstellung und Verwendung von solchem Kunstwein zu Zwecken des Haustrunks blieb gestattet. Zulässig und deklarationsfrei ließ man dagegen die anerkannte Kellerbehandlung einschließlich der Haltbarmachung und Klärung des Weins, den Weinverschnitt, die Entsäurung durch reinen gefällten kohlensauren Kalk und das Gallisieren. Letzteres aber erfuhr über die aufrechterhaltene stoffliche Zusammensetzung mit ihren chemischen Grenzbestimmungen hinaus, eine durch ihre Unsicherheit auch keineswegs erfreuliche Fortbildung der qualitativen Beschränkung dahin, daß das Zuckern nur erfolgen dürfe, um den Wein zu verbessern, und daß der verbesserte Wein auch seiner Beschaffenheit nach (Aussehen, Geruch und Geschmack) nicht unter den Durchschnitt des Naturweins des auf der Etikette benannten Weinbaugebietes herabgesetzt werden dürfe, womit eine der Unzulänglichkeit der chemischen Kontrolle nicht vorzuziehende Kontrolle von Weinkennern neu geschaffen wurde. Mit der in erster Lesung beschlossenen zeitlichen und räumlichen Begrenzung, die wenigstens in verschiedener Beziehung eine bessere Wirkung als die qualitative versprochen hätten, konnte die Reichstagskommission nicht durchdringen und erreichte hinsichtlich der letzteren nur die ganz ungenügende Bestimmung, daß die Vermehrung bei der Verbesserung keine erhebliche sein dürfe. Diese neuen Vorschriften über die Verbesserungsbedürftigkeit und die Prüfung der Beschaffenheit der gezuckerten Weine nach der mittleren Güte entsprechender Naturweine, sowie über die Nichterheblichkeit der Vermehrung stellen sogar in einer Hinsicht einen unangenehmen Rückschritt dar, nämlich dadurch, daß sie in ihrer bedenklichen Dehnbarkeit gar unsichere, sehr verschieden aufzufassende Elemente in das Gesetz brachten.

Sehr dankenswert tat jedoch das Weingesetz von 1901 den ersten Schritt zu einer wirksamen Lösung der Weinfrage durch das Bekennen zur Kellerkontrolle, wenn deren versuchte Regelung auch in dieser ersten Einführung noch recht viel zu wünschen übrig ließ, darunter vor allem die Anstellung von Kontrolleuren im Hauptamt, die einheitliche Durchführung in ganz Deutschland und die zwangsweise Lagerbuchführung. Dagegen war wenigstens auf dem Papier durch die Statuierung der Revision sämtlicher Weinbetriebsräume, der Einsichtnahme in die geschäftlichen Aufzeichnungen, Frachtbriefe und Bücher, der Probeentnahme zum Zwecke der Untersuchung und der Pflicht der Auskunftserteilung gegenüber den Kontrollbeamten schon recht viel gewonnen.

Außerdem verdient, abgesehen von der Regelung der Schaumweinfrage, an der Novelle noch lobenswert erwähnt zu werden die Definition des Begriffes Wein in puristischem Sinne als das durch alkoholische Gärung aus dem Safte der Weintraube hergestellte Getränk, und eine beträchtliche Verschärfung der Strafen, die allerdings noch immer zu gering sind, da im Vergleich zu dem eingeheimsten ungeheureren Gewinn des Pantschens nur wenige ihr profitliches Handwerk dieser Strafandrohungen wegen aufgeben. Demgegenüber ist wieder bei jeder nicht vollkommen gesicherten Kontrolle als besonders bedauerlich die Beibehaltung der an sich guten Bestimmung des 1892er Gesetzes anzusehen, daß gezuckerter Wein nicht als Naturwein oder unter anderen zur Täuschung geeigneten Bezeichnungen verkauft werden dürfe. Denn dies ist nur eine verlockende Prämie für die leider nur zu verbreitete gewissenlose Unreellität, die bei der ungenügenden Wirksamkeit der Kontrolle mit kühner Stirne ihren gallisierten Wein als Naturwein in den Verkehr bringt.

IV. Die neueste Entwicklung.

Die erfreulichen Aussichten auf eine gewisse Besserung der Verhältnisse, die das Weingesetz von 1901 trotz vieler ungehobener Mißlichkeiten in sich barg, wurden durch die Handhabung des Gesetzes so gut wie vollständig zerstört. Da waren es schon in erster Linie die Ausführungsbestimmungen des Bundesrates, die das Gesetz schon wieder in weitem Maße hinfällig machten. Denn durch die unglückliche Fassung der Bestimmung über das Zuckern wurde dem Bundesrat, allerdings in scharfem Widerspruch zu der Absicht der Reichstagskommission, nahegelegt, die Chemie, der die Kommission nur eine nebensächliche Rolle eingeräumt wissen wollte, wieder in den Vordergrund zu schieben. Dadurch ist das Gesetz in seinem wichtigsten Punkt fast wertlos geworden, da es nur eine neue Auflage des verfehlten Gesetzes von 1892 bedeutete.

Eine wohltätige Wirkung des Gesetzes wäre ferner auch nur dann zu erwarten gewesen, wenn die Kellerkontrolle streng und überall gleichmäßig durchgeführt worden wäre. Aber auch das blieb sehr im argen. Schon in den meisten Weinbaugebieten erwies sich die Kontrolle in ihrer Laxheit als eine gänzlich ungenügende, von den übrigen Teilen Deutschlands gar nicht zu reden.

So kam es, daß das im Prinzip nicht schlechte Weingesetz von 1901 keine Gesundung der Zustände herbeiführen konnte. Fast der einzige, recht zweifelhafte Erfolg, war eine sehr beträchtliche Anzahl von Weinprozessen, bei denen aber nur höchst selten der Angeklagte nicht durch die gar zu vielen Lücken des Gesetzes entschlüpfen konnte, und die Verschlechterung des Rufes von solchen Gegenden, wo man es, wie in der Rheinpfalz, vor allem durch Anstellung von hauptamtlichen Kontrolleuren mit der Kontrolle etwas ernster nahm, was aber nur ein Verziehen und Verstärken der Weinpantscherei in ungestörteren Gegenden zur Folge hatte. Demgegenüber wurde, um ein kennzeichnendes Beispiel herauszugreifen, sogar im Februar dieses Jahres in einem Weinprozeß von dem pfälzischen Weinkontrolleur zahlenmäßig bekundet, daß unter dem neuen Weingesetz der Chemikalienbezug zur Weinfabrikation zugenommen hätte. Am deutlichsten aber wohl erzählen von der nichts weniger als gebesserten, sondern immer trostloser werdenden Lage des deutschen Weinbaus das fortwährende Sinken der Mostpreise seit dem verhängnisvollen Jahre 1892.

In der Heimatgemeinde des Verfassers waren die zehnjährigen Herbstdurchschnittspreise:*)

1. für Weißwein pro 1000 l:

in den 50er Jahren		300 M.
in den 60er Jahren		325 „
in den 70er Jahren		377 „
in den 80er Jahren		445 „
in den 90er Jahren	(einschl. der Jahre 90, 91 und 92)	408 „
	(ausschl. der Jahre 90, 91 und 92)	390 „
in den 1900er Jahren		335 „

2. für Rotwein**) pro 1000 l:

in den 80er Jahren		465 M.
in den 90er Jahren	(einschl. der Jahre 90, 91 und 92)	303 „
	(ausschl. der Jahre 90, 91 und 92)	260 „
in den 1900er Jahren		195 „

Diese drastischen Zahlen bedürfen kaum einer Erläuterung. Entsprechend den wachsenden Produktionskosten weisen die Weinpreise bis zum Jahre 1892, dem Jahre der ungünstigen Handelsverträge und des verfehlten Weingesetzes eine stets steigende Tendenz auf, seit 1892 sind sie in erheblichem Sinken begriffen, und zwar beläuft sich der Preissturz für Weißwein auf 25% und für Rotwein gar auf 58%. Dieser Preisrückgang brachte allein der Heimatgemeinde des Verfassers mit etwas über 800 Einwohnern, welche neben einer Fruchternte eine jährliche Weinernte von etwa 800 Fuder Rotwein und 200 Fuder Weißwein hat, seit dem Jahre 1892 einen jährlichen Durchschnittsverlust von gegen 200 000 M.

Selbstredend kommt diese dauernde Weinkrisis auch in einem beträchtlichen Rückgang der Güterpreise zum Ausdruck. Bei einer Besprechung eines Antrags betreffs staatlicher Unterstützung

*) Die Preise einzelner Jahre können wegen der so sehr schwankenden Verschiedenheit in qualitativer und quantitativer Beziehung nicht verglichen werden.

**) Dieser wird erst seit Ende der 70er Jahre in größerer Menge gebaut.

notleidender Winzer durch gering verzinsliche Darlehen in dem Finanzausschuß der bayrischen Reichsratskammer am 7. Dezember 1907 gab der Staatsminister als Ergebnis einer amtlichen Erhebung an, daß die Weinbergspreise in der Pfalz bis zu 30%, ja sogar 50% zurückgegangen und die hypothekarische Belastung und die Subhastationen erheblich zugenommen hätten und daß die Verhältnisse in Unterfranken noch mißlicher lägen. Mit einer gewissen Ausnahme von höchstens der besser situierten Mosel und Saar sieht es in den anderen deutschen Weinbaugebieten wohl kaum weniger trostlos aus.

Und was diesen allgemeinen Preisrückgang zu einer Zeit, wo die Preise aller Waren mit den vermehrten Produktionskosten steigen, ganz besonders empfindlich macht, das ist die gleichzeitige außerordentliche Steigerung der Unkosten beim Weinbau. Diese wird vor allem verursacht durch die immer mehr um sich greifenden und verheerender auftretenden Rebschädlinge, wie die Perenospora, das Oidium, den Sauerwurm, den Springwurm und die Reblaus, und sodann durch das anhaltende Steigen der Löhne, wobei der Weinbau im Gegensatz zum Ackerbau in der schlimmen Lage ist, nach wie vor im wesentlichen auf Handarbeit angewiesen zu sein.

Kein Wunder, daß unter dem Druck einer solch trostlosen Lage und der Enttäuschung jeder Hoffnung auf die Weingesetznovelle von 1901 nichts weniger als ruhige Tage für die Weinbranche eintraten. Nach der raschen vorläufigen Beendigung des jahrzehntelangen Kampfes, der besonders heftig zwischen Weinbau und Weinhandel während der Beratung der Gesetzesnovelle entbrannt war, durch die Annahme des keinen von beiden Teilen befriedigenden Kompromisses im Reichstag glühte das Feuer der Agitation weiter und alsbald wiederholte sich die Art der früheren Stürme mit ihren lauten Forderungen nach Abhilfe der unhaltbaren Zustände. Als besonders charakteristisch verdient nun aber in dieser neuesten Entwicklungsepoche das Auftauchen und langsame Umsichgreifen der Idee, die Weinfrage durch eine Weinsteuer als wirksamstes Mittel zu lösen, hervorgehoben zu werden. Entfachte noch im Jahre 1893/94 der damalige allerdings nicht glückliche Entwurf eines Reichsweinsteuergesetzes den leidenschaftlichsten Entrüstungssturm in Weinhandel und Weinproduktion, so gewann neuerdings unter den sehr veränderten fortgeschrittenen Verhältnissen, insbesondere hinsichtlich der Kontrollfrage, der Weinsteuergedanke immer mehr Freunde in der reellen Weinbranche.

Als kennzeichnend für die neue Situation sei hier beispielshalber kurz einer Petition Erwähnung getan, die schon im November 1901, also alsbald nach dem Inkrafttreten des neuen Gesetzes, von mehreren Gutsbesitzern und Winzern aus dem Bezirke Dürkheim, Rheinpfalz an den Reichstag gesandt wurde. In derselben war an die Klage über die immer traurigere Gestaltung der Lage des Weinbaus unter dem ungenügenden Schutz der Gesetzesnovelle die dringende Bitte nach einer möglichst raschen Einführung einer nicht zu hohen Weinsteuer geknüpft, da nur bei dieser eine regelmäßige, strenge und in ganz Deutschland gleichmäßig gehandhabte Kontrolle, auf die alles ankäme, zu erwarten wäre. Und in dem gleichen Sinne zugunsten der Weinsteuer äußerte sich in der Folgezeit noch manche andere Petition und Resolution, die einstimmige Annahme in Interessentenversammlungen gefunden hatte, insbesondere aus Elsaß-Lothringen und der Rheinpfalz. Bei dem allen aber ist es eine Tatsache, daß die Freunde einer Reichsweinsteuer bis jetzt nur wenig hervortraten, was seinen erklärlichen Grund in der Befürchtung der Boykottierung durch den Handel und in der Undankbarkeit einer Steuerempfehlung ohne unterstützenden Hinterhalt in der Regierung hat.

Immerhin fand diese jüngste Sachlage auch schon im Reichstag ihren Widerhall, besonders gelegentlich der eingehenden Erörterung der Weinfrage bei der zweiten Beratung des Reichshaushaltsetats für das Rechnungsjahr 1906 am 15. und 16. Februar 1906. Damals trat vor allem Graf von Kanitz als eifriger Fürsprecher einer Reichsweinsteuer auf und auch der Elsässer Abgeordnete Preiß sprach sich im Namen des größten deutschen Weinbaugebietes für die eventuelle Zweckmäßigkeit einer mäßigen Reichsweinsteuer aus. Der Gedanke der Durchführung allerdings, wie er gegenwärtig in den weinsteuerfreundlichen Kreisen der Konservativen und der Reichspartei herrscht, dürfte nicht zu billigen sein. Einerseits denkt man dort an eine Fixsteuer, die wir nach früheren Ausführungen als keineswegs befriedigende Lösung anerkennen können, und andererseits an eine Flaschensteuer, die aber durch vernachlässigte Berücksichtigung der Eigenart des Weinverkehrs nicht nur der Staatskasse eine Enttäuschung bereiten würde, sondern auch als gefährlich für den Weinbau bezeichnet werden müßte. Da nämlich die notwendige Folge einer solchen ein tunlichster Bezug im Faß und offener Ausschank wäre, so müßte außer der erheblichen Beeinträchtigung des Steuerertrags der Weinkonsum unbedingt leiden. Denn nur eine Minderzahl von Wirten und Konsumenten versteht die äußerst schwierige Behandlung der offenen Weine, weshalb diese sehr bald an Luftgeschmack leiden oder gar verderben würden, was einen starken Konsumrückgang zeitigen müßte.

Im übrigen freilich äußerte man sich bisher stets ablehnend im Reichstag über die Weinsteuer. Auch in der erwähnten Beratung trat dies scharf in den Entgegnungen auf die Rede des Grafen von Kanitz zutage. In der Hoffnung auf die Lösung der Weinfrage durch Verbesserung des Weingesetzes, deren gänzliche Unwahrscheinlichkeit sogleich des näheren ausgeführt werden soll, werden die immer wiederkehrenden, teils ganz unrichtigen, teils völlig unbewiesenen oder veralteten Einwände vorgebracht, die im Laufe dieser Arbeit schon hinreichend zurückgewiesen sein dürften, so daß ein nochmaliges Eingehen auf sie an dieser Stelle überflüssig ist. Nur zwei damals gefallene Einreden bedürfen vielleicht noch der kritischen Erwähnung. Es ist das vor allem die Auslassung Dr. Blankenhorns, daß der Vorschlag einer Reichsweinsteuer als Kontrollsteuer geradezu gefährlich sei, weil dadurch die gute Aussicht auf eine Reichsnahrungsmittelkontrolle oder aber vielleicht auch eine gesetzliche einheitliche Reichsweinkontrolle untergraben würde. Denn wenn das preußische Finanzministerium, bei dem die Hauptschwierigkeit sowohl für die Kontrolle der Sachverständigen im Hauptamt, als auch für die Einführung einer Reichsnahrungsmittelkontrolle liege, sehe, daß es bei weiterer Zähigkeit vielleicht noch einen pekuniären Vorteil habe dadurch, daß die Reichsweinsteuer eingeführt würde, so würden diejenigen, welche sie vorschlagen, geradezu den nützlichsten Bestrebungen zur Lösung der Weinfrage entgegenwirken, weshalb zu bedauern wäre, daß solche Vorschläge überhaupt gemacht seien. Dieser Einwurf beruht ganz und gar auf der Ansicht, daß man auf dem besten Wege wäre, eine Reichsnahrungsmittelkontrolle zu bekommen, und daß durch diese der Produktion und dem reellen Handel am zweckmäßigsten geholfen wäre. Ist dies richtig? Wenn nicht, dann verliert auch die darauf aufbauende Einwendung jede Berechtigung.

Gegen den ersteren Teil jener Anschauung spricht entschieden die tatsächliche Entwicklung. Denn die reichsgesetzliche und einheitliche Regelung der Beaufsichtigung des Verkehrs mit Nahrungs- und Genußmitteln, wie sie der § 10 des Weingesetzes von 1901 vorsah, hat offensichtlich nicht die geringste Aussicht auf eine baldigere Verwirklichung. Trotzdem im Reichstag wie schon früher so auch sofort nach der Annahme des Weingesetzes ein dahingehender Antrag eingebracht, begründet und einstimmig angenommen wurde und sich diese Antragstellung und einstimmige Annahme seit dieser Zeit Jahr für Jahr, oft sogar wiederholt, erneuerte und trotzdem der frühere Staatssekretär Graf von Posadowsky nach seiner amtlichen Erklärung im Reichstag sich alle mögliche Mühe der Einwirkung auf die Bundesstaaten in dieser Richtung gegeben hat, ist bis jetzt noch durchaus kein Fortschritt zu verzeichnen, da einzelne Bundesstaaten, insbesondere Preußen, aus unbekannten Gründen nicht dafür zu gewinnen sind. Sehr bezeichnend für den hoffnungslosen Stand dieser Frage sind die Worte des Grafen von Posadowsky gelegentlich der Beantwortung der Weininterpellation am 7. März 1907: „Ich habe schon vor längerer Zeit — im vorigen Jahre oder vor zwei Jahren — hier erklärt, daß ich dem preußischen Staatsministerium einen Gesetzentwurf vorgelegt habe betreffend die gesetzliche Einführung einer Nahrungsmittelkontrolle für ganz Deutschland; ferner habe ich schon in einer früheren Tagung erklärt, daß die badische Regierung einen Gesetzentwurf vorgelegt hat betreffend die einheitliche Einführung und Gestaltung der Weinkontrolle, und daß ich auch diesen Entwurf dem preußischen Staatsministerium habe zugehen lassen. Die preußischen Herren Ressortminister, die mir bis jetzt ihre Gutachten zugesandt haben, sind der Ansicht, daß für die Weinkontrolle eine gesetzliche Regelung nicht notwendig wäre, sondern daß es genügen würde, wenn sich die Bundesregierungen untereinander über eine einheitliche Ausführung der Weinkontrolle einigten. Ebenso scheinen bis jetzt die Herren der Ansicht zu sein, daß auch die Nahrungsmittelkontrolle in einer ähnlichen Weise einheitlich zu regeln wäre.“ Nach dieser Äußerung sollte es doch wahrlich klar sein, daß der deutsche Weinbau wohl schon längst seinem völligen

Verfall entgegengehen müßte bis zu der Zeit, wo man die so dringliche Hilfe von der Einführung einer Reichsnahrungsmittel- bzw. Reichsweinkontrolle erwarten dürfte. Wenn Preußen 6 Jahre lang so prinzipiellen Widerstand geleistet hat, wie sollte es da plötzlich geneigt sein, anderen Sinnes zu werden. Entschließt man sich aber zur Einführung einer Reichsweinsteuer, dann bedarf es ja für den Wein keineswegs mehr der Reichsnahrungsmittelkontrolle, sogar nicht einmal mehr der hauptamtlichen Weinkontrolleure. Denn die stete steueramtliche Kontrolle, die nach der Reichsverfassung der Beaufsichtigung des Reiches untersteht und somit ohne weiteres überall einheitlich durchgeführt werden wird, bietet insbesondere durch die Verbindung mit der Weinzuckersteuerkontrolle eine Sicherheit, wie sie entfernt nicht eine reichsgesetzliche Nahrungsmittelkontrolle bieten könnte trotz gewisser Vorteile, die wohl gegenüber dem jetzigen zerfahrenen Zustand auch schon mit ihr verbunden wären. Ob diese Vorteile aber wirklich große sind und vor allem ob sie zu genügen versprechen, das ist jetzt die weitere, fast noch wichtigere Frage. Da wir aber diese weiter unten bei näherer Untersuchung ebenfalls verneinen müssen, wird damit der ganze Einwurf Dr. Blankenhorns hinfällig.

Kurz gestreift sei hier auch als zweites noch nicht berührtes Bedenken gegen die Reichsweinsteuer als Mittel zur Lösung der Weinfrage die damalige Ansicht des Abgeordneten Dr. David, daß der Staat in der Handhabung einer solchen Steuer nur die fiskalischen Interessen und nicht die der reellen Weinbranche sich angelegen sein lassen werde und somit die steuerliche Weinkontrolle nichts vor der jetzigen voraus habe und man nur davor warnen könne. Aber diese Auslassung entbehrt wenigstens für eine Weinsteuer im Sinne dieser Arbeit jeden Rückhaltes. Denn da gibt es sich ja so sehr günstig, daß bei der Ausführung des Gesetzes die Interessen des Fiskus durchaus in der gleichen Richtung mit denen der Produktion und des reellen Handels liegen; um so vorteilhafter wird es für die reelle Weinbranche sein, je genauer der Staat in den durch das Gesetz gezogenen Grenzen seinen fiskalischen Standpunkt zu wahren sich bemühen wird, was er eben nur durch möglichste Unterbindung der heimlichen Weinfabrikation und Weinvermehrung, die unter den dann gegebenen Umständen gerade so das Steueraufkommen wie die Reellität schädigen, durch strengste Kontrolle zu tun vermag.

Die erwähnte, allmählich um sich greifende sehr erfreuliche Einsicht, daß die Weinfrage wohl nur durch das Mittel der Weinsteuer befriedigend gelöst werden könne, trat aber neuestens wieder etwas zurück in der Hoffnung auf eine genügende Regelung auch ohne Steuer, was nicht unerklärlich, da eben in der Weinsteuer auch viele ihrer Freunde nur das weitaus kleinere Übel angesichts der jetzigen haltlosen Zustände erblicken. Nachdem nämlich die Frage einer sachgemäß abändernden Fortbildung und Verschärfung des Weingesetzes wieder in steigendem Maße das allgemeine Interesse der beteiligten Kreise zu beherrschen begonnen hatte, und alljährlich gelegentlich der Etatsberatung des Reichsgesundheitsamtes sowie durch eine Interpellation im März 1907 der Stand der Weinfrage eifrigst behandelt wurde, machte sich endlich im Laufe des Jahres 1907 auch bei der Regierung, die es bis dahin, abgesehen von der Einberufung eines zweiten Weinparlamentes im November 1906, nur bei schönen Worten hatte bewenden lassen, ein größeres Entgegenkommen für die dringlichen Wünsche der reellen Weinbranche geltend, vielleicht nicht ganz unbeeinflußt durch die damaligen bedrohlichen Winzerunruhen in Südfrankreich. Ein weiterer Versuch der Lösung der Weinfrage auf dem Wege eines neuen Weingesetzes schien auch durch eine große Veränderung der Lage gegenüber der Zeit vor 1901 unumgänglich näher gerückt. Denn die divergierenden Ansichten, die damals in den verschiedenen Weinbaugebieten bestanden, haben sich in den Hauptfragen sehr geklärt, nicht nur zwischen den Winzern unter sich, sondern auch vor allem zwischen ihnen und dem reellen Handel der gegenwärtig wieder einen recht beträchtlichen und wachsenden Prozentsatz des gesamten Weinhandels ausmacht. Man hat sich in der reellen Weinbranche im allgemeinen auf vier Hauptforderungen geeinigt, die da sind: räumliche Beschränkung des Zuckerwasserzusatzes auf höchstens 25% vom ursprünglichen Wein, zeitliche Begrenzung desselben für Moste und Jungweine auf die Zeit vom Beginn der Lese bis zum 31. Dezember, Führung eines obligatorischen Lagerbuches, welches Eingang und Augang nachweist, für jeden Winzer und Weinverkäufer, und einheitliche Durchführung der Kellerkontrolle im Hauptamt für das gesamte Deutsche Reich. Mit der Erfüllung dieser hauptsächlichsten Wünsche, zu denen noch einige nebensächliche treten, glaubt man die bestmöglichste Lösung der Weinfrage in förderndem Schutz der Reellität in Produktion und Handel erreicht zu haben. Ist diese Erwartung berechtigt? Prüfen wir einmal kurz diese Bestrebungen auf ihre lösende Zweckmäßigkeit bzw. ihre Erreichbarkeit.

Unzweifelhaft wird mit einer räumlichen Beschränkung des Zuckerwasserzusatzes auf einen bestimmten Prozentsatz, was übrigens eine recht alte Forderung darstellt und insbesondere bei der Beratung des Weingesetzes vom 24. Mai 1901 wie auch die zeitliche Begrenzung von der Reichstagskommission schon dringend, aber ohne Erfolg verlangt wurde, ein guter Fortschritt gegenüber der jetzigen Bestimmung der „Nichterheblichkeit" verbunden sein. Zwar sind die Bedenken, die bisher die Regierung neben der Ansicht der noch nicht genügenden Klärung der Frage gegen die räumliche Einschränkung sich ablehnend verhalten ließen, nämlich die, daß der Umfang des Zuckerwasserzusatzes nicht chemisch im Wege der Analyse nachzuweisen sei und daß in der Festsetzung der Maximalgrenze des erlaubten Zuckerwasserzusatzes geradezu ein Reizmittel liegen würde, von dieser Befugnis des Gesetzes auch vollauf Gebrauch zu machen, nichts weniger als unbegründet. Aber immerhin sind gegenüber diesen Nachteilen doch wohl noch größere Vorteile mit einer solchen räumlichen Begrenzung verknüpft, insbesondere dadurch, daß dann wenigstens der dehnbare Begriff der „erheblichen" Vermehrung fest umrissen wird. Indes wenn auch diese Beschränkung eine Besserung des gegenwärtigen Zustandes bedeutet, so kann sie doch keineswegs vor Mißbrauch schützen, auch nicht bei Lagerbuchkontrolle. Denn die als Ergänzung unbedingt nötig bleibende Bestimmung, daß der Zuckerwasserzusatz nur zu einem verbesserungsbedürftigen Wein erfolgen dürfe und auch nur, soweit als zur Verbesserung notwendig, unter keinen Umständen aber über 20 oder 25%, ist so gut wie zwecklos. Derjenige nämlich, der die gewinnbringende Vermehrung ausnützen will, wird seine Weinlese danach einrichten, d. h. die Trauben einfach nicht genügend reif werden lassen. Die Auffassung, wann und wie weit ein Wein verbesserungsbedürftig sei, pflegt außerordentlich verschieden zu sein. Ein Richter vermag darauf nie ein Urteil zu gründen, da sich regelmäßig die Sachverständigen widersprechen werden und müssen.

Und noch viel weniger ist von der zeitlichen Beschränkung bis zum 31. Dezember ein wesentlicher Beitrag zur Gesundung der Verhältnisse in der Weinbranche zu erhoffen. Nur für die Erleichterung einer wirksamen Kontrolle dürfte diese wünschenswert, ja unentbehrlich, wenigstens bei einem bloßen Weinverkehrsgesetz, im übrigen dagegen sogar nicht unbedenklich sein. Es sei hierbei ganz davon abgesehen, daß eine solche Vorschrift die Gefahr einer überhasteten, nicht sachgemäßen Zuckerung in sich bergen und auch dem redlichen Geschäfte bei einer nötig werdenden Wiederauf- oder Umgärung des Weines durch Zuckerwasserzusatz öfters hinderlich werden müßte, und nur vor allem darauf hingewiesen, daß man eigentlich erst einige Zeit nach der Lese mit Bestimmtheit sagen kann, wieviel Zuckerwasser der junge Wein zu einer rationellen Verbesserung bedarf. Denn die Moste, bzw. Weine verlieren auf natürlichem Wege durch die Gärung und vor allem durch die Wirkung von säurefressenden Bakterien viel an Säure. Dieser Verlust pflegt nach dem Jahrgang und nach den einzelnen Traubensorten verschieden zu sein, beträgt aber öfters zwischen 50 und 65% der Gesamtsäure. Die Wirkung dieser säurefressenden Bakterien wird nun durch den Alkoholgehalt der Weine bzw. den Zuckergehalt der Moste und durch die Verdünnung des Weines an Extraktstoffen nachteilig beeinflußt. Bei großem Alkohol- bzw. Zuckergehalt können sie sogar getötet werden. Auf diese Weise wird es erklärlich, daß ein Wein gezuckert und um 25% vermehrt im Frühjahr oft mehr Säure hat als der gleiche ungezuckerte Naturwein. Unter diesem Gesichtspunkt könnte es deshalb zweifelhaft erscheinen, ob die Begrenzung des Zuckerns auf die ersten Monate nach der Lese überhaupt im Interesse der reellen Weinbranche liegt, oder ob nicht richtiger die Herbstzuckerung untersagt würde. Allerdings steht dem die in Sachverständigenkreisen verbreitete Ansicht gegenüber, daß der im Herbst gezuckerte Wein haltbarer und im Geschmack besser als der später gezuckerte auszufallen pflege, weshalb vielleicht doch die Beschränkung auf die Herbstzuckerung noch vorgezogen werden kann.

Indes wie dem auch sei, soviel dürfte aus vorstehender Betrachtung ersichtlich sein, daß sowohl die räumliche wie die zeitliche Begrenzung, selbst wenn wir einmal eine genaue Befolgung ihrerseits annehmen, nur eine mäßige Besserung bringen werden, daß sie nur kleine Mittel sind, die sicherlich etwas helfen können, aber keineswegs den Kernpunkt der Sache treffen. Aber nicht einmal eine Wirksamkeit in ihrem eigenen beschränkten Rahmen ist zu erwarten, wenn nicht die Erfüllung der alsbald zu besprechenden vierten Forderung nach einer reichseinheitlichen schärfsten Kontrolle ihre Sicherung gewährleistet. Ist doch der hohe Gewinn des Zuckerns viel zu verlockend, als daß solche gesetzliche Bestimmungen ohne strengste Kontrolle im gesamten Deutschen Reich und ohne das Benehmen der verführerischen Leichtigkeit solcher Bereicherung Aussicht auf durchgreifenden Erfolg hätte.

Die dritte neuerliche Hauptforderung der gesamten Weinbranche bildet die zwangsweise Führung eines Lagerbuches für alle Winzer und Weinverkäufer. Diese sehr zweckmäßige Einrichtung, die früher als unmöglich verschrieen war und ehemals als ein wesentlicher Grund mit zu der Ablehnung der Weinsteuervorlage von 1893 geführt hat, ließe sich eigentlich auch ohne Steuer verwirklicht denken. Aber ungeachtet dessen, daß sie als beste Grundlage für die Weinsteuer geradezu danach schreit, genügt sie für sich allein keineswegs zur Erreichung des angestrebten Zieles, d. h. vor allem der Ermittlung unerlaubten Zuckerwasserzusatzes. Denn dazu müßte schon eine sichere Taxierung der Herbsterträge der Weinberge eine erste Voraussetzung bilden. Doch diese ist bei den eigentümlichen Verhältnissen des Weinbaus, insbesondere den so sehr schwankenden Erntequantitäten, unmöglich. Selbst bei den eingeweihtesten Sachverständigen können Täuschungen bis zu 25% und mehr vorkommen, also Spielraum genug für unlautere Manipulationen. Aber darüber hinaus wird der Lagerbuchzwang überhaupt fast völlig seine Wirksamkeit verfehlen, wenn die Eintragungen nicht in ihrer Richtigkeit durch eine überall gleichmäßige strenge Kontrolle, die, wie wir sogleich erkennen werden, nur eine Steuerkontrolle sein kann, überwacht werden. Auch dürfte die dringend nötige Ausdehnung der Buchkontrolle auf den Weinverkehr von der Entstehung bis zum Genusse des Weins zum mindesten an letzter Stelle im Ausschank ohne Steuer auf kaum überwindliche Schwierigkeiten stoßen.

Das weitaus bedeutungsvollste Verlangen aber, ohne dessen Erfüllung sowohl die räumliche und zeitliche Begrenzung, wie auch die zwangsweise Lagerbuchführung, kurz überhaupt jede Forderung zum Schutz der Reellität in Produktion und Handel von Anbeginn an jeder Erwartung auf merkliche Abhilfe der unerhörten Schädigung der Weinvermehrung und Weinfabrikation völlig bar ist, besteht in der gleichmäßigen Handhabung einer schärfsten Kellerkontrolle in ganz Deutschland. Denn es dürfte doch nur zu einleuchtend sein, daß ohne diese der Unreellität überhaupt nicht beizukommen ist, da sie sich andernfalls in ihrer Freizügigkeit einfach in die Gegenden verzieht, wo sie nach wie vor mehr oder minder ungestört ihrem betrügerischen Gewerbe nachgehen kann, wie auch schon gegenwärtig die Weinfälschung nirgends unerhörter ihr Unwesen treibt als in Städten wie Hamburg, Bremen, Berlin usw., in denen eben so gut wie keine Kontrolle geübt wird.

Wohl wurde auf dem Papier schon durch das Weingesetz von 1901 eine strenge Kontrolle festgelegt. Aber da keine geeigneten Organe des Reiches zur Beaufsichtigung des Nahrungsmittelverkehrs existieren, blieb die Ausführung der Kontrolle ganz dem guten Willen und der mehr oder weniger entgegenkommenden Auffassung der Landeszentralbehörde überlassen. Wie vorauszusehen, äußerte sich dieses gar bald in einer größten Ungleichmäßigkeit der Durchführung. Sind doch die Wünsche und Interessen der einzelnen Bundesstaaten viel zu verschieden, sogar nicht am wenigsten bei den direkt am Weinbau interessierten. So wurde z. B. im bayrischen Landtage strenge, im hessischen milde Handhabung des bestehenden Gesetzes verlangt, dort mit der Absicht, der bayerischen Weinbranche durch Unterdrückung der unreellen Konkurrenz zu helfen, hier mit dem Gedanken, den Ruf der hessischen Weinbranche nicht durch unnachsichtliche Aufdeckung des dortigen Verfälschens zu schaden. Als Hauptfaktor dieser gänzlich verfehlten bundesstaatlichen Regelung spielt der Umstand mit, daß es genügt, Kontrolleure im Ehrenamt oder Nebenamt anzustellen und deshalb, abgesehen von verschwindenden Ausnahmen hauptamtlicher Kontrolleure, gewöhnlich Apotheker und Geschäftsleute aller Art, die in inniger wirtschaftlicher Beziehung mit den Weinproduzenten und Weinhändlern stehen, und oft nichts weniger als sachverständig sind, mit dem Amt des Kontrollierens betraut sind.

Hinsichtlich der Erreichung einer überall gleichmäßigen Kellerkontrolle glaubt man in weitesten Kreisen an die Möglichkeit derselben durch eine reichsgesetzliche Nahrungsmittelkontrolle. Außerdem ist als Mittel überhaupt nur noch die Steuerkontrolle absehbar. Aber die Wünsche und Hoffnungen der Produktion und des reellen Handels bewegen sich zur Zeit noch meistens in der ersteren Richtung. Zum vorläufigen Notbehelf verlangt man zum mindesten eine Einigung der Einzelstaaten untereinander in der Weise, daß allgemein die Kontrolle im Hauptamt, und zwar von wissenschaftlich und geschäftlich vorgebildeten und völlig unabhängigen Sachverständigen ausgeführt werde. Letzterer Notbehelf wird wohl nie in diesem Sinne zustande kommen, geradeso wenig, wie die bloße Reichsweinkontrolle. Denn wenn die Zustimmung der Bundesstaaten in dieser Frage soweit gediehen wäre, dann hätte man ja die beste Grundlage für die von Reichswegen schon längst geplante Reichsnahrungsmittelkontrolle selbst. Wie steht es aber um diese? Einerseits wurde darauf schon oben durch den Hinweis auf die fürs erste offenkundige Aussichtslosigkeit diesbezüglicher Erwartungen Antwort gegeben. Hier ist deshalb nur noch die Frage zu erörtern, ob denn überhaupt eine solche Reichsnahrungskontrolle, wenn sie je käme, das befriedigend zu halten vermöchte, was so viele von ihr gegenwärtig noch erhoffen.

Wenn auch einige Vorteile kaum zu bezweifeln sind, so können wir doch nichts weniger als an einen durchgreifenden Erfolg einer Reichsnahrungsmittelkontrolle glauben. Denn in erster Linie bedingt schon die Natur der Sache, daß sie im wesentlichen den Chemiker übertragen werden müßte. Was die reelle Weinbranche aber von der Hilfe der Chemie zu gewärtigen hat, das dürfte die Entwicklung seit dem unglückseligen Weingesetz von 1892 zur Genüge lehren. Günstige Wirkung könnte man sich von einer Weinkontrolle im Anschluß an die Nahrungsmittelkontrolle wohl nur dann versprechen, wenn bei derselben allgemein für die Weinkontrolle Sachverständige im Hauptberufe angestellt würden, und zwar überall als Reichsbeamte. Denn die Tätigkeit bundesstaatlicher Weinkontrolleure wird, selbst wenn sie überall hauptamtlich ist, nimmermehr ausreichen, da sie nach wie vor je nach den Weininteressen der einzelnen Bundesstaaten recht ungleich bleiben wird. Die allgemeine Einführung von Reichsbeamten aber als Weinkontrolleure in den Bundesstaaten ist nach der Reichsverfassung unzulässig. Dies sollte doch überhaupt bei jeder Bestrebung nach einer Reichsnahrungsmittel- bzw. Reichsweinkontrolle zu größtem Bedenken führen: auch bei einer solchen kann ja dem Reiche nur die Überwachung zugestanden werden, während die Ausführung den Bundesstaaten überlassen bleiben muß.

Die Weinsteuerkontrolle zeigt zwar das gleiche Verhältnis. Aber es liegt doch ein gewaltiger Unterschied zwischen beiden vor. Während nämlich bei der Steuerkontrolle jeder Bundesstaat gleichmäßig an einer strengsten Handhabung der Kontrolle in seinem ganzen Gebiet interessiert wird, ist dies bei der Nahrungsmittelkontrolle durchaus nicht der Fall, ja für viele Bundesstaaten stehen sogar die Interessen mehr oder minder in stärkstem Widerspruch dazu. Nicht nur, daß schon die direkten Kosten der verlangten Kontrolle, die ganz anderen Gebieten zugute kommt, sehr beträchtliche wären, übersehe man doch vor allem nicht die erwachsenden indirekten Kosten durch das Entgehen von bisheriger Gewerbe- und Einkommensteuer und insbesondere von Zuckersteuer. Der Ausfall dieser letzteren allein berechnet sich auf nicht weniger als etwa 4000000 M. für Deutschland: denn man darf bei einer jährlichen Durchschnittsmosternte von etwa 3000000 hl, von denen zurzeit mindestens 80%, und zwar durchschnittlich wohl mit 15 Pfund Zucker auf das Hektoliter gezuckert werden und bei einer durchschnittlichen Einfuhr von etwa 50 000 t frischer und gemaischter Keltertrauben, die ausnahmslos und besonders stark verzuckert werden, weil nur dann ihre Einfuhr rentabel wird, und schließlich bei der gegenwärtig noch so verbreiteten heimlichen Weinfabrikation wohl sicherlich die alljährlich zur Weinherstellung verwendete Zuckermenge auf nahezu 1000000 Ztr. Zucker schätzen, deren Besteuerung mindestens 6000000 M. einbringt. Nimmt man mithin die erhoffte Einschränkung des bisherigen Zuckerverbrauchs durch ein strenges Weingesetz mit reichseinheitlicher Kontrolle auf nahezu ein Drittel an, so enthält man die obigen 4000000 M. alleinigen Zuckersteuerausfalls.

Und der Aufwand solcher erheblicher, durch eine wirkungsvolle Nahrungsmittelkontrolle für den Wein unumgänglicher Opfer, ließe der sich zugunsten weniger Weinbaugebiete und eines wenn auch an sich großen, so doch im Verhältnis zu der übrigen Bevölkerung kleineren Erwerbsstandes ohne jede Entschädigung sozial verantworten, Opfer, zu denen auch die mitzahlen müßten, die niemals Wein trinken, für ein im Gegensatz zum Volksgetränk des Biers und Branntweins steuerfreies Genußmittel, das überwiegend reiner Luxusartikel ist? Und sollten unter all diesen Umständen zum mindesten die nicht unmittelbar am Weinbau interessierten Bundesstaaten im Spielraum eines Gesetzes über die Reichsnahrungsmittelkontrolle die Kellerkontrolle nicht möglichst lax und billig handhaben, wodurch natürlich wieder jede etwaige Wirksamkeit aufs höchste gefährdet würde, d. h. dies alles gesetzt den äußerst unwahrscheinlichen Fall, daß diese Staaten ohne Gegenleistung im vollen Widerspruch zu ihren Interessen sich überhaupt zu einer solch kostspieligen Regelung der Weinfrage jemals hergeben würden. Nein, eine Reichsnahrungsmittelkontrolle für den Wein könnte wohl niemals allen Mißständen genügend abhelfen, verspricht sogar in ihrer chemischen Gewandung so gut wie keine Besserung, wird übrigens voraussichtlich auch niemals kommen.

Der einzig mögliche Weg zu einer durchaus befriedigenden Lösung der Weinfrage ist und bleibt demnach nur die Weinsteuer, die allein das dringendste Erfordernis der im gesamten Deutschen Reich gleichmäßig gehandhabten strengen Kellerkontrolle im höchsten Maße und ohne weiteres erfüllen kann. Als besonderer Vorzug der Steuerkontrolle, der bisher noch nicht besprochen wurde, sei hier noch die Erwähnung nachgetragen, daß sie in ihrer regelmäßigen Allgemeinheit auch keine Brandmarkung des Kontrollierten bedeutet, was sehr oft nicht mit Unrecht an der gewöhnlichen Kellerkontrolle ohne Steuer, als wenn auch nicht entehrend, so doch recht peinlich ausgeklagt wird.

Aber auch die Kontrolle der Weinsteuer bedarf noch einer wichtigen Ergänzung, um in jeder Beziehung ihrer schwierigen Aufgabe, die unlautere Konkurrenz der Weinfabrikation und Weinvermehrung zu unterdrücken, genügen zu können. An der Wurzel eben muß das Übel angefaßt werden, um den Krebsschaden für die reelle Weinbranche zu tilgen. Diese Wurzel aber ist nichts anderes, als der so verlockend hohe Gewinn, der mit dem Gebrauch des Zuckerwassers verbunden ist, ein Gewinn, der bei der Unbilligkeit eines vollständigen Verbotes des Zuckerns einzig und allein durch eine steuerliche Verteuerung benommen werden kann. Allgemeine Weinsteuerkontrolle und Weinzuckersteuer mit scharfer Kontrolle sind aus all diesen Gründen die eiserne Notwendigkeit, über die man einmal, wenn man der Weinproduktion und dem reellen Handel aus ihrer trostlosen Lage wieder aufhelfen will, unter keinen Umständen hinweg kommen kann. Und mag man sich jetzt aus Kurzsichtigkeit auch noch so sehr dagegen versteifen, die Zukunft wird die Richtigkeit dieser Anschauung erweisen!

Aber noch einen größten, nicht zu übersehenden Vorzug birgt die Lösung der Weinfrage durch die Steuer in sich, der nie durch ein bloßes Weingesetz erreicht werden könnte. Zu der Weinfabrikation und Weinvermehrung, den gefährlichsten Feinden, gesellt sich nämlich zur Bedrohung der Existenz des deutschen Weinbaus auch mehr und mehr die Verheerungen der pflanzlichen und tierischen Rebschädlinge, darunter besonders der Reblaus. Will man deshalb den deutschen Weinbau einem neuen Aufblühen zuführen, so muß auch der Kampf gegen die Rebschädlinge mit aller Entschiedenheit aufgenommen werden, und, soweit dazu der einzelne nicht befähigt ist, benötigt dies eben ein tatkräftiges Eingreifen der Regierung, was in genügendem Maße dieser bei der großen Kostspieligkeit erst durch die verpflichtenden Einnahmen aus der Weinsteuer ermöglicht wird.

Um nun auf den gegenwärtigen Stand der Weinfrage zurückzukommen, so ist an die obige Erwähnung der endlich handelnd sich äußernden Bereitwilligkeit der Regierung, ein neues Weingesetz zu versuchen, anzuknüpfen. Im Oktober 1907 erschienen denn auch schon in der „Deutschen Wein-Zeitung" vorläufige Mitteilungen über die Grundzüge des in Bearbeitung befindlichen Weingesetzentwurfes, die einerseits die reelle Weinbranche nicht befriedigten, während sie andererseits bei einem Teil des Handels scharfen Widerspruch erregten, wobei auch die Befürchtung einer Weinsteuer im Gefolge der vorgeschlagenen strengen Kontrolle, insbesondere des Lagerbuchzwanges, eine Rolle spielte. Aber danach trat ungeachtet der hochgespannten Erwartung aller Weininteressenten eine langweilige Verschleppung ein mit steter Verschiebung der verlauteten Publikationstermine, bis schließlich am 19. April 1908 der Entwurf im Reichsanzeiger veröffentlicht wurde, jedoch ohne vorerst nur einmal an den Bundesrat zur

Genehmigung gelangt, geschweige denn dem Reichstage vorgelegt zu sein, so daß die Aussicht auf Annahme noch recht fraglich und jedenfalls erst geraume Zeit später an deren etwaige Verwirklichung zu denken ist.

Doch zunächst in Kürze: was bringt dieser neue Weingesetzentwurf? Entschieden wieder in mancher Beziehung einen zu begrüßenden Fortschritt auf dem Wege der bisherigen Reichsgesetzgebung. Vor allem räumt der Entwurf einmal grundsätzlich mit der unglückseligen chemischen Kontrolle auf, indem er überhaupt den zweckdienlichen Versuch macht, den Weinverkehr im Gegensatz zu den Gesetzen von 1892 und 1901 ohne Anlehnung an das hauptsächlich gesundheitspolizeiliche Nahrungsmittelgesetz von 1879 vom wirtschaftlichen Gesichtspunkte aus anschließend an die puristische Begriffsdefinition des Weines zu regeln. Dabei behält er aber in Anbetracht dessen, daß die Grenzen des bei der Kellerbehandlung als unentbehrlich zu Erachtenden sich mit der Zeit verschieben, die Bestimmung der erlaubten Stoffe und die Art ihrer Verwendung der beweglicheren Form der Ausführungsverordnungen vor, und legt nur die Grenzen des weitaus wichtigsten Punktes, der Verwendung von Zuckerwasser, gesetzlich fest. Die in der beigegebenen Denkschrift ausdrücklich anerkannte Notwendigkeit der Abhilfe bisheriger Übelstände wird in erster Linie durch die Erfüllung von drei Hauptforderungen, der räumlichen Beschränkung des Zuckerwassers auf ein Fünftel des in die Mischung gelangenden Mostes oder Weines, durch die zeitliche Begrenzung vom Beginn der Weinlese bis zum 31. Dezember und der zwangsweisen Führung eines Lagerbuches angestrebt. Sehr sympathisch berührt sodann auch die Vorschrift, daß die Zuckerung nur innerhalb des Weinbaugebietes vorgenommen werden dürfe, aus dem die Trauben stammen, wodurch an und für sich vor allem dem jetzigen heillosen Mißbrauch mit der Zuckerung der eingeführten Keltertrauben gesteuert wäre. Als gut ist, abgesehen von minder bedeutendem, fernerhin noch hervorzuheben die polizeiliche Überwachung der Herstellung von Haustrunk und die Regelung der Etikettierung, nach welcher, abgesehen von beschränkten Ausnahmen, geographische Bezeichnungen im Handel mit Wein nur zur Bezeichnung der Herkunft verwendet werden dürfen, eine annehmbare Lösung der sehr schwierigen Frage, bezüglich derer bei aller Anerkennung der Eigentümlichkeit des Weinhandels eine allmähliche Reformierung der bestehenden, oft nichts weniger als einwandsfreien Bräuche erwünscht ist.

Aber alle diese dankenswerten Neuerungen werden durch die völlig ungenügende Kontrolle wieder mehr oder minder zum toten Buchstaben herabgewürdigt. Denn die Kontrolle wird den mit der Nahrungsmittelpolizei betrauten Behörden und Sachverständigen überwiesen und nur für die am Weinbau wesentlich beteiligten Gegenden des Reiches zur Unterstützung dieser Behörden die Bestellung von Sachverständigen im Hauptberufe vorgesehen, während die Landeszentralbehörden im Einvernehmen mit dem Reichskanzler bestimmen, inwieweit dies auch in anderen Gegenden zu geschehen hat. Mit dieser Regelung ist selbstredend die Gleichmäßigkeit einer strengsten Kontrolle, auf die, wie wir gesehen haben, alles ankommt, vollkommen ausgeschlossen und damit schon der ganze Entwurf so gut wie zwecklos. Fast einstimmig ertönt deshalb aus allen den unzähligen Interessentenversammlungen der Weinbaugebiete das Verlangen der gleichmäßigen Handhabung der Kontrolle durch Anstellung von hauptamtlichen Sachverständigen auch außerhalb der Weinbaugebiete nach den vom Bundesrat aufzustellenden einheitlichen Grundsätzen, bzw. der Schaffung einer zentralen Aufsichtsbehörde, ein Verlangen, auf das aber, wie oben ausgeführt, die verbündeten Regierungen nicht eingehen werden und können. Als erfreulich übrigens bei dieser ziemlichen Einstimmigkeit sei auf die im allgemeinen mitarbeitende Haltung des Weinhandels der Weinbaugebiete hingewiesen. Auch dieser ist jetzt im Gegensatz zu früher zu seinem größeren Teil kein Gegner mehr eines scharfen Gesetzes und der Beschränkung der Zuckerfreiheit. Sein Protest geht hauptsächlich nur, und zwar mit vollem Recht, gegen kautschukartige Bestimmungen, wie z. B. das Verbot der erheblichen Vermehrung im Weingesetz von 1901, Bestimmungen, die man je nach Belieben auffassen kann und bei denen niemand recht weiß, was erlaubt und verboten ist.

Leider bringt nun aber auch gerade in dieser Richtung der Entwurf eine schwere Enttäuschung. Denn anstatt Klarheit schafft er neue Unsicherheit und weiteren Wirrwarr. Die Wirkung des bisherigen Kautschukbegriffes „erhebliche Vermehrung", an dem nicht zum wenigsten der Erfolg des 1901er Weingesetzes scheiterte, und der nun glücklich durch die prozentuale räumliche Begrenzung benommen ist, sollte doch warnen vor dem, was man von der Vorschrift zu erwarten hat, daß die Zuckerung nur bei ,,ungenügender Reife" erfolgen dürfe, und zwar nur soweit als ,,erforderlich", um Wein zu erzielen, der nach seinem Gehalt an Alkohol und Säure dem aus Trauben gleicher Art und Herkunft ,,in Jahren der Reife" ohne Zusatz erzielten Weine entspricht. Was ist unter ,,ungenügender Reife", ,,erforderlich", ,,Jahre der Reife" zu verstehen, wer soll darüber bei der Verschiedenartigkeit der Reife selbst in einer und derselben Gemarkung je nach Lage und Traubensorte und der Ungleichheit des Weines in reifen Jahren entscheiden? Es ist doch klar, daß es sich hier um gänzlich individuelle Anschauungen handelt, und daß sich deshalb die Gutachten stets widersprechen müssen. In der Verwerfung dieser wandelbaren Begriffe besteht die zweite Einstimmigkeit der Weininteressenten bezüglich der Beurteilung des Entwurfs, während in allen sonstigen Punkten die Meinungen mehr oder minder auseinandergehen.

Aber bei der Frage, wie besser machen, ist guter Rat teuer. Die allgemeine Bewilligung von 20% Zuckerwasser, ohne jede weitere Einschränkung, ist unter keinen Umständen angängig. Denn dann wäre bei der mit Ausnahme des hohen Qualitätsbaus stets sehr gewinnbringenden Zuckerung auch von Weinen, die überhaupt keinen oder nur geringeren Zusatz bedürfen, eine fast ausnahmslose Ausnutzung der Vermehrung bis zum Höchstmaße sehr zu befürchten, womit natürlich der letzte Zweck dieses wie der früheren Weingesetze, die nötige rationelle Verbesserung durch Zuckerwasser von der aus schnöder Gewinnsucht entsprungenen Vermehrung abzugrenzen, völlig verfehlt würde und mit Recht der deutsche Wein im Inland wie im Ausland in den abschreckenden Ruf käme, allgemein zu einem bestimmten Prozentsatz nur Zuckerwasser zu sein. Wenn man aber, wie meist vorgeschlagen wird, die Begriffe ,,ungenügende Reife", ,,erforderlich" und ,,Jahre der Reife", durch die Bestimmung ersetzt, daß die Zuckerung nur ,,zur Verbesserung" vorgenommen werden dürfe, so ist damit bei der Leichtigkeit, den Wein verbesserungsbedürftig zu gestalten, sei es durch zu frühes Ernten der Trauben oder durch Krankmachen der Weine, nicht das geringste geholfen. Ist doch eben die Auffassung der ,,Verbesserungsbedürftigkeit" keineswegs weniger kautschukartig wandelbar.

Aus alledem wird klar ersichtlich, daß das Bestreben nach tunlichster Einschränkung des Zuckerwassers auf die nötige Verbesserung in dieser Richtung sich stets mit irgend welchen dehnbaren Unklarheiten abzuquälen hat, die der Rigorose mit dem Schein des Rechts sehr weit faßt, während sie den Gewissenhaften in Konflikt mit sich selbst bringen. Nur einen einzigen Weg gibt es, wo solche verwerfliche Kautschukbestimmungen völlig überflüssig oder zum mindesten ganz nebensächlich werden, und das ist die Weinzuckersteuer. Ermöglicht doch nur sie durch Benehmen des ungerechtfertigten, verlockenden Gewinns der Zuckerwasservermehrung einerseits eine notwendige Verbesserung, ohne den Wein zu verteuern, und macht dagegen andererseits jeden Zuckerwasserzusatz mit alleiniger Vermehrungstendenz so unlohnend, daß sich bei nur einigermaßen strenger Kontrolle niemand darob der Gefahr hoher Strafen aussetzen wird. Alle anderen Mittel und Bestimmungen, wie sie bloße Weinverkehrsgesetze bringen und nur bringen können, führen nicht zum gewünschten Ziel, schädigen dagegen demoralisierend den Redlichen und leisten der Unreellität Vorschub.

Aber noch weit ungünstiger muß das Urteil über den neuen Entwurf ausfallen: er bedeutet in höchstem Maße, die Weingesetze von 1892 und 1901 noch übertreffend, eine gesetzliche Prämie auf die Unreellität und dies vor allem in dem gerade an sich so löblichen Bestreben, den Naturwein fördernd zu schützen. Die mißliche Bestimmung der Weingesetze von 1892 und 1901 über den Namen „Naturwein" noch weiterführend, verbietet nämlich der Entwurf, gezuckerte Weine unter einer Bezeichnung feilzuhalten und zu verkaufen, die auf die Reinheit des Weins oder auf besondere Sorgfalt bei der Gewinnung der Trauben deutet, sowie auch in der Benennung solchen Weines eine Traubensorte, einen Jahrgang, eine Weinbergslage oder den Namen eines Weinbergsbesitzers anzugeben oder anzudeuten, sofern nicht gleichzeitig der Wein als gezuckert bezeichnet wird. Außerdem ist, wer mit Wein Handel treibt, verpflichtet, dem Käufer auf Verlangen vor der Übergabe mitzuteilen, ob der Wein gezuckert ist und sich beim Erwerbe von Wein die zur Erteilung dieser Auskunft erforderliche Kenntnis zu sichern. Diese Vorschriften stellen nichts anderes als einen unbedingten Deklarationszwang der gezuckerten Wein dar, und ein solcher ist ein schwerster

Mißgriff, sofern nicht etwa schärfste Kontrolle allgemeine Befolgung garantiert. Werden doch durch solche Deklaration die gezuckerten Weine gewissermaßen an den Pranger gestellt und damit ziemlich unverkäuflich und wertlos gemacht. Folglich wird jeder Winzer und Weinhändler, der sich nicht schweren wirtschaftlichen Schaden selbst zufügen will, zwingend zur Umgehung des Gesetzes hingedrängt, zu einem Verkaufen der gezuckerten Weine als Naturweine, was ja bei der Unnachweisbarkeit eines richtigen Zuckerwasserzusatzes und der vorgesehenen ohnmächtigen Kontrolle fast ohne jede Gefahr geschehen kann. Offenkundig wird deshalb, wie durch die bisherigen Gesetze, so auch namentlich durch diesen Entwurf nur der Redliche und Gewissenhafte getroffen, der sich streng an diese Bestimmungen hält und dem damit auch das rationelle Zuckern fast unmöglich gemacht wird: sein wirtschaftlicher Rückgang ist weiterhin die unvermeidliche Folge, während demgegenüber die Unreellität, die sich leicht über das Gesetz hinwegsetzt, nach wie vor reiche Gewinne einheimst und ewig als Fluch auf dem Weinfach lasten bleibt. Kann einen solchen Zustand die Regierung auch für die Zukunft noch verantworten, wird dadurch der Entwurf nicht unannehmbar?

Doch wieder die Frage, wie besser machen. Eine Bestimmung zum Schutze des Naturweins ist und bleibt wohl notwendig, wenn sie auch bei tunlichster Beschränkung des Zuckerwassers nicht mehr von solch hoher Wichtigkeit ist. Aber nur dann kann eine derartige Vorschrift von guter Wirkung werden, wenn ihre Sicherheit durch eine strengste, überall gleichmäßige Kontrolle gewährleistet wird, eine Bedingung, die sich eben, wie wir sahen, nur durch die Weinsteuer und Weinzuckerkontrolle zu verwirklichen vermag.

Um andere geringfügigere Mängel des Entwurfes, wie z. B. das Fehlen der Deklaration des Verschnittes zwischen Weiß- und Rotwein, die zum Schutze des deutschen Rotweinbaues und wegen der Bedeutung reinen Rotweins zu Heilzwecken recht wünschenswert wäre, zu übergehen, sei nur noch das Erlauben des Zuckerwasserzusatzes zur Umgärung kranker Weine ohne jede Einschränkung verurteilend berührt. Denn was ist kranker Wein? Ein neuer unfaßbarer Begriff. Und wie leicht kann man doch jeden Wein krank machen, und damit also eine gesetzlich sanktionierte Gesetzesumgehung ohne Mühe bewerkstelligen.

Aus dieser vorstehenden gedrängten Betrachtung mag zur Genüge hervorgehen, wie wenig Gutes von dem neuen Weingesetzentwurf zu erwarten ist, wie voraussichtlich durch seine Gesetzesgültigkeit die bestehende Verwirrung noch größer, die Unreellität noch mehr herausgefordert und eine fortdauernde Beunruhigung des Faches die Folge sein wird. Und dies alles, trotzdem sich jeder, dem es um den fördernden Schutz von Produktion und reellem Handel ernstlich zu tun ist, an sich mit dem Wollen der Vorlage einverstanden erklären muß. Wohl kann noch manches an dem jetzigen Entwurfe gebessert werden, aber an die beiden Kernpunkte der schweren Mängel, die stets jeden Fortschritt mehr und minder zunichte machen werden, die ungenügende Kontrolle und die Kautschukbestimmungen, kann man durch das Mittel eines Weinverkehrsgesetzes unmöglich abhelfend herankommen. Die Regierung ist mit dem besten Willen kaum imstande, in dieser Hinsicht noch etwas Besseres zu bieten, als sie es in dem neuen Entwurf getan hat.

Übrigens sei nicht versäumt, auf den ganz ungewöhnlichen Weg aufmerksam zu machen, den die Regierung mit der offiziellen Veröffentlichung des Entwurfes, bevor sie ihn dem Bundesrate zur Annahme vorlegte, einschlug. Fast könnte dieses Vorgehen den Eindruck erwecken, als sei man dabei regierungsseitig nicht frei von der unter Umständen keineswegs unklugen Absicht, auf diese Weise einerseits die drängenden und erregten Gemüter fürs erste abzufinden, andererseits Widersprüche und Uneinigkeit hervorzurufen, um dann auf Grund des Vorhaltens derselben vielleicht zu erklären, daß es eine Unmöglichkeit sei, ohne Weinsteuer weiteren Wünschen nachzukommen. Aus dieser Perspektive wäre dann wohl auch die lange verschleppende Verzögerung, bis man es zur endgültigen Ausarbeitung des Entwurfes brachte, nicht ganz unerklärlich: man wollte vielleicht nur die Produktion und den reellen Handel noch etwas mürber machen, namentlich ihren Notschrei nach strengster Kontrolle zu solcher Stärke anschwellen zu lassen, daß sie auch gerne mit dem Mittel der Steuerkontrolle vorlieb nehmen, wenn man sie einsehen macht, daß ihre dringendste Forderung auf keine andere Weise erfüllt werden kann, ja, daß sie sogar allmählich selbst kommen und die Steuern fordern werden, womit dann die Regierung den gehässigsten Angriffen betreffs Einführung gerade einer so penibeln

Steuer, wie sie die Weinsteuer ihrer Eigentümlichkeit und ihrer Geschichte wegen ist, überhoben wäre. Immerhin, so viel scheint unzweifelhaft, daß man in Regierungskreisen gerade neuerdings wieder große Hoffnung auf eine Weinsteuer setzt, im geheimen auf sie ihr Augenmerk richtet und sehr wohl weiß, daß es sich hier um einen reifenden Apfel handelt, der aber durch zu frühzeitiges Pflücken beschädigt werden könnte.

Doch wie dem auch sein mag, jedenfalls dürfte aus der vorstehenden Betrachtung der Entwicklung der Weinfrage in dem jahrzehntelangen wechselvollen Kampf die einleuchtende Belehrung zu ziehen sein, daß eine Lösung dieser schwierigen wirtschaftlichen Frage nur noch durch das Mittel einer Weinsteuer, die mit besonderer Rücksicht auf den fördernden Schutz der Produktion und des reellen Handels durchgeführt wird, zu erhoffen ist. Alle für möglich zu erachtenden Versuche, mittels Weinverkehrsgesetze das Erstrebte zu erreichen, werden mit dem neuen Entwurf so gut wie erschöpft. Sie waren nicht imstande bis jetzt zu einem Resultate zu führen und werden auch in Zukunft kaum von einer nennenswerten Wirkung begleitet sein: vielleicht können sie in neuer Fassung einige Besserungen bringen, nie und nimmer aber eine befriedigende Lösung. Man werde sich nur klar über die nur zu berechtigten schweren Bedenken, ja sogar den teilweisen Widerstand gegen den neuen Gesetzentwurf von seiten der reellen Weinbranche. Selbst der Gläubigste sollte doch da nach einer solchen Entwicklung der Weinfrage allmählich die ernstesten Zweifel in den Erfolg der bisherigen Bestrebungen setzen und sich einmal vorurteilsfrei die Frage vorlegen, ob unter diesen Umständen nicht so rasch wie möglich ein grundsätzlich anderer Weg einzuschlagen äußerst ratsam wäre.

Und welch günstiger Augenblick ist gerade gegenwärtig für diesen so sehr zu wünschenden Kurswechsel. Nicht nur die Weinfrage selbst ist durch die im Winter zu erwartende Reichstagsberatung der neuen Regierungsvorlage wieder in so höchstem Maße aktuell geworden, sondern auch die jüngste Reichsfinanzreform wird ja in der kommenden Reichstagssession endlich ihre Lösung finden müssen. 300—400 Millionen neue jährliche Einnahmen sollen dem Reiche dabei erschlossen werden. Es leuchtet ein, daß einer solch gewaltigen Finanzreform nicht allein durch das Herhalten des Tabaks und des Branntweins, sowie vielleicht durch den Ausbau der Reichserbschaftssteuer und die Veredelung der Matrikularbeiträge wird entsprochen werden können, sondern daß das Aufbringen eines ganzen Steuerbuketts unumgänglich sein wird. Und was läge da bei der suchenden Umschau näher als auch auf die übrigen alkoholischen Getränke seinen Blick zu richten, wobei doch dann keinesfalls die grenzenlose Ungerechtigkeit der jetzigen Steuerfreiheit des Weins, des Getränkes der Wohlhabenden, unbeachtet bleiben kann. Und mit welch befriedigtem Vergnügen wird unter solchen Umständen die Regierung zugreifen, wenn sich ihr aussichtsreiche Gelegenheit zu einer Weinbesteuerung bietet, als einer Einnahmequelle, die nach den Vorschlägen dieser Arbeit gegen 50 Millionen Reinertrag verspricht; und mit welch freudiger Willfährigkeit wird sie dabei auf jede daran geknüpfte durchführbare Bedingung zum fördernden Schutz der Produktion und des reellen Handels eingehen! Man lasse aus Kurzsichtigkeit und ängstlicher Kleinlichkeit doch eine solch günstigste Gelegenheit, wie sie sich nie wieder bieten wird, nicht ungenutzt vorübergehen!

Vor allem aber sei bei dieser Ermahnung zur Einsicht auch noch eine Erwägung zum Ausdruck gebracht, welche alle Weininteressenten um so mehr zur Vernunft warnend drängen sollte. Wird nämlich jetzt die Weinsteuer, die unter allen Umständen bei dem stets wachsenden Finanzbedarf über kurz oder lang einmal kommen muß, nicht gleichzeitig mit dem neuen Weinverkehrsgesetz und als dringend nötige Ergänzung desselben ihrer Lösung entgegengeführt, dann liegen zwei Befürchtungen nur zu drohend nahe. Entweder bringt das zu erwartende Weingesetz keine Besserung: dann wird die Lage des deutschen Weinbaus noch trostloser und sieht die Reellität in Produktion und Handel einer noch verzweifelteren Zukunft entgegen, bis sich endlich die Augen öffnen und die reelle Weinbranche, gebeugt durch die äußerste Not, sich selbst zur Forderung der Weinsteuer als einziger Rettung aufrafft, zu einer Zeit, wo leider schon in vielen Fällen kaum mehr aufzuhelfen sein wird. Oder aber es tritt durch das neue Weingesetz tatsächlich eine Besserung ein: dann wird die Frage der Weinsteuer zum mindesten nicht weniger in den Vordergrund gerückt. Man wird sich nämlich in diesem Falle auf den Standpunkt stellen, daß nun dem Winzer, dessen Lage man mit so großem staatlichen Opfer gehoben hat, jedes Recht eines Einspruches gegen die Einführung einer Weinsteuer abgehe. Die sehr gefährliche Folge aber davon wird sein, daß man ein Weinsteuergesetz herausgibt, welches die Rücksicht auf Produktion und reellen Handel mehr oder minder vernachlässigt, so daß alsbald die durch das Weingesetz gebesserte Lage durch die Steuer, deren richtige Überwälzung unter solchen Umständen sehr fraglich wird, wieder vernichtet würde. Denn man bedenke nur schon, welch günstigste Kraft der Überwälzung man durch die aus der Schröpfung der Weinfabrikation und Weinvermehrung resultierende beträchtliche Verminderung des Angebotes, worin ja allein die Besserung des Weingesetzes bestehen könnte, auszunützen versäumt und damit von vornherein in bedenklichem Maße die spätere Gerechtigkeit und Zweckdienlichkeit der Weinsteuer schwächt.

Über alles dies und früher angeführtes, was so zwingend für die Einführung einer besonders gearteten Weinsteuer spricht, die nicht nur im Interesse der Staatskasse, sondern auch vor allem der Produktion und des reellen Handels, sowie der Konsumtion liegt, in allgemein verständlicher Weise gerade jetzt aufzuklären, wäre Pflicht der verbündeten Regierungen, deren gegenwärtige Zurückhaltung keineswegs mehr zu billigen ist. Die Politik, sich den reifenden Apfel in den Schoß fallen zu lassen, mag zwar ganz klug sein, aber geradezu unverantwortlich in Anbetracht dessen, daß so hohe Dinge hier auf dem Spiele stehen, daß es sich um den lebensdingenden Schutz eines großen Erwerbsstandes gegenüber unerhörtem Betruge handelt. Darauf kann ja nicht gewartet werden, bis sich alle Meinungsverschiedenheiten in der Weinbranche geeinigt haben. Wollte man so lange die Sache hinausziehen, dann käme man wohl in alle Ewigkeit zu keiner Lösung. Nehmen aber einmal die verbündeten Regierungen feste Stellung und erklären sie vor allem, daß die gewichtigste Forderung einer im gesamten Deutschen Reiche gleichmäßigen schärfsten Kontrolle gleichzeitig mit der Steuer sofort erfüllt werden solle und nur so überhaupt erfüllt werden könne, dann hat sie unzweifelhaft bei der Spruchreife der Frage gewonnenes Spiel. Denn jedem Vernünftigen wird dann die Notwendigkeit, sich des Mittels der Steuer zu bedienen, einsichtig werden und die weniger Vernünftigen werden nach nicht langer Zeit zu gleicher Erkenntnis sich durchringen. Durch den etwaigen

Entrüstungssturm eines Teils des Handels, der natürlich auch sein Möglichstes in der Agitation in Winzerkreisen versuchen wird, darf man sich nicht im geringsten verblüffen lassen. Der Getroffene schreit auf, so auch dieser Teil des Handels, der gerade durch seine Entrüstung bewiese, wie schlimm es mit seiner Reellität bestellt ist und wie sehr er befürchtet, daß ihm durch die allgemeine Weinsteuerkontrolle sein unsauberes Handwerk gelegt wird, durch das er sich wahrlich schon lange genug auf Kosten der Ehrlichkeit bereichert hat. Setzt man sich aber darüber hinweg, und tun die verbündeten Regierungen das ihrige zur nötigen Aufklärung und zeigen Produktion und reeller Handel nur einigermaßen vorurteilsfreie Einsicht, dann wird in der Weinsteuer unzweifelhaft eine Steuer zustande gebracht werden können, wie sie gerechter und nützlicher wohl kaum gedacht werden kann. Drum frisch auf zur Tat!

Dritter Abschnitt.

Entwurf eines Reichsweinsteuergesetzes nebst Begründung.

I. Vorbemerkungen.

Es sei nun der Versuch gemacht, alle Ergebnisse, die aus den bisherigen Betrachtungen hervorgingen und deren Konsequenzen schon oben in der Theorie der Weinsteuer skizziert wurden, praktisch zu verwerten und sie in eine greifbare ausgebildete Form zu bringen. Dieses Ziel läßt sich zweifelsohne dadurch am besten und klarsten erreichen, wenn wir unsere Vorschläge in eine regelrechte parlamentarische Gesetzesvorlage mit paragraphenweiser Begründung zu kleiden bestrebt sind. Doch bevor wir uns darauf einlassen, bedarf es wohl eines vorbereitenden Blickes auf die in Deutschland bestehenden Weinsteuerverhältnisse.

Der spezifische Weinzoll als eine partitielle Weinbesteuerungsform steht wie alle Zölle dem Reiche zu: er trägt den Charakter eines Finanzzolles, wirkt aber gleichzeitig als Schutzzoll und ist als solcher für den deutschen Weinbau zum mindesten in der Höhe der neuen Tarife unentbehrlich. Dagegen ist die eigentliche Besteuerung des Weins durch eine innere Verbrauchsabgabe in Deutschland zurzeit der einzelstaatlichen Gesetzgebung überlassen. Doch besteht keineswegs ein Reservatrecht oder auch nur ein bindendes Versprechen, das in irgend einer Weise der Reichsgesetzgebung die Hände bindet, die Weinsteuer in die ihr zustehenden indirekten Reichssteuern einzubeziehen. Wohl nennt der Artikel 35 der Reichsverfassung, in welchem die einzelnen Konsumtionsartikel bezeichnet sind, über die das Reich mit dem ausschließlichen Steuerrecht betraut ist, nicht auch den Wein. Danach ist aber nur den einzelnen Bundesstaaten nicht die Befugnis entzogen, sich der Weinsteuer zu bemächtigen. Dem Reiche jedoch steht es frei, jederzeit konkurrierend aufzutreten und die Besteuerung des Weins in seinem Finanzinteresse für das gesamte Reichsgebiet zu beanspruchen, da durch den Artikel 4. Nr. 2 der Reichsverfassung ohne weitere Beschränkung die für die Zwecke des Reichs zu verwendenden Steuern seiner Beaufsichtigung und Gesetzgebung überwiesen sind.

Bei dieser Gelegenheit darf nicht versäumt werden, das angebliche partikularische Reservatrecht Württembergs in der Weinsteuer eingehender zu beleuchten. Es dreht sich dabei um Verhandlungen über den Beitritt Württembergs zur Verfassung des deutschen Bundes im Jahre 1870. Diese Vorgänge wurden damals den parlamentarischen Körperschaften nicht zur Kenntnis gebracht und blieben deshalb ein ziemliches Geheimnis bis zu der Klarlegung, die gelegentlich der Reichsweinsteuerdebatte im Reichstag in der Sitzung vom 20. Januar 1894 durch den württembergischen Ministerpräsidenten Freiherrn von Mittnacht, der zugleich ein ehemaliger württembergischer Bevollmächtigter bei den Versailler Vertragsverhandlungen war, in authentischer Erklärung erfolgte. Nach dessen Mitteilungen erklärten auf Anregung des württembergischen Finanzministers die württembergischen Bevollmächtigten, ohne jeden unterstützenden Anschluß anderer Regierungen, im November 1870, daß es sowohl für den Staatshaushalt Württembergs als auch für das Interesse seiner Bevölkerung vom empfindlichsten Nachteil sei, wenn der inländische Wein für Bundeszwecke besteuert werden sollte. Sie beantragten deshalb, daß entweder der Wein von den der Bundesbesteuerung zu unterwerfenden Gegenständen ausgenommen, oder daß seine Besteuerung von Württembergs Zustimmung abhängig gemacht würde. Die Antwort der Bevollmächtigten des norddeutschen Bundes lautete dahin, es könnte aus formellen Gründen diesen beiden Anträgen nicht stattgegeben werden, aber nach ihrer Ansicht biete die Eigentümlichkeit des Weines als Besteuerungsgegenstand eine vollkommen ausreichende Gewähr dafür, daß der Bund von seinem verfassungsmäßigen Rechte in dieser Beziehung keinen Gebrauch machen werde, so daß die württembergischen Bevollmächtigten volle Beruhigung bezüglich der von ihnen geäußerten Bedenken hegen dürften. Auf diese Äußerung hin, der im Dezember 1870 auch der Bundesrat des norddeutschen Bundes zustimmte, ließen die württembergischen Bevollmächtigten unter Verzicht auf die angekündigten Anträge die Sache auf sich beruhen. Nach dieser Darlegung des Vorgangs von 1870 sprach Freiherr von Mittnacht in jener Reichstagssitzung ausdrücklich aus, daß der Staat Württemberg ein Sonderrecht in Absicht auf die Weinbesteuerung nicht erwirkt hat; er sagt wörtlich: „Die Erklärungen von 1870 haben nach meiner Überzeugung keinen rechtlichen Inhalt und haben namentlich kein eigentliches selbständiges Versprechen enthalten.“

Mag man nun aber dieses im Jahre 1870 Vorgefallene immerhin für nicht ganz bedeutungslos halten und auf das gutgläubige Vertrauen hinweisen, daß die Zusicherung der norddeutschen Bevollmächtigten Württemberg veranlaßt habe, von der Aufnahme einer Extrabestimmung in den Vertrag abzustehen, so muß man doch bedenken, daß sich seitdem sehr viel verändert hat, daß nicht nur das Getränkebesteuerungssystem im allgemeinen nicht unberührt geblieben ist, sondern daß auch für Württemberg jetzt der eine Punkt seines damaligen Bedenkens vollkommen wegfällt, falls man sich bei der Weinsteuerfrage mit uns auf den Standpunkt des fördernden Schutzes von Produktion und reellem Handel stellt. Wenn wir auch keineswegs die fiskalische Bedeutung der Weinsteuer für Württemberg, wie auch Baden und Elsaß-Lothringen, auf deren eventuelle Entschädigung wir später zu sprechen kommen, leugnen wollen, so müssen wir doch den etwaigen künftigen Widerspruch dieser Staaten gegen eine angemessene Reichsweinsteuer als tief beklagenswerten Ausfluß partikularistischen Geistes erachten und jede bundesgenossenschaftliche Rücksicht, zu der ja weder ein Recht noch ein Versprechen verpflichtet, mißbilligen.

Wenn nun auch die Besteuerung des Weins vorläufig noch der partikularen Gesetzgebung vorbehalten ist, so steht diese Berechtigung jedoch nicht unbeschränkt da. Zwei Grenzen sind ihr gezogen, und zwar durch den später reichsgesetzlichen Zollvereinsvertrag vom 8. Juli 1867, Grenzen, welche die Fernhaltung einer Schädigung des Weinzollertrages für die Zollgemeinschaft bezweckten. Nach Artikel 5, I desselben darf von allen Erzeugnissen, die mit einem Zoll von mehr als 15 Sgr. vom Zentner

(3 M. per 100 kg) belegt sind, und von denen auf die in der Zollordnung vorgeschriebene Weise dargetan wird, daß sie als Eingangs- oder Durchgangsgut die zollamtliche Behandlung bei einer Erhebungsbehörde des Vereins bereits bestanden haben oder derselben noch unterliegen, keine weitere Abgabe irgendwelcher Art erhoben werden; in denjenigen Staaten, in welchen die Steuern von Getränken bei der Einlage erhoben werden, bleibt die erste Einlage verzollter ausländischer Getränke, d. h. diejenigen, welche dem direkten Bezug aus dem Auslande oder dem Bezug aus öffentlichen Niederlagen oder Privatlagern unmittelbar folgt, von jeder inneren Steuer befreit. Zu dieser Vorschrift sei beiläufig darauf hingewiesen, daß sie sehr nachteiligerweise geeignet ist, in den Bundesstaaten mit Weinsteuer mehr oder minder den so wertvollen schutzzöllnerischen Charakter des Weinzolls aufzuheben. Neben dieser Einschränkung hat die einzelstaatliche Gesetzgebung auch nicht freie Verfügung über die Höhe des Steuersatzes. Der Artikel 5, II, § 2 des Zollvereinsvertrages legt als Maximalsätze für die Landesweinsteuer fest: Bei Bemessung nach dem Werte 5 Taler von der Ohm, d. h. 15 M. von 137 l oder ca. 11 M. vom hl, bei Veranlagung ohne Wertberücksichtigung 2 Taler $23^1/_2$ Gr., d. h. 8,33 M. von 137 l oder ca. 6 M. vom hl. Eine eventuelle Steuer zugunsten der Kommunen darf 20% der Staatssteuern nicht überschreiten.

Während die preußische, bayerische und hessische Weinsteuer der Geschichte angehören, besteht gegenwärtig in Deutschland eine Weinsteuer nur in Württemberg, Baden und Elsaß-Lothringen. Württemberg besitzt seit dem Gesetz vom 9. Juli 1827 eine Schanksteuer mit einem Satze von 11% des Ausschankerlöses (bei Obstwein 8%), die durch das neue Wirtschaftsabgabengesetz vom 4. Juli 1900 keine grundsätzliche Änderung erfuhr: das Steuerergebnis belief sich 1905 auf 2,7 Mill. M. In Baden gilt nach dem Gesetz vom 19. Mai 1882 eine Einlagesteuer in der Höhe von 3 M. (bei Obstwein 0,90 M.) per hl als Akzise und 2 M. (bei Obstwein 0,60 M.) per hl als Ohmgeld, welches eine Zusatzsteuer auf den Kleinverkauf darstellt: der Steuerertrag betrug 1906 2,6 Mill. M. In Elsaß-Lothringen wird seit dem Gesetz vom 20. März 1873 nur mehr eine Versandsteuer erhoben, und zwar seit 1880 mit einem Satz von 1,50 M. (bei Obstwein 0,80 M.) per hl: die Steuer brachte 1906 1,3 Mill. M. ein.

Die Idee einer Reichsweinsteuer ist unter dem Gesichtspunkt der ausgleichenden Gerechtigkeit gegenüber Bier und Branntwein und des Ausbaus des Getränkesteuersystems erklärlicherweise schon des öfteren aufgetaucht, und zwar besonders dann, wenn die Reichsfinanzen eine ungünstige Entwicklung aufwiesen. So geschah es denn, daß dieser Gedanke sich im Jahre 1893 zu einer Regierungsvorlage verdichtete und eine Weinsteuer in das Steuerbukett eingeflochten wurde, welches bestimmt war, die erhöhten Ansprüche der damals nach schwerem Kampf durchgegangenen Militärvorlage zu decken. Dem Entwurf eines Weinsteuergesetzes, welcher am 21. November 1893 vom Bundesrate dem Reichstage durch den Reichskanzler Caprivi zur Beratung vorgelegt wurde, sei im folgenden eine etwas eingehendere Betrachtung gewidmet, da seine Kenntnis und sein Schicksal selbstredend für die Zwecke dieser Arbeit von Wichtigkeit ist.

Die damals geplante Reichsweinsteuer stellte eine Verkehrssteuer dar, und zwar eine Verbindung einer Kleinhandelsverkehrssteuer mit einer Konsumtionsverkehrssteuer. Die Steuerpflicht sollte sich bei Natur- und Schaumwein nur an den ersten Übergang vom Hersteller oder Großhändler an den Kleinhändler oder Verbraucher, beim Kunstwein an den Absatz vom Hersteller an den Händler oder Verbraucher knüpfen, wobei im ersten Fall der Empfänger, im zweiten der Hersteller steuerpflichtig sein sollte. Die für diesen Entwurf höchst wichtige Unterscheidung zwischen Großhändler und Kleinhändler wollte man dahin regeln, daß als Großhändler nur diejenigen zu betrachten wären, welche gewerbsmäßig Wein ankaufen und denselben nur in Mengen von nicht unter 10 Liter verkaufen, während alle anderen Weinhändler, einschließlich der Wirte, als Kleinhändler anzusehen wären. Der Steuersatz war für Naturwein im Wert von mehr als 50 M. pro hl auf 15% vom Wert, für Schaumwein auf 20% und für Kunstwein auf 25% (mindestens aber 15 M. pro hl) vorgeschlagen mit Steuerberechnung nach dem Kaufwert beim steuerbaren Verkehrsakt, welchen der Steuerpflichtige womöglich unter Vorlegung der Faktura deklarieren sollte. Den Bundesstaaten war ein Besteuerungsrecht des Naturweins, soweit er nicht reichssteuerpflichtig, d. h. im Wert bis zu 50 M. pro hl., zugestanden, für die Gemeinden die

Gestattung der Erhebung einer zuschläglichen örtlichen Verbrauchsabgabe von allem Wein zugelassen. Als Kontrollmittel waren Betriebsanzeigen, allgemeine Steueraufsicht, die aber nur für die Schaumwein- und Kunstweinfabrikation eine ständige Buch- und Lagerkontrolle werden sollte, Versendungskontrolle usw. vorgesehen. Eingehende Strafbestimmungen bedrohten Defraudationen und Ordnungswidrigkeiten.

Die Hauptmotive dieser Regierungsvorlage treten klar zutage. Aus Gründen der ausgleichenden Gerechtigkeit wollte man damals bei der erforderlichen Vermehrung der Reichseinnahmen auch den Wein objektiv und subjektiv allgemein in den Kreis der reichssteuerpflichtigen Verbrauchsartikel einbeziehen. Dabei befleißigte man sich einerseits durch die Freilassung der geringeren Weine der Weinsteuer den Charakter einer vollkommenen Luxussteuer zu geben und dabei gleichzeitig durch Gewährung des Besteuerungsrechts des von der Reichssteuer nicht betroffenen Weines an die Bundesstaaten auf den Besitzstand der Weinsteuer erhebenden Länder Rücksicht zu nehmen, andererseits durch tunlichste Beschränkung auf eine Transportkontrolle mehr als bei den ähnlichen Weinsteuern von Elsaß-Lothringen und Baden die Lästigkeit der Besteuerung auf ein geringstes Maß zu mindern. Weiterhin zeigte sich das deutliche Streben, die Steuerentrichtung dem Konsum möglichst nahezurücken und im Gegensatz zu der badischen, elsaß-lothringischen wie auch französischen Gesetzgebung jede wiederholte Besteuerung derselben Weinmenge durch Heranziehung eines einzigen bestimmten Verkehrsaktes gänzlich zu vermeiden. Ohne Zweifel sind diese leitenden Grundsätze mehr oder minder anerkennenswert, ob sie aber auch alle zweckdienlich, besonders in der von dem Entwurfe vorgeschlagenen Durchführung, ist eine andere Frage, die sich aus der nachfolgenden Kritik beantworten mag.

Im wesentlichen offenbaren sich auch bei der Verkehrssteuer dieser Regierungsvorlage die im theoretischen Teile zusammengestellten Vorzüge und Mängel jeder Verkehrssteuer als alleinige Veranlagungsform. Aber immerhin weist doch in mancher Hinsicht dieser Gesetzentwurf ein eigentümliches Gepräge auf, das einerseits Licht, andererseits aber auch starken Schatten bringt. Als lobenswerter Fortschritt sei vor allem der Versuch der prozentualen Qualitätsbesteuerung und die Absicht der besonderen Erfassung des Schaumweins hervorgehoben. Das gute Wollen der Kunstweinbesteuerung hätte aber an dem Mangel jeder regelmäßigen strengen Kellerkontrolle, wie ähnliche Versuche, gänzlich scheitern müssen. Die Besteuerung des Naturweins krankt namentlich durch ihre von der sonst üblichen Verkehrssteuer abweichende Eigentümlichkeit an einigen sehr mißlichen Schwächen. Da ist in erster Linie die Wertgrenze von 50 M. zu nennen, unter welcher der Wein von seiten des Reichs wenigstens steuerfrei bleiben sollte. Man plante damit, wie schon erwähnt, eine Demarkationslinie einerseits zwischen Landeswein und Reichswein, andererseits zwischen Wein als Volksgetränk und Wein als Gegenstand des Luxusgenusses. Wie schwach es mit diesem leitenden, auf den ersten Blick so wohlgefälligem Motiv bestellt ist, geht schon daraus hervor, daß es sich in seinem doppelten Zweck widersprach. Denn nach dem Sinne des Entwurfs wäre der billige Wein dort, wo er als allgemeines Genußmittel breiterer Volksschichten angesehen werden kann, keineswegs besser gestellt gewesen, da wohl die meisten eigentlichen Weinländer von dem zuerkannten Recht der Belastung des reichssteuerfreien Weins Gebrauch gemacht hätten. Die willkürlich gezogene Grenzlinie mit ihrer Steuerverteilung unter Reich und Bundesstaaten barg sodann neben der Erschwerung des Steuerverfahrens und der unverhältnismäßigen Kostspieligkeit für das Reich, da ja auch der unter der Wertgrenze liegende Wein stets seiner Kontrolle unterworfen sein sollte, den nicht zu unterschätzenden Nachteil in sich, daß nicht nur die beiderseitigen Steuereinnahmen in weinteuren und weinbilligeren Jahren sich entgegengesetzt große Schwankungen aufgewiesen hätten, sondern auch die Landesweinsteuerbehörden, die zugleich die Hebeorgane der Reichsweinsteuer sind, in die bedenkliche Lage versetzt worden wären, zwei sich im scharfen Gegensatz befindliche Interessen zu vertreten, nämlich die der Landeskasse für möglichst viele Deklarationen unter der Reichssteuergrenze von 50 M. und die der Reichskasse für die direkte Kehrseite.

Aber auch schon ganz prinzipiell ist jede Wertgrenze durchaus zu verwerfen. Denn es ist klar, daß bei Weinen, welche ihrer Qualität nach die Steuergrenze erreichen oder etwas überschreiten, ein allgemeiner Preisdruck einsetzen müßte. Würde doch für den Fall, daß der Weinpreis 50 M. übersteigt, der Wein mit einem Schlage durch das Hinzukommen eines Steuerbetrages von mindestens 7,50 M. ganz unverhältnismäßig verteuert, so daß jeder davor zurückschrecken würde, Wein in der Preislage von 50—60 M. zu kaufen. Deshalb hätten sich für Weinproduzenten, die 50—60 M. wertigen Wein verkaufen wollten, nur zwei gleich bedauerliche Möglichkeiten ergeben, entweder die Steuerlast auf sich zu nehmen oder aber mit dem Händler die Vereinbarung von falscher Wertangabe unter der Demarkationslinie zu treffen. Dazu kam noch ein anderer naheliegender Weg, die geplante Reichssteuer zu umgehen, der wohl auch allgemein eingeschlagen worden wäre. Alles wäre nämlich bestrebt gewesen, womöglich unter der Wertgrenze verbleibenden billigen Wein herzustellen, was damals mit Hilfe des unbeschränkten Zuckerwassers, sowie durch Verschnitt mit Kunstwein bequem zu erreichen gewesen wäre. Entgegen der Absicht der Vorlage der verbündeten Regierungen wäre demnach nicht eine Einschränkung der Weinfabrikation trotz der besonderen Besteuerung erzielt worden, sondern geradezu ein um so gefährlicheres Aufblühen derselben.

Alle übrigen Mängel gipfeln hauptsächlich in dem an und für sich recht schönen Willen, einen einzigen bestimmten Verkehrsakt als steuerpflichtig herauszugreifen, um so grundsätzlich jede Doppelbesteuerung zu vermeiden. Ungeachtet des Vorschubes, der dadurch der Defraudation geleistet worden wäre, hätte dies gerade bei der an sich so lobenswerten prozentualen Qualitätsbesteuerung und der unglücklichen Wertgrenze die bedenkliche Wirkung gezeitigt, daß jeder, der es nur äußerst ermöglichen konnte, Kleinhändler im Sinne des Entwurfs geworden wäre, um eben den Wein tunlichst früh entweder nur sehr niedrig oder überhaupt nicht versteuern zu müssen. Wohl ist eine Unterscheidung zwischen Großhandel und Kleinhandel mit Steuerbefreiung des ersteren angängig bei einer Fixsteuer wie in Elsaß-Lothringen und Baden. In solchen Gesetzgebungen, welche auf dem sonst üblichen Boden der reinen Versendungs- oder Einlagesteuer stehen, hat auch der Weingroßhändler, selbst wenn er regelmäßige Lagerkontrollen wie in Elsaß-Lothringen über sich ergehen lassen muß, erhebliche Vorteile vor dem Weinkleinhändler voraus. Ja, es wird sogar ein gewisser Zwang auf die Entscheidung für den Großhandel ausgeübt, insofern die durch den Kleinhandelskeller gehenden Weinmengen in zahlreichen Fällen einer doppelten Besteuerung unterliegen. Nach dem Reichsweinsteuerentwurf dagegen war es wesentlich in das freie Ermessen der Händler gestellt, ob und inwieweit sie sich der Behandlung als Großhändler unterwerfen wollten. Und selbstverständlich hätten sie sich alle zu der Qualifikation des Kleinhändlers entschlossen, obwohl den Großhändlern in ihren Großverkaufsräumen dieselbe Freiheit der Bewegung gewährt war, wie den Weinherstellern. Denn der Großhändler war entschieden schlechter gestellt als der Kleinhändler, mit dem er kaum mehr hätte konkurrieren können. Wurde doch der einzige scheinbare Vorteil, daß der Großhandel die Steuer nicht gleich zu bezahlen hatte, doppelt und dreifach dadurch aufgehoben, daß später beim Verkauf die Wertvermehrung durch Lagerung und Kellerbehandlung gleichfalls zu versteuern war, eine Mehrleistung, welche die Zinsen, die auf der beim Kleinhandel vorausbezahlten Steuer lagen, bei weitem überstiegen hätte.

Die unausbleibliche Folge aller dieser Mängel des Entwurfes wäre einerseits die für den Weinbau mehr oder minder verderbliche Rückwälzung auf den Winzer und andererseits eine gründliche Enttäuschung für die Regierung hinsichtlich des auf 17 Mill. Mark berechneten Steuerergebnisses gewesen. Es war deshalb kein Schaden, daß der Reichsweinsteuergesetzentwurf von 1893 in einer solch verfehlten Fassung, die zu solch berechtigten Befürchtungen Anlaß gab, keine Annahme fand. Noch selten erlebte eine Vorlage der verbündeten Regierungen im Reichstage eine so scharfe und einmütige Ablehnung. Kaum, daß in der dreitägigen Beratung zwei nur bedingt zustimmende Redner auftraten, so daß kein anderes Schicksal für den Entwurf übrig blieb, als ihn in der Kommission, in die er doch noch verwiesen wurde, unerledigt liegen zu lassen.

Die unnachsichtliche, großenteils gerechtfertigte Verurteilung im Reichstag leitete sich neben dem Widerwillen gegen eine den Weinverkehr kaum erträglich belästigende Kontrolle fast ausschließlich aus der Ansicht ab, daß diese Weinsteuer auf den notleidenden Winzerstand sicher abgewälzt werden würde. Aus dem gleichen Grunde verhielten sich die süddeutschen Regierungen mit Ausnahme Bayerns im Bundesrate ablehnend, aus dem gleichen Grunde erfolgte auch unter Hinzukommen finanzieller Bedenken das eindrucksvolle Eingreifen des württembergischen Ministerpräsidenten in die Reichstagsdebatte, dem oben schon Beachtung geschenkt wurde. Deshalb ist aber auch jede naheliegende direkte Vergleichung des Schicksals dieser Vorlage mit dem, was für den in der vorliegenden Arbeit versuchten Entwurf einer Reichsweinsteuer vielleicht zu erwarten wäre, von vornherein hinfällig. Denn gerade die schützende Sorge um die Winzer, die jene Vorlage mit Recht unannehmbar erscheinen ließ, sie soll ja den zu bringenden Entwurf, der in technischer Beziehung unzweifelhaft manche Schwierigkeit bietet, nicht nur nicht annehmbar, sondern sogar unbedingt erforderlich machen, und zwar vor allem im Hinblick auf das jetzige fast allgemeine Verlangen nach einer strengsten Kontrolle. Sehr richtig suchte man gelegentlich der damaligen Reichstagsberatungen nach einer ausgleichenden Gerechtigkeit in bezug auf die schädigende Belästigung der Weinbranche und fragte sich, ob etwa Vorteile, wie im Branntweinsteuergesetz den landwirtschaftlichen Brennern, nun auch den Winzern gebracht werden sollten. Aber vergebens war das Suchen nach einer Liebesgabe an die Winzer in jenem Gesetzentwurfe bei der offensichtlichen Wirkungslosigkeit der vorgeschlagenen Kunstweinsteuer. Jetzt aber drängen sich unmittelbar zu leicht erreichbarer Einflechtung in ein Weinsteuergesetz Liebesgaben an die Winzer, wie auch die reellen Händler auf, Liebesgaben von dringender Notwendigkeit für den Weinbau, wie schärfste in ganz Deutschland gleichmäßige Kontrolle, Weinzuckersteuer und Bekämpfung der Rebschädlinge.

Die Betrachtung des ersten Versuchs der Einführung einer Reichsweinsteuer abschließend sei noch darauf hingewiesen, daß die Stimmung der Reichstagsmehrheit bei der damaligen Beratung dahin ging, daß eine Weinsteuer ihre Einwilligung fände, wenn der Nachweis gebracht würde, daß sie nicht stets mehr oder minder auf den Winzer zurückgewälzt würde. Nun, vielleicht könnte die in dieser Arbeit gebrachte Darlegung als solcher Nachweis anerkannt werden. Möge doch einmal die Regierung ein Vorgehen in der vorgeschlagenen Richtung versuchen und die Reichstagsmehrheit das damalige Versprechen halten, und es könnte dem Reiche eine gute Einnahmequelle und der Weinproduktion wie dem reellen Handel eine sichere Aussicht auf Hebung seiner traurigen Lage geschaffen werden!

Ein Gesetzentwurf betreffs der Verallgemeinerung und Erweiterung der örtlichen Weinbesteuerung fand im Reichstag 1895 nicht mit Unrecht ähnlich entrüstete Ablehnung wie die Vorlage von 1893. Aber allmählich reifte dennoch in dem Schaumweinsteuergesetz vom 9. Mai 1902 eine sehr zu billigende erste Frucht einer rationellen Weinbesteuerung zugunsten des Reiches heran. Für jede Flasche Schaumwein aus Fruchtwein ohne Zusatz von Traubenwein ist 0,10 M., für jede Flasche anderen Schaumweins 0,50 M. zu entrichten, und zwar vom Hersteller mittels Anbringung eines Steuerzeichens an der Umschließung, bevor der fertige Schaumwein aus der Erzeugungsstätte entfernt oder innerhalb derselben getrunken wird: der Steuerertrag belief sich 1906/07 auf 4,6 Mill. M. Die sowohl in ihrem Prinzip als auch in ihrer jetzigen Form so erfreuliche Schaumweinsteuer hat nur einen einzigen großen Mangel mit sich gebracht, nämlich den, daß sie keine Ergänzung in einer allgemeinen Weinsteuer findet, was in vielen Fällen große Ungerechtigkeit in sich birgt.

Als höchst lehrreich sei hier nicht ein kurzer Hinweis auf die lärmende Agitation gegen die Schaumweinsteuervorlage versäumt, durch die sich jedoch damals der Reichstag glücklicherweise nicht einschüchtern ließ. Man scheute sich nicht in einem sog. „Notruf im wahrsten Sinne des Wortes“ nicht nur die Durchführbarkeit einer Schaumweinsteuer und den Charakter des Schaumweins als Luxusgetränk rundweg abzuleugnen, sondern man prophezeite auch eine vollständige Vernichtung der aufblühenden deutschen Schaumweinindustrie. Und was erfolgte in Wirklichkeit? Ein viel rascheres Aufblühen. Von einem tatsächlichen Konsumrückgang war trotz der kräftigen Heranziehung und trotz des Umstandes, daß wohl kein Verbrauchsartikel eine so leichte Möglichkeit der Einschränkung bietet, keine Spur zu bemerken, worauf allerdings auch die gleichzeitige Verbesserung der billigeren Marken durch das Verbot der Verwendung von Kunstwein eingewirkt haben mag. Die Überwälzung erfolgte glatt in der beabsichtigten Weise, obwohl die Steuerentrichtung sogar dem Hersteller auferlegt ist. Spricht dies nicht alles in so mancher Beziehung Berge für das Projekt einer Reichsweinsteuer und entkräftet von vornherein so manchen beliebten Einwurf, wie vor allem den des Konsumrückganges, der doch bei einer viel mäßigeren Belastung des Weins eigentlich noch viel weniger zu befürchten sein dürfte, besonders wenn eine so erhebliche Qualitätsverbesserung eintritt, wie sie durch die Unterdrückung der Weinfabrikation und übermäßigen Weinvermehrung sicher gegeben ist?

Mit der vorstehenden einseitig für die Zwecke dieser Arbeit zugespitzten Betrachtung über die in Deutschland bestehenden Weinsteuerverhältnisse uns begnügend, wollen wir jetzt an den Versuch der Bearbeitung eines den gestellten Anforderungen genügenden Weinsteuergesetzentwurfes herantreten. Hinsichtlich der äußeren Form und auch in einigen Einzelheiten hinsichtlich des Inhaltes wird für den folgenden Entwurf die Regierungsvorlage eines Weinsteuergesetzes von 1893 maßgebend sein, während in verschiedenen Punkten auch eine gewisse Anlehnung an die württembergische und elsaß-lothringische Gesetzgebung stattfinden wird. Dem allgemeinen Inhalt nach, insbesondere bezüglich der Verknüpfung der Veranlagungsarten, sowie auch in mehreren Einzelpunkten unterscheidet sich jedoch dieser versuchte Entwurf recht wesentlich von der gesamten bisherigen Weinsteuergesetzgebung besonders deshalb, weil er sich in seinen leitenden Grundsätzen neben der Gerechtigkeit und dem Finanzbedarfe durch den fördernden Schutz von Produktion und reellem Handel ein ganz neues höchstes Ziel gesteckt hat.

II. Entwurf eines Weinsteuergesetzes.

Wir Wilhelm, von Gottes Gnaden Deutscher Kaiser, König von Preußen etc.

verordnen im Namen des Reiches, nach erfolgter Zustimmung des Bundesrats und Reichstags, was folgt:

Erster Abschnitt.

Allgemeine Bestimmungen.

1. Gegenstand der Besteuerung.

§ 1.

Der Besteuerung nach Maßgabe dieses Gesetzes unterliegt der zum Verbrauch im Zollgebiet bestimmte inländische wie ausländische Wein, Traubenmost, Keltertrauben frisch oder gemaischt und Obstwein, sowie der nach dem Gesetz betr. den Verkehr mit Wein, weinhaltigen und weinähnlichen Getränken vom 24. Mai 1901, § 2 No. 4 zur Weinverbesserung, § 3 No. 1 und 2 zur Bereitung des Haustrunkes für den eigenen Haushalt und § 3, letzter Absatz zur Herstellung von Trester-, Rosinen- und Korinthenwein zu Brennereizwecken als Zusatz zum Wein usw. verwendete Zucker.

§ 2.

Der zur Herstellung von Schaumwein bestimmte Wein unterliegt vom Augenblick der Flaschenfüllung der Schaumweinsteuer nach dem Gesetz vom 9. Mai 1902.

§ 3.

Soweit nichts anderes vorgeschrieben ist, gelten dieselben Bestimmungen wie für den Wein auch für Traubenmost, Keltertrauben frisch oder gemaischt und Obstwein, und sind sie, wo in diesem Gesetze von Wein ohne nähere Bezeichnung die Rede ist, darunter einbegriffen.

2. Steuerpflicht.

§ 4.

Die Besteuerung des Weines erfolgt:

1. Als Verkehrssteuer, und zwar:
   a) als Handelsverkehrssteuer, für welche die Steuerpflichtigkeit bei jedem Übergang zu Zwecken des Wiederverkaufes eintritt; steuerpflichtig ist der empfangende Großhändler oder Kleinhändler;
   b) als Konsumtionsverkehrssteuer, für welche die Steuerpflicht bei jedem Übergang in Mengen von nicht unter 10 Liter zu Zwecken des Konsums eintritt; steuerpflichtig ist der empfangende Konsument.

2. Als Schanksteuer, für welche die Steuerpflichtigkeit beim Ausschank oder sonstigen Kleinverkauf, d. h. beim Verkauf in Mengen von unter 10 Liter eintritt; steuerpflichtig ist der Kleinhändler.

Als Großhändler ist zu betrachten, wer angekauften oder auch nur selbsterzeugten Wein zu Zwecken des Verkaufes einlagert und in Mengen von nicht unter 10 Liter absetzt (Großverkauf).

Als Kleinhändler sind diejenigen Weinhändler oder Produzenten anzusehen, welche Wein auch in Mengen von weniger als 10 Liter verkaufen oder zum Ausschank bringen (Kleinverkauf).

Über die Versteuerung des Verbrauchs der Weinhändler und über die Steuerentrichtung in Fällen, in denen Großhändler zugleich Kleinverkauf betreiben, bestimmen die §§ 13 und 35 das Nähere.

§ 5.

Die Besteuerung der Zuckerverwendung nach § 2, No. 4, § 3, No. 1 und 2 und § 3, letzter Absatz des Gesetzes betr. den Verkehr mit Wein, weinhaltigen und weinähnlichen Getränken vom 24. Mai 1901 erfolgt nach der Menge des verbrauchten Zuckers; steuerpflichtig ist der Verbraucher des Zuckers.

3. Steuerbefreiungen.

§ 6.

Von der Weinsteuer befreit sind:

1. Der Verbrauch der Produzenten im eigenen Haushalt und für die von ihnen in landwirtschaftlichen Betrieben beschäftigten Personen

a) an selbsterzeugtem Wein aus Trauben, die von ihnen auf eigenen oder gepachteten Grundstücken gewonnen sind,

b) abgesehen von der Weinzuckersteuer nach § 8, No. 2 an selbsterzeugtem Wein (Haustrunk), dessen gewerbsmäßige Herstellung oder Nachahmung, sowie Feilhaltung und Verkauf nach § 3 des Gesetzes betreffend den Verkehr mit Wein, weinhaltigen und weinähnlichen Getränken vom 24. Mai 1901 verboten ist,

c) an selbsterzeugtem Obstwein;

2. Weinproben, sofern sie unentgeltlich glasweise oder in Flaschen abgegeben werden, deren Raumgehalt $1/4$ Liter nicht übersteigt;

3. Wein, welcher bei der Überführung vom Erzeugungsort oder der Kelter in den Keller oder von einem Keller in einen anderen Keller seinen Besitzer nicht wechselt, mit Ausnahme des in § 35 vorgesehenen Falles;

4. Wein, der zur Herstellung von Essig oder Branntwein — bei letzterem gegebenenfalls abgesehen von der Weinzuckersteuer nach § 8, No. 3 — bestimmt ist, unter den vom Bundesrat vorzuschreibenden Bedingungen;

5. Wein, welcher aus dem Zollgebiet ausgeführt wird.

4. Steuersätze.

§ 7.

Die Weinsteuer beträgt:

1. als Handelsverkehrssteuer:
   a) für Wein und Traubenmost 2% vom Werte,
   b) für Keltertrauben frisch oder gemaischt 1% vom Werte,
   c) für Obstwein 1% vom Werte;
2. als Konsumtionsverkehrssteuer:
   a) für Wein, Traubenmost und Keltertrauben frisch oder gemaischt 10% vom Werte,
   b) für Obstwein 5% vom Werte;
3. als Schanksteuer:
   a) für Wein und Traubenmost 8% vom Werte,
   b) für Obstwein 4% vom Werte.

§ 8.

Die Weinzuckersteuer als Sonderabgabe des zum Zuckern von Weinen verwandten Zuckers beträgt:

1. zur Weinverbesserung nach § 2 No. 4 des Gesetzes betreffend den Verkehr mit Wein, weinhaltigen und weinähnlichen Getränken vom 24. Mai 1901 für 100 kg 40 M.;

2. zur Herstellung von Haustrunk nach § 3 des Gesetzes betreffend den Verkehr mit Wein, weinhaltigen und weinähnlichen Getränken vom 24. Mai 1901 für 100 kg 10 M.;

3. zur Herstellung von Trester-, Rosinen- und Korinthenweinen zu Brennereizwecken nach § 3, letzter Absatz des Gesetzes betreffend den Verkehr mit Wein, weinhaltigen und weinähnlichen Getränken vom 24. Mai 1901 für 100 kg 30 M.

5. Steuerberechnung.

§ 9.

Als Wert für die Feststellung der Handels- wie der Konsumtionsverkehrssteuer gilt der Verkaufspreis, für den der Wein an den Steuerpflichtigen abgegeben wird; als Wert für die Feststellung der Schanksteuer gilt der Ausschankspreis oder sonstige Kleinverkaufspreis, für den der Kleinhändler den Wein veräußert.

Bei dem vom Ausland oder aus einer Zollniederlage bezogenen Wein ist dem Kaufpreis der zu zahlende Zoll hinzuzurechnen.

Ist der Verkaufspreis für Wein einschließlich der Fässer oder Flaschen vereinbart, so ist bei der Wertbemessung von dem Kaufpreis der Preis der Fässer oder Flaschen in Abzug zu bringen, wenn dem Käufer nach Handelsgewohnheit oder Vereinbarung die Rückgabe der Fässer oder Flaschen gegen Vergütung eines vorher bestimmten Preises freisteht.

Liegt ein Kaufgeschäft nicht vor, so ist als Wert derjenige Preis anzugeben, welcher für denselben Wein im Großverkauf erzielt wird. In diesem Fall kann bei einem Wechsel des Besitzers die Steuer auch vom Versender entrichtet werden.

§ 10.

Zur Angabe des Wertes für die Berechnung der Handels- und Konsumtionsverkehrssteuer ist beim Bezug aus dem Inlande oder einer Zollniederlage der Verkäufer bei der Versendungsanmeldung verpflichtet, und zwar unter Vorlegung der ausgestellten Faktura in allen Fällen, wo ein Kaufgeschäft vorliegt. Die Faktura ist von der Steuerbehörde abzustempeln: nur durch die mit amtlichem Stempel versehene Faktura wird für das abgeschlossene Kaufgeschäft eine rechtliche Zahlungsverbindlichkeit begründet. Die gleiche Wertdeklaration unter Vorlegung der abgestempelten Faktura hat auch der steuerpflichtige Empfänger zu machen. Von dem Vermittler des Kaufgeschäftes kann die Angabe des Kaufpreises ebenfalls gefordert werden.

Bei direktem Bezug aus dem Auslande obliegt die Wertdeklaration und Vorlegung der Faktura dem steuerpflichtigen Empfänger.

Zur Angabe des Wertes für die Berechnung der Schanksteuer ist der Kleinhändler verpflichtet.

Hat die Steuerbehörde gegen die Richtigkeit der Wertangaben Bedenken, oder werden die Angaben unterlassen, so ist der der Steuerberechnung zugrunde zu legende Wert durch die Steuerbehörde, erforderlichenfalls nach Anhörung von Sachverständigen festzusetzen.

Zur Anmeldung der der Weinzuckersteuer unterliegenden Zuckermenge ist der Verkäufer verpflichtet. Die gleiche Angabe obliegt dem steuerpflichtigen Verbraucher des Zuckers.

Nähere Bestimmungen über die Deklarationen finden sich in den §§ 23, 37, 41, 44 und 45.

6. Entrichtung und Stundung der Steuer.

§ 11.

Die Handels- und Konsumtionsverkehrssteuer ist von dem Steuerpflichtigen für den aus dem Inland bezogenen Wein binnen drei Tagen nach Mitteilung des Steuerbetrages, für den aus dem Auslande oder aus einer Zollniederlage bezogenen Wein bei der Eingangsverzollung zu entrichten. Die Anschreibung des Weins auf eisernen Zollkredit wird der Eingangsverzollung gleich geachtet.

Auch die Entrichtung der Schanksteuer, sowie der Weinzuckersteuer hat durch den Steuerpflichtigen binnen drei Tagen nach der Mitteilung des Steuerbetrages zu erfolgen.

Die Handelsverkehrssteuer, die Weinzuckersteuer und die Schanksteuer hinsichtlich der Steuermarken (§ 41) kann nach vom Bundesrat zu erlassenden Vorschriften für eine Frist bis zu sechs Monaten gestundet werden.

§ 12.

Der Wein haftet für die darauf ruhende Steuer ohne Rücksicht auf die Rechte Dritter und kann, solange deren Entrichtung nicht erfolgt ist, von der Steuerbehörde mit Beschlag belegt oder zurückgehalten werden.

7. Hausverbrauch.

§ 13.

Alle Verkäufer von Wein sind verpflichtet, denjenigen Wein, welchen sie aus ihren Weinvorräten zum Verbrauch in ihrem Hause entnehmen, vor der Entnahme in einem nach vorzuschreibendem Muster zu führenden besonderen Buche anzuschreiben. Ausgenommen davon ist nur derjenige Wein, welcher, von vornherein zum eigenen Verbrauch bestimmt, schon der Konsumtionsverkehrssteuer bzw. Schanksteuer unterlegen hat und getrennt von den übrigen Weinvorräten aufbewahrt wird.

Sofern nicht Steuerfreiheit des Hausverbrauchs der Produzenten nach § 6 Ziffer 1 Platz greift, ist dieses Buch am Schlusse jeden Vierteljahres zur Versteuerung anzumelden.

Die Steuerberechnung erfolgt nach dem Satze der Schanksteuer unter Zugrundelegung des vom Verbraucher in der Anschreibung zu deklarierenden Wertes, welcher zur Zeit des Konsums als Großverkaufspreis zu erzielen gewesen wäre.

Eine Ermäßigung auf die Hälfte des Satzes der Schanksteuer tritt ein für den Fall, daß der für den Hausverbrauch steuerpflichtige Großhändler oder Kleinhändler auf die Herstellung von Haustrunk nach § 3 des Gesetzes betreffend den Verkehr mit Wein, weinhaltigen und weinähnlichen Getränken vom 24. Mai 1901 verzichtet.

8. Verjährung der Steuer.

§ 14.

Forderungen und Nachforderungen an Steuer, sowie Ansprüche auf Ersatz wegen zu viel oder zu Unrecht entrichteter Steuer verjähren binnen Jahresfrist von dem Tage des Eintritts der Zahlungsverpflichtung oder der Zahlung an gerechnet. Der Anspruch auf Nachzahlung hinterzogener Steuer verjährt in drei Jahren.

Auf den Ersatzanspruch des Staats gegen die Steuerbeamten finden diese Verjährungsfristen keine Anwendung.

Zweiter Abschnitt.

Die Besteuerung durch die Bundesstaaten und die Gemeinden.

§ 15.

Den Bundesstaaten bleibt es überlassen, den der Konsumtionsverkehrssteuer und der Schanksteuer zugunsten des Reiches unterliegenden Wein, soweit derselbe innerhalb ihres Gebietes zum Verbrauch bestimmt ist, mit einer Zuschlagsabgabe von 4% im Höchstbetrage zu belegen.

Die vom Reich erhobene Handelsverkehrssteuer und Weinzuckersteuer darf seitens der Bundesstaaten nicht erhöht werden.

§ 16.

Der Bundesrat bestimmt, inwieweit und in welcher Höhe Gebühren oder Verwaltungskostenbeiträge für Amtshandlungen erhoben werden dürfen.

Amtshandlungen, welche auf Grund allgemeiner Bestimmungen an Wochentagen vorgenommen werden, erfolgen gebührenfrei.

§ 17.

Die Vorschriften über die Besteuerung von Wein und Obstwein für Rechnung der Einzelstaaten, Kommunen oder Korporationen im Artikel 5 des Vertrages vom 8. Juli 1867, die Fortdauer des Zolls- und Handelsvereins betreffend, ferner das Gesetz vom 15. Juli 1872, betreffend die Steuerfreiheit des verzollten ausländischen Weins und Obstweins in Elsaß-Lothringen, werden aufgehoben.

Die Erhebung einer örtlichen Verbrauchsabgabe von Wein kann den Gemeinden als Zuschlag bis zu 4% zu der Konsumtionsverkehrssteuer und Schanksteuer gestattet werden, je nachdem die Bundesstaaten ganz oder teilweise auf ihr Besteuerungsrecht verzichten.

Dritter Abschnitt.

Kontrollvorschriften.

1. Betriebsanzeigen.

§ 18.

Wer Weinhandel betreiben will, hat vor Beginn des Betriebes denselben schriftlich bei der Steuerbehörde anzumelden. Mit der Betriebsanmeldung ist eine Nachweisung der Betriebs- und Lagerräume zur Genehmigung einzureichen.

Die Betriebs- und Lagerräume müssen so gelegen sein, daß Wein aus Betriebs- und Lagerräumen der Großhändler, welche nicht unter amtlichem Mitverschluß stehen, in die Betriebs- und Lagerräume der Kleinhändler nicht anders als auf offener Straße verbracht werden kann. Ausnahmen können von der Direktivbehörde gestattet werden. In anderen als den genehmigten Räumen darf Wein nicht aufbewahrt werden.

Sollten später in bezug auf die Räume Änderungen eintreten, so ist der Steuerbehörde vorher eine Änderungsanzeige zur Genehmigung vorzulegen.

2. Bezeichnung des Besitzers und Betriebsleiters.

§ 19.

Jeder Wechsel im Besitz eines Weinhandelbetriebes ist der Steuerbehörde binnen einer Woche vom neuen Besitzer anzuzeigen.

Korporationen und Gesellschaften, welche Weinhandel betreiben, sowie andere, den Betrieb nicht selbst leitende Personen haben der Steuerbehörde diejenigen Personen zu bezeichnen, welche als Betriebsleiter in ihrem Namen und Auftrage handeln.

3. Allgemeine Steueraufsicht.

§ 20.

Allen Verkäufern von Wein obliegt, über ihren gesamten Betrieb, insbesondere über den Ab- und Zugang von Wein, die Zuckerung und andere Kellerbehandlungsmethoden, sowie über die Herstellung von Haustrunk bez. Brennwein, übersichtliche fortlaufende Anschreibungen zu führen. Der Bundesrat ist ermächtigt, nähere Vorschriften über die Einrichtung und Führung des Lagerbuches zu erlassen.

Die zu führenden Anschreibungen sind nebst den auf die einzutragenden Geschäfte bezüglichen Geschäftspapieren nach näherer Bestimmung der Steuerbehörde bis zum Ablauf von fünf Jahren nach der letzten Eintragung aufzubewahren und den Beamten zugänglich zu halten. Alle Verkäufer von Wein sind verpflichtet, auf Verlangen der Steuerbeamten ihre Vorräte vorzuzeigen, jede verlangte Auskunft wahrheitsgemäß zu erteilen und die erforderlichen Hilfsdienste nach Anweisung der Beamten auf eigene Gefahr und Kosten zu leisten oder leisten zu lassen. Dabei können die Lagerbestände amtlich festgestellt und mit dem Lagerbuch verglichen werden. Außerdem sind den Oberbeamten der Steuerverwaltung alle auf Erwerbung und Veräußerung von Wein sich beziehenden Geschäfts- und Handelsbücher auf Erfordern zur Einsicht vorzulegen.

Den Steuerbeamten steht der Eintritt in die Betriebs- und Lagerräume frei, solange dieselben geöffnet sind und darin gearbeitet wird, jedenfalls aber von morgens 7 Uhr bis abends 7 Uhr. Außerdem kann von ihnen eine Revision nur unter Zuziehung der Ortspolizeibehörde vorgenommen werden.

§ 21.

Die Fässer in den Kellern, welche zur Lagerung von Wein, der zum Verkauf bestimmt ist, dienen, sollten tunlichst genau geeicht sein. Diejenigen Fässer in den Kellern der Kleinhändler, welche zum Ausschank benutzt werden, sowie alle neu eingelagerten Fässer müssen von einer deutschen Eichungsstelle geeicht und mit vorschriftsmäßigem Eich- und Stempelzeichen versehen sein.

§ 22.

Verkäufer von Wein, welche selbst oder deren Betriebsleiter wegen Defraudation der Weinsteuer bestraft sind, können von der Steuerbehörde besonderen Kontrollen unterworfen und angehalten werden, die Kosten der anzuordnenden ständigen amtlichen Überwachung der Betriebs- und Lagerräume zu erstatten. Auf Antrag können auch in anderen Fällen besondere Kontrollen der Betriebs- und Lagerräume gegen Übernahme der Kontrollkosten zugestanden werden.

4. Versendungskontrolle.

§ 23.

Jede nicht unter Zollkontrolle stattfindende Versendung von Wein ist der Steuerbehörde des Versendungsortes vom Versender vorher anzumelden.

Die Anmeldungen zur Versendung von Wein sind in dem Dienstlokal der Steuerbehörde mündlich oder schriftlich zu bewirken. Soweit ein Kaufgeschäft dem steuerpflichtigen Übergang zugrunde liegt, ist gleichzeitig die Faktura und bei sonstigem steuerpflichtigen Übergang eine Wertdeklaration zur Abstempelung vorzulegen. Außerdem müssen die Anmeldungen folgende Angaben enthalten:

1. Menge und Gattung des Weins;
2. Zahl, Art und Bezeichnung der Kolli;
3. den Namen, Stand und Wohnort des Versenders und Empfängers;
4. den Grund der Steuerbefreiung, wenn eine solche in Anspruch genommen wird;
5. Bezeichnung des Frachtführers;
6. Ort der Verladung und Einlagerung, und bei Versendungen

innerhalb desselben Ortes den seitherigen und künftigen Aufbewahrungsort des Weins nach Straße und Hausnummer.

§ 24.

Von der Anmeldung sind befreit:

1. Die Versendung von dem Ort der Produktion zur Kelter oder nach dem innerhalb der gleichen oder einer benachbarten Gemarkung gelegenen Aufbewahrungsort des Produzenten;

2. die Versendung von unentgeltlich abgelassenen Proben in Flaschen, deren Rauminhalt $\frac{1}{4}$ Liter nicht übersteigt;

3. die Versendung von Wein in Mengen unter 10 Liter, sofern sie lediglich innerhalb desselben Orts erfolgt.

§ 25.

Wenn anmeldepflichtige Versendungen von Wein in Fässern stattfinden, so müssen die Fässer amtlich geeicht sein. Ausgenommen ist die Versendung ausländischen Weins in Originalgebinden.

§ 26.

Auf Grund der Anmeldung und in Übereinstimmung mit derselben erfolgt eine Steuerscheinausfertigung in drei gleichlautenden Exemplaren. Das eine derselben wird von der Steuerbehörde des Versendungsortes an die des angemeldeten Bestimmungsortes gesandt, die beiden anderen dem anmeldenden Versender ausgehändigt. Dieser hat das eine Exemplar unter Beiheftung der abgestempelten Rechnung oder Wertangabe der Sendung zur Legitimation beizugeben, das andere, unter Eintragung der amtlichen Steuerscheinnummer in das Lagerbuch, für eine Frist von drei Jahren aufzubewahren.

Es kommen folgende Steuerscheine in Anwendung:

1. Handelsverkehrsscheine (weiße Farbe) bei der Versendung von Wein, welcher der Handelsverkehrssteuer unterliegt;

2. Konsumtionsverkehrsscheine (rote Farbe) bei der Versendung von Wein, welcher der Konsumtionsverkehrssteuer unterliegt;

3. Schankscheine (grüne Farbe) bei der Versendung von Wein, welcher der Schanksteuer unterliegt;

4. Freischeine (blaue Farbe) bei der Versendung von Wein, der Steuerfreiheit genießt (§ 6, Ziffer 3, 4 und 5).

§ 27.

Die Steuerbehörde ist befugt, vor der Ausstellung der Steuerscheine den zur Versendung bestimmten Wein einer Revision zu unterziehen.

§ 28.

Der Versender des Weins ist verpflichtet, auf Verlangen der Steuerbehörde innerhalb der von dieser bestimmten Frist nachzuweisen, daß der Wein am angemeldeten Bestimmungsort angekommen bzw. aus dem Zollgebiet ausgeführt ist. Wird dieser Nachweis nicht erbracht, so hat der Versender von dem Wein die Weinsteuer zu zahlen. Die Steuerbehörde kann die vorherige Sicherstellung der Zahlung verlangen.

§ 29.

Der Frachtführer ist verpflichtet, den mit Steuerschein abgefertigten Wein unverändert innerhalb der im Steuerschein angegebenen Frist auf dem gewöhnlichen Wege dem Bestimmungsort zuzuführen und etwa angebrachte steuerliche Identitätszeichen zu erhalten. Er hat den Steuerschein nebst abgestempelter Faktura bzw. Wertangabe vom Beginn der Versendung und während der ganzen Dauer derselben bei sich zu führen, den Steuerbeamten auf Verlangen vorzuzeigen und am Bestimmungsort dem Empfänger oder im Falle der Ausfuhr dem Empfangsamte zu übergeben.

§ 30.

Tritt während der Versendung infolge eines Unfalles eine Verminderung der steuerpflichtigen Weinmenge ein oder wird eine Umfüllung erforderlich, so hat der Frachtführer die Obliegenheit, den Unfall durch einen Steuerbeamten oder in dessen Ermangelung durch den Gemeindevorsteher oder einen von diesem ermächtigten Beamten der nächsten Gemeinde feststellen zu lassen. Auch jede sonstige Unterbrechung der Versendung ist der nächsten Steuerbehörde anzumelden.

§ 31.

Der Steuerschein mit der abgestempelten Faktura oder Wertangabe ist von dem Empfänger der Weinsendung innerhalb drei Tagen nach dem Empfang der Sendung der Steuerbehörde des Empfangsortes zur Einsicht vorzulegen. Der Steuerschein ist vom Empfänger, gegebenenfalls unter Eintragung der amtlichen Steuerscheinnummer in das Lagerbuch, für eine Frist von drei Jahren aufzubewahren.

Das Empfangsamt ist berechtigt, die Sendung behufs Prüfung der Richtigkeit der Deklarationen einer Revision zu unterwerfen.

Derjenige, welchem Wein ohne den vorgeschriebenen Steuerschein zugeht, hat der Steuerbehörde binnen 24 Stunden nach dem Empfange Anzeige zu machen. Von allem Wein, welcher bei jemand vorgefunden wird, gilt bis zum Beweise des Gegenteils die gesetzliche Vermutung, daß der Wein sich länger als 24 Stunden in seinem Besitze befinde.

5. Allgemeine Kontrolle der Weinlager.

§ 32.

Über die Weinlager der Verkäufer von Wein wird von der Steuerbehörde ein Konto geführt. Darin wird der Zugang nach den Steuerscheinen über die stattgehabten Einlagen angeschrieben und der Abgang nach den Steuerscheinen über die Versendungen abgeschrieben. Eingetragen werden ferner die angemeldeten Ergebnisse der Kelterung und der durch die Zuckerung erfolgten Weinvermehrung bzw. -herstellung.

Verkäufer von Wein, soweit sie selbstgeerntete oder angekaufte frische oder gemaischte Trauben bzw. Obst keltern, haben die Verpflichtung, der Steuerbehörde den Beginn und voraussichtlichen Schluß der Kelterung, bevor sie damit anfangen, anzuzeigen und binnen 24 Stunden nach Beendigung der Kelterung eine mit ihrer Unterschrift versehene Anmeldung der Menge des gewonnenen Weines einzuliefern. Der daraufhin ausgestellte Kelterungsschein ist für eine Frist von drei Jahren aufzubewahren.

Verkäufer von Wein, sofern sie Verbraucher von Weinzucker sind, haben die Verpflichtung, der Steuerbehörde den Beginn und voraussichtlichen Schluß der Verwendung des Zuckers, bevor sie damit anfangen, mit gleichzeitiger Angabe der Menge des zu verwendenden Zuckers und des zu verbessernden Weines bzw. der zur Herstellung von Haustrunk oder Brennwein sonst verwendeten Stoffe anzuzeigen und binnen 24 Stunden nach erfolgter Zuckerung eine mit ihrer Unterschrift versehene Anmeldung der stattgefundenen Vermehrung bzw. der Menge des hergestellten Haustrunkes oder Brennweines einzuliefern. Der daraufhin ausgestellte Zuckerungsschein ist für eine Frist von drei Jahren aufzubewahren.

Die Steuerbeamten sind befugt, die Richtigkeit dieser Anmeldungen durch Revisionen und Bestandsaufnahmen vor, während und nach der Kelterung bzw. Zuckerverwendung zu prüfen.

§ 33.

Die Steuerbeamten sind berechtigt, von den Verkäufern von Wein bei der Revision ihrer Weinvorräte den Nachweis der Versteuerung bzw. Anmeldung ihrer Bestände, sowie der vorschriftsmäßigen Deklaration ihrer Verkäufe durch Vorlegung der Steuerscheine (§§ 26 und 31) bzw. der Kelterungs- oder Zuckerungsscheine (§ 32) zu verlangen.

Auf Anordnung des zuständigen Hauptamtes kann von den Konsumenten ein gleicher Nachweis der Versteuerung ihrer Weinvorräte gefordert werden.

6. Besondere Vorschriften für die Großhändler.

§ 34.

Die Steuerbeamten sind befugt, bei allen Revisionen der Weinlager der Großhändler das Lagerbuch (§ 20) und die ermittelte Menge des vorhandenen Weines mit dem amtlichen Konto zu vergleichen.

Nach jeder solchen Vergleichung ist dem Lagerinhaber von dem Ergebnis derselben Mitteilung zu machen. Bestreitet dieser die Richtigkeit, so wird die Aufnahme unter Zuziehung von Sachverständigen wiederholt.

Die Feststellung des Sollbestandes erfolgt nach den Eintragungen des amtlichen Kontos unter Abrechnung des nach § 13 angeschriebenen Hausverbrauchs und dessen, was erwiesenermaßen durch Unglück zugrunde gegangen oder unbrauchbar geworden ist. Wenn die Einlage im amtlichen Konto als neuer Wein bzw. Obstwein vor dem ersten Ablaß verzeichnet ist, so wird nur 95% davon als fertiger Wein in Anrechnung gebracht. Außerdem wird für Schwand und sonstigen Abgang ein Schwankungsmaximum mit 2% des durchschnittlichen Jahresbestandes für das Jahr angenommen.

Wird bei einer Lagerbestandsaufnahme gegenüber dem Sollbestand ein größerer Istbestand vorgefunden, so wird der Überschuß, sofern er nicht gerechtfertigt werden kann, beschlagnahmt und der Lagerinhaber zur Strafe gezogen. Bleibt die Sollmenge über das entsprechend anzurechnende jährliche Schwankungsmaximum hinaus hinter dem Revisionsbefund zurück, so ist für die Fehlmenge die Konsumtionsverkehrssteuer zu entrichten und es wird eine Steuerhinterziehung angenommen, wenn und insoweit nicht in ausreichender Weise dargetan wird, daß eine solche nicht stattgefunden hat. Läßt sich die auf der Fehlmenge ruhende Steuer nicht ermitteln, so kann der Steuerberechnung ein Durchschnittswert zugrunde gelegt werden; derselbe ist erforderlichenfalls nach den bisher erzielten Kaufpreisen von der Steuerbehörde festzusetzen.

Der Abschluß aller Konti mit allgemeiner Bestandsaufnahme und Vergleichung findet im Dezember jeden Jahres statt. Über das Ergebnis sonstiger Ermittelungsrevisionen ist in das Konto ein bloßer Vermerk einzutragen, der sowohl den berechneten Sollbestand, als auch den vorgefundenen Istbestand und den Unterschied zwischen beiden ersichtlich macht.

7. Besondere Vorschriften für den Betrieb des Kleinhandels durch Großhändler.

§ 35.

Wer zum Verkauf von Wein in Mengen von weniger als 10 Liter übergeht, gilt als Kleinhändler.

Großhändler behalten ihre Eigenschaft und gelten nur bezüglich der zum Kleinverkauf bestimmten Vorräte als Kleinhändler, wenn ihre übrigen Weinvorräte unter amtlichem Mitverschluß stehen. Von der Verschlußanlage kann unter den von den Direktivbehörden vorzuschreibenden Bedingungen abgesehen werden, wenn die Kleinverkaufsräume durch eine offene Straße von den Großverkaufsräumen getrennt sind.

Die Überführung aus den Großverkaufsräumen in die Kleinverkaufsräume gilt als steuerpflichtige Versendung.

§ 36.

Die Steuerbehörde kann Großhändlern auf Antrag gestatten, in einzelnen Fällen oder von bestimmten Sorten auch Wein in

Mengen unter 10 Liter abzugeben, ohne daß sie als Kleinhändler behandelt werden.

8. Besondere Vorschriften für die Kleinhändler.

§ 37.

Hinsichtlich des Ausschanks offener Weine ist der Kleinhändler verpflichtet, für jedes einzelne zum Ausschank bestimmte Faß den Verkaufspreis vor dem Beginn des Ausschanks der Steuerbehörde anzugeben. Ebenso hat er vorher von jeder Änderung im Verkaufspreis Anzeige zu erstatten. Von der Steuerbehörde wird der jeweilige Getränkebestand in den Fässern, auf welche sich die Angaben beziehen, durch Abstechen der Fässer festgestellt.

An den im Ausschank befindlichen Fässern, sowie allen größeren Gefäßen, die zum Ausschank dienen, ist der Verkaufspreis für das Liter in deutlich sichtbarer Weise anzubringen. Außerdem sind insgesamt die Verkaufspreise in den Betriebsräumen an sichtbarer Stelle anzuschlagen.

Nach näherer Bestimmung des Bundesrats ist zu fordern:

1. daß jede Veränderung an den im Ausschank befindlichen Fässern, wie z. B. Ablassen, Verfüllen, Auffüllen, Verschneiden oder Abfüllen in Flaschen der Steuerbehörde angezeigt werden muß und nicht erfolgen darf, ehe ein Steuerbeamter durch Abstich die bis dahin ausgeschenkte Weinmenge steuerlich aufgenommen hat;

2. daß sich nur eine bestimmte Höchstzahl von Fässern im Ausschank befinden darf, wobei jedoch für besondere Fälle Ausnahmen vorgesehen werden können;

3. daß die Steuerbeamten befugt sind, gegen eine angemessene Entschädigung den im Ausschank befindlichen Fässern Proben zu entnehmen und sie auf dem Steueramt versiegelt zu hinterlegen.

§ 38.

In bestimmten, von der Verwaltungsbehörde näher festzusetzenden Abschnitten wird ein Abstich der im Ausschank befindlichen Fässer vorgenommen, um durch Vergleichung mit dem letztvorhergegangenen Abstich den Abmangel für jedes Faß festzustellen. Auf Grund dieser Feststellung und der dazu deklarierten Verkaufspreise wird die Steuerschuldigkeit berechnet.

Dabei bleibt von der Entrichtung der Schanksteuer frei:

1. das, was in Mengen von 10 Liter und mehr verkauft wurde und deshalb der Konsumtionsverkehrssteuer unterlegen hat;

2. das, was erwiesenermaßen durch Unglück zugrunde gegangen oder unbrauchbar geworden ist;

3. 2% der als Abmangel festgestellten schanksteuerpflichtigen Getränkemenge als Rabatt für Schwand und sonstigen Verlust.

Falls der Abstich in längeren als vierteljährlichen Zwischenräumen vorgenommen wird, ist der Kleinhändler verbunden, an seiner voraussichtlichen Jahresschuldigkeit auf Verlangen vierteljährlich angemessene, von dem Bezirkssteueramt zu bestimmende Abschlagszahlungen zu machen.

§ 39.

Abgesehen von den im Ausschank befindlichen Fässern gelten hinsichtlich der übrigen Weinbestände auch für die Kleinhändler die Vorschriften des § 34.

§ 40.

Weinproduzenten, die nur zeitweise und in geringem Umfange ihren in eigenen oder gepachteten Weinbergen erzeugten Wein ausschänken, kann das Ausschanksrecht im Laufe des ersten Jahres ein Vierteljahr lang, ununterbrochen gerechnet, auch unter anderen als den in § 35 Absatz 2 vorgesehenen Bedingungen oder nach Übereinkommen mit der Steuerbehörde im Wege der Abfindung mit der Maßgabe zugestanden werden, daß sie nicht als Kleinhändler zu betrachten sind. Dieses erleichterte Ausschanksrecht kann nach Umständen bis auf sechs Monate im Laufe des ersten Jahres durch das Hauptamt erstreckt werden. Soweit von der Abfindung kein Gebrauch gemacht wird, haben die Weinvorräte vor Beginn des Ausschanks und nach Beendigung desselben durch die Steuerbehörde aufgenommen zu werden, wonach die Abgabe von dem abgesetzten Betrage berechnet und erhoben wird.

Nach Übereinkommen mit der Steuerbehörde kann eine Abfindung auch für abgelegene kleine Wirtschaftsbetriebe Platz greifen.

§ 41.

Hinsichtlich des Ausschanks in Flaschen ist der Kleinhändler verpflichtet, spätestens sofort nach der Entnahme der Flaschen aus dem Lagerraum ein Steuerzeichen derartig über den Verschluß der Flasche zu kleben, daß dasselbe beim Öffnen der Flasche, bis zu welchem Augenblick es zu erhalten ist, unbrauchbar werden muß.

Steuerzeichen zu 4, 6, 8, 10, 12, 14 usw. Pfennig sind auf den Steuerämtern zu lösen.

Zu der Versteuerung einer Flasche bis zu 0,50 M. Verkaufswert genügt ein Steuerzeichen von 4 Pfg., zu der Versteuerung einer Flasche von 0,51—0,75 M. Verkaufswert genügt ein Steuerzeichen von 6 Pfg., zu der Versteuerung einer Flasche von 0,76 bis 1 M. Verkaufswert genügt ein Steuerzeichen von 8 Pfg. usw.

Nähere Vorschriften erläßt der Bundesrat.

§ 42.

Wer von Kleinhändlern Flaschenwein empfängt, welcher der Vorschrift des Gesetzes zuwider mit dem erforderlichen Steuerzeichen nicht versehen ist, hat hiervon binnen drei Tagen der Steuerbehörde Anzeige zu machen.

Der Kleinhändler ist verpflichtet, beim Verbrauch in seinen Betriebsräumen die mit dem Steuerzeichen vorschriftsmäßig beklebte Flasche in Gegenwart des Gastes zu öffnen oder öffnen zu lassen.

9. Besondere Vorschriften für die Verkäufer und die Verbraucher von Weinzucker.

§ 43.

Wer Zucker in Mengen von mehr als 20 kg verkaufen will, muß vorher bei der Steuerbehörde eine Erklärung abgeben. Er ist verpflichtet, ein besonderes Buch nach vorzuschreibendem Muster zu führen, in welchem jeder Empfang von Zucker und jeder Verkauf über 20 kg einzutragen ist. Dieses Buch muß auf Verlangen jedem Steuerbeamten vorgezeigt und über die Anschreibungen wahrheitsgemäß Auskunft erteilt werden. Der Oberbeamte der Steuerverwaltung ist befugt, Einsicht in die auf die Zuckerverkäufe sich beziehenden Handlungsbücher und Geschäftspapiere zu verlangen.

§ 44.

Jeder Verbraucher von Zucker zu Zwecken der Weinverbesserung oder Herstellung von Haustrunk bzw. Brennwein ist verpflichtet, demjenigen, von dem oder durch den er den Zucker bezieht, diesen Zweck bei der Bestellung anzugeben. Überdies hat er den Bezug mit Angabe der bestellten Menge und der Bezugsquelle vor dem Empfang der Sendung der Steuerbehörde anzumelden.

Die Steuerbehörde kann von allen denen, die Zucker in Mengen von über 20 kg beziehen, wahrheitsgemäße Auskunft über die Verwendung des Zuckers verlangen.

§ 45.

Jede Verwendung von Zucker zu Zwecken der Weinverbesserung oder Herstellung von Haustrunk bzw. Brennwein ist der Steuerbehörde des Versendungsortes vom Versender mit Angabe der Menge und des Namens, Standes und Wohnortes des Versenders und Empfängers mündlich oder schriftlich vorher anzumelden.

Als Ausweis für die Sendung wird auf Grund der Anmeldung ein Weinzuckersteuerschein ausgestellt, welchen der Warenführer während der ganzen Dauer des Transportes bei sich zu führen und der Empfänger innerhalb drei Tagen nach dem Empfang der Sendung der Steuerbehörde vorzulegen und sodann für eine Frist von drei Jahren aufzubewahren hat.

Die Steuerbehörde ist befugt, den Transport zu jeder Zeit einer Revision zu unterziehen.

§ 46.

Der Bundesrat ist ermächtigt, hinsichtlich der Herstellung von Haustrunk sowohl für die Menge des dazu verwendeten Zuckers als auch für die Menge des dabei erzielten Getränkes Grenzen festzusetzen.

Vierter Abschnitt.

Strafbestimmungen.

1. Defraudation der Weinsteuer.

§ 47.

Wer es unternimmt, die Weinsteuer zu hinterziehen, macht sich einer Defraudation schuldig.

Die Defraudation der Weinsteuer wird insbesondere als vollbracht angenommen:

1. wenn Wein, für welchen Befreiung von der Steuer gewährt worden ist (§ 6), zu anderen als den gestatteten Zwecken verwendet wird;

2. wenn bei der Handels- und Konsumtionsverkehrssteuer der für den steuerpflichtigen Wein im Kaufgeschäft vereinbarte Preis unter Vorlegung einer falschen Faktura zu niedrig bzw. mangels eines Kaufgeschäfts der Wert niedriger angegeben wird, als der für denselben oder gleichartigen Wein im Großverkauf erzielte Preis, oder bei der Schanksteuer der Ausschankspreis oder sonstige Kleinverkaufspreis zu niedrig angegeben wird (§ 9 und § 10);

3. wenn bei der Weinzuckersteuer die Zuckermenge nicht vollständig angemeldet wird (§ 10);

4. wenn der steuerpflichtige Hausverbrauch am Schlusse jeden Vierteljahrs der Steuerbehörde gar nicht oder zu gering angemeldet wird oder überhaupt falsche Angaben in das zu führende Hausverbrauchsbuch eingetragen werden (§ 13);

5. wenn Weinhandel betrieben wird, bevor die Betriebs- und Lagerräume angemeldet und genehmigt sind (§ 18);

6. wenn der Wein in anderen als den genehmigten Räumen aufbewahrt wird (§ 18);

7. wenn die Eintragungen in die vorgeschriebenen Bücher nicht rechtzeitig oder nicht vollständig erfolgen (§ 20);

8. wenn der Wein ohne vorgängige Anmeldung versendet oder bei der Anmeldung zur Versendung eine unrichtige Angabe gemacht wird, durch welche eine geringere als die gesetzliche Steuer oder Steuerbefreiung eintreten würde (§ 23);

9. wenn Wein ohne einen gültigen Steuerschein versendet wird (§ 26);

10. wenn die im § 31 Absatz 1 vorgeschriebene Vorlegung des Steuerscheins oder die im § 31 Absatz 3 vorgeschriebene Anzeige unterlassen wird;

11. wenn den Bestimmungen des § 32 Absatz 2 und 3 entgegen innerhalb der vorgeschriebenen Frist nach Beendigung der Kelterung die Menge des gewonnenen Weines bzw. nach der Verwendung des Zuckers die stattgefundene Vermehrung bzw. Menge

des hergestellten Haustrunkes oder Brennweines der Steuerbehörde gar nicht oder zu gering angemeldet wird;

12. wenn bei der Lagerbestandsaufnahme in Gemäßheit des § 34 Absatz 4 ein vorhandener Überschuß oder eine Fehlmenge nicht gerechtfertigt werden kann;

13. wenn die im § 37 vorgeschriebenen Anzeigen von den Kleinhändlern nicht erstattet werden;

14. wenn der Bestimmung des § 41 entgegen Steuerzeichen nicht oder nicht genügend für den Verkaufswert der Flaschen geklebt werden oder die Anzeige nach § 42 Absatz 1 unterbleibt;

15. wenn die im § 43 vorgeschriebene Erklärung und Buchführung unterlassen wird;

16. wenn die im § 44 vorgeschriebenen Angaben nicht oder nicht rechtzeitig erfolgen;

17. wenn Weinzucker ohne richtige Anmeldung und ohne Steuerschein versendet wird (§ 45).

§ 48.

Der Defraudation wird es gleich geachtet, wenn jemand Wein, von dem er weiß oder den Umständen nach annehmen muß, daß hinsichtlich desselben Defraudation der Weinsteuer verübt worden, erwirbt oder in den Verkehr bringt.

§ 49.

Das Dasein der Defraudation wird in den durch den § 47 Absatz 2 angegebenen Fällen durch die daselbst bezeichneten Tatsachen begründet.

Wird jedoch in diesen Fällen festgestellt, daß eine Defraudation nicht verübt hat werden können, oder daß eine solche nicht beabsichtigt gewesen ist, so findet nur eine Ordnungsstrafe nach § 54 statt.

Wird das Versäumte nachgeholt, bevor eine Zuwiderhandlung zur Kenntnis eines Steuerbeamten gelangt ist, so kommt im Defraudationsfall die Strafe der Defraudation in Wegfall; doch kann eine Ordnungsstrafe nach § 54 ausgesprochen werden. Handelt es sich nur um Ordnungswidrigkeiten, so kann von einer Strafe ganz abgesehen werden.

2. Strafe der Defraudation.

§ 50.

Wer eine Defraudation begeht, hat eine Geldstrafe verwirkt, die dem sechsfachen Betrage der vorenthaltenen Steuer gleichkommt, mindestens aber 40 Mark für jeden einzelnen Fall beträgt. Außerdem ist die Steuer nachzuzahlen.

Kann ein vorenthaltener Steuerbetrag nicht festgestellt werden, so tritt statt des sechsfachen Betrages der Steuer eine Geldstrafe bis zu dreißigtausend Mark ein.

Liegt eine Übertretung vor, so ist die Beihilfe und Begünstigung mit Geldstrafe bis zu dreihundert Mark zu bestrafen.

§ 51.

Im Falle der Wiederholung der Defraudation nach vorausgegangener Bestrafung wird die im § 50 angedrohte Strafe verdoppelt.

Jeder fernere Rückfall zieht Gefängnisstrafe bis zu drei Jahren nach sich, doch kann nach richterlichem Ermessen mit Berücksichtigung aller Umstände und der vorangegangenen Fälle auf Haft oder auf Geldstrafe nicht unter dem doppelten der für den ersten Rückfall angedrohten Strafe erkannt werden.

Die Rückfallsstrafe ist verwirkt, auch wenn die frühere Strafe nur teilweise verbüßt oder ganz oder teilweise erlassen oder ihre Vollstreckung verjährt ist, bleibt dagegen ausgeschlossen, wenn seit der Verbüßung oder dem Erlasse der früheren Strafe oder der Verjährung ihrer Vollstreckung bis zur Begehung der neuen Straftat drei Jahre verflossen sind.

§ 52.

In denjenigen Fällen, die nach den §§ 135 und 136 des Vereinszollgesetzes als Zolldefraudation zu bestrafen sind, tritt, sofern es sich um Wein handelt, der Strafe der Zolldefraudation die Strafe der Defraudation der Weinsteuer hinzu.

§ 53.

Wird ein Weinhändler oder ein Betriebsleiter (§ 19) wegen Defraudation im Rückfalle verurteilt, so kann ihm von der obersten Landes-Finanzbehörde untersagt werden, den Weinhandel selbst zu betreiben oder durch andere betreiben zu lassen oder als Betriebsleiter tätig zu sein.

3. Ordnungsstrafen.

§ 54.

Zuwiderhandlungen gegen die Bestimmungen dieses Gesetzes und die dazu erlassenen und öffentlich oder dem Beteiligten besonders bekannt gemachten Verwaltungsvorschriften werden, sofern nicht die Strafe der Defraudation verwirkt ist, mit eine Ordnungsstrafe von einer Mark bis zu achthundert Mark geahndet.

Mit Ordnungsstrafen nach Absatz 1 wird ferner belegt:

1. wer einem zur Wahrnehmung des Steuerinteresses verpflichteten Beamten oder dessen Angehörigen wegen einer auf die Erhebung oder Überwachung der Weinsteuer bezüglichen amtlichen Handlung oder Unterlassung einer solchen Geschenke oder andere Vorteile anbietet, verspricht oder gewährt, sofern nicht der Tatbestand des § 333 des Strafgesetzbuches vorliegt;

2. wer sich Handlungen oder Unterlassungen zuschulden kommen läßt, wodurch ein solcher Beamter an der rechtmäßigen Ausübung seines Amtes in bezug auf die Weinsteuer verhindert wird, sofern nicht der Tatbestand des § 113 oder § 114 des Strafgesetzbuches vorliegt.

4. Zwangsmaßregeln.

§ 55.

Unbeschadet der verwirkten Ordnungsstrafen kann die Steuerbehörde die Beobachtung der auf Grund dieses Gesetzes getroffenen Anordnungen durch Androhung und Einziehung von Geldstrafen bis zu fünfhundert Mark erzwingen.

5. Fälschung der Steuerzeichen.

§ 56.

Mit Gefängnis nicht unter drei Monaten wird bestraft, wer unechte Steuerzeichen in der Absicht anfertigt, sie als echt zu verwenden oder echte Steuerzeichen in der Absicht verfälscht, sie zu einem höheren Werte zu verwenden oder wissentlich von falschen oder verfälschten Steuerzeichen Gebrauch macht. Neben der Strafe kann auf Verlust der bürgerlichen Ehrenrechte erkannt werden.

Neben dieser Strafe kommt die durch die Hinterziehung der Weinsteuer begründete Strafe zur Anwendung.

§ 57.

Mit einer Geldstrafe bis zu dreihundert Mark wird bestraft, wer ohne schriftlichen Auftrag der Behörde

1. Stempel, Siegel, Stiche, Platten und andere Formen, welche zur Anfertigung von Steuerzeichen dienen können, anfertigt oder an einen anderen als die Behörde verabfolgt;

2. den Abdruck der in No. 1 bezeichneten Stempel, Siegel, Stiche, Platten oder Formen unternimmt oder Abdrücke an einen anderen als die Behörde verabfolgt.

Neben der Strafe kann auf Einziehung der Stempel, Siegel, Stiche, Platten oder anderen Formen, sowie der Abdrücke erkannt werden ohne Unterschied, ob sie dem Verurteilten gehören oder nicht.

6. Zusammentreffen mehrerer strafbarer Handlungen.

§ 58.

Treffen mit einer Defraudation andere strafbare Handlungen zusammen, so kommt die für die erstere bestimmte Strafe zugleich mit der für die letzteren vorgeschriebenen zur Anwendung.

In Fällen mehrerer oder wiederholter, nur mit Ordnungsstrafe bedrohter Zuwiderhandlungen gegen dieses Gesetz und die dazu erlassenen Verwaltungsvorschriften soll, wenn die Zuwiderhandlungen derselben Art sind und gleichzeitig entdeckt werden, die Ordnungsstrafe gegen denselben Täter nur im einmaligen Betrage festgesetzt werden.

7. Vertretungsverbindlichkeit für verwirkte Geldstrafen.

§ 59.

Weinhändler und Betriebsleiter haben für die von ihren Verwaltern, Geschäftsführern, Gehilfen und sonstigen in ihrem Dienste oder Lohn stehenden Personen, sowie von ihren Familien- oder Haushaltungsmitgliedern nach diesem Gesetz verwirkten Geldstrafen und Prozeßkosten und für die nachzuzahlende Steuer im Falle des Unvermögens der eigentlichen Schuldigen zu haften. Wird nachgewiesen, daß die Zuwiderhandlung ohne ihr Wissen verübt ist, so haften sie nur für die Steuer. Diese Erleichterung tritt bei Korporationen und Gesellschaften nur dann ein, wenn nachgewiesen wird, daß weder ein Mitglied des Vorstandes noch der Betriebsleiter um die Zuwiderhandlung gewußt hat.

Die Haftung für Geldstrafen kann nur durch richterliches Urteil ausgesprochen werden.

Ist die Geldstrafe von dem Schuldigen nicht beizutreiben, so kann die Steuerbehörde davon absehen, den für die Geldstrafe Haftenden in Anspruch zu nehmen, und die an Stelle der Geldstrafe tretende Freiheitsstrafe an dem Schuldigen vollstrecken lassen.

8. Umwandlung der Geldstrafen in Freiheitsstrafen.

§ 60.

Die Umwandlung der nichtbeizutreibenden Geldstrafen in Freiheitsstrafen erfolgt gemäß den §§ 28, 29 des Strafgesetzbuches. Jedoch darf die Freiheitsstrafe bei Defraudation im ersten Falle neun Monate, im ersten Rückfalle ein Jahr sechs Monate und im ferneren Rückfalle drei Jahre, bei einer mit Ordnungsstrafe bedrohten Zuwiderhandlung sowie im Falle des § 55 drei Monate nicht übersteigen.

9. Strafverfahren und Verjährung der Strafverfolgung.

§ 61.

Hinsichtlich der Feststellung, Untersuchung und Entscheidung der Zuwiderhandlungen gegen dieses Gesetz und die dazu erlassenen Verwaltungsvorschriften, sowie in betreff der Strafmilderung und des Erlasses der Strafe im Gnadenwege kommen die Vorschriften zur Anwendung, nach denen sich das Verfahren wegen Zuwiderhandlungen gegen die Zollgesetze bestimmt.

Die nach Vorschriften dieses Gesetzes verwirkten Geldstrafen fallen demjenigen Staate zu, von dessen Behörde die Entscheidung erlassen ist.

Die Strafverfolgung von Defraudationen verjährt in drei Jahren, die Strafverfolgung von anderen Zuwiderhandlungen in einem Jahre.

§ 62.

Jede von einer nach § 61 zuständigen Behörde wegen einer Zuwiderhandlung gegen die Bestimmung dieses Gesetzes und die dazu erlassenen Verwaltungsvorschriften einzuleitende Untersuchung und zu erlassende Strafentscheidung kann auch auf diejenigen Teilnehmer ausgedehnt werden, welche anderen Bundesstaaten angehören.

Die Strafvollstreckung ist nötigenfalls durch Ersuchen der zuständigen Behörden und Beamten desjenigen Staates zu bewirken, in dessen Gebiet die Vollstreckungsmaßregeln zur Ausführung kommen sollen.

Die Behörden und Beamten der Bundesstaaten sollen sich gegenseitig tätig und ohne Verzug den verlangten Beistand in allen gesetzlichen Maßregeln leisten, die zur Entdeckung oder Bestrafung der Zuwiderhandlungen dienlich sind.

Fünfter Abschnitt.

Verwaltung der Steuer und Ausgleichungsbeträge.

§ 63.

Die Erhebung und Verwaltung der Weinsteuer erfolgt durch die Landesbehörden. Für die erwachsenden Kosten wird den Bundesstaaten bis auf weiteres nach Maßgaben der vom Bundesrat zu erlassenden Bestimmungen Vergütung gewährt.

Die Reichsbevollmächtigten für Zölle und Steuern sowie die Stationskontrolleure üben in bezug auf die Ausführung dieses Gesetzes dieselben Rechte und Pflichten, welche ihnen bezüglich der Erhebung und Verwaltung der Zölle und der bestehenden Verbrauchssteuern beigelegt sind.

Die außerhalb der gemeinschaftlichen Zollgrenze liegenden Gebiete zahlen an Stelle der Weinsteuer einen entsprechenden Ausgleichungsbetrag an die Reichskasse.

§ 64.

Dem Reiche obliegt eine tatkräftige Unterstützung des Weinbaus in der Bekämpfung der Rebschädlinge, insbesondere der Reblaus. Die dazu erforderlichen Kosten werden den Erträgen der Reichsweinsteuer entnommen. Insbesondere tritt auch betreffs der Bestimmung des Gesetzes vom 6. Juli 1904, daß Besitzer von Rebpflanzungen, die von den Maßregeln der Bekämpfung der Reblaus betroffen werden, von den Bundesstaaten, zu dessen Gebiet das Grundstück gehört, Schadenersatz verlangen können, das Reich an die Stelle der Bundesstaaten.

Sechster Abschnitt.

Übergangs- und Schlußbestimmungen.

§ 65.

Dieses Gesetz tritt am . . . . mit der Maßgabe in Kraft, daß die im Zollgebiet vorhandenen Weinhändler, welche den Verkauf von Wein weiter betreiben wollen, bzw. die Verkäufer von Zucker, welche in Mengen von mehr als 20 kg verkaufen wollen, die nach § 18 bzw. § 43 erforderlichen Anzeigen bei Vermeidung der im § 54 vorgesehenen Ordnungsstrafen bis zum . . . . zu erstatten haben.

§ 66.

Die Verkäufer von Wein haben der Steuerbehörde ihres Bezirks ihre beim Inkrafttreten dieses Gesetzes im freien Verkehr befindlichen Vorräte an Wein der Menge nach anzumelden. Die Steuerbehörde hat die Richtigkeit der Anmeldungen festzustellen und mit ihrer Eintragung das Konto (§ 32) zu eröffnen. Die festgestellten Mengen sind auch in die von den Verkäufern von Wein zu führenden Bücher (§ 20) vorzutragen.

Von den Verkäufern von Wein ist für die Bestände, soweit sie nicht Produzenten derselben sind, eine Nachsteuer zu entrichten, und zwar ohne Rücksicht auf den Wert mit 1,20 M. für das Hektoliter Traubenwein und 0,60 M. für das Hektoliter Obstwein.

Auf Antrag kann die Nachsteuer für diejenigen Weinmengen, deren Wert 60 M. für das Hektoliter nicht übersteigt, nach Maßgabe der Bestimmungen im ersten Abschnitte dieses Gesetzes mit dem Satz der Handelsverkehrssteuer erhoben werden.

Die Konsumenten, deren Gesamtbesitz an Wein mehr als 30 Liter beträgt, haben der Steuerbehörde ihres Bezirks die beim Inkrafttreten dieses Gesetzes in ihrem Besitz befindlichen Vorräte an Wein der Menge und dem Werte nach anzumelden. Die Steuerbehörde ist befugt, die Richtigkeit der Anmeldung zu prüfen. Für die angemeldeten Weinmengen ist von den Konsumenten, sofern nicht etwa Steuerfreiheit nach § 6, Ziffer 1 Platz greift, eine Nachsteuer zu entrichten, und zwar nach Maßgabe der Bestimmungen im ersten Abschnitt dieses Gesetzes mit dem Satz der Konsumtionsverkehrssteuer.

Bei der Berechnung der Nachsteuer kommt derjenige Betrag in Abzug, welcher nachweislich von demselben Wein vor dem Inkrafttreten dieses Gesetzes als Landessteuer erhoben worden ist.

Die Verbraucher von Zucker zu Zwecken der Weinverbesserung bzw. Herstellung von Haustrunk oder Brennwein haben der Steuerbehörde ihres Bezirkes die beim Inkrafttreten dieses Gesetzes in ihrem Besitz befindlichen Weinzuckermengen anzumelden. Die Steuerbehörde hat die Richtigkeit der Anmeldung festzustellen. Für die festgestellten Mengen ist eine Nachsteuer nach Maßgabe der Bestimmungen im ersten Abschnitt dieses Gesetzes zu entrichten.

Die Bestimmungen dieses Gesetzes finden auf die Nachsteuer entsprechende Anwendung.

§ 67.

Wein, der aus den dem Zollgebiet angeschlossenen Staaten und Gebietsteilen zum Verbrauch eingeht, ist beim Eintritt in das Inland der Weinsteuer nach Maßgabe dieses Gesetzes zu unterwerfen.

Der Reichskanzler kann unter Zustimmung des Bundesrats mit den zuständigen fremden Regierungen wegen Herbeiführung einer Besteuerung des Weins in den dem Zollgebiet angeschlossenen Staaten und Gebietsteilen, wegen Überweisung der Steuer für den im gegenseitigen Verkehr übergehenden Wein oder wegen Begründung einer Steuergemeinschaft Vereinbarungen treffen.

§ 68.

Der Bundesrat ist ermächtigt, alle im Interesse der Ausführung dieses Gesetzes zweckdienlichen Erleichterungen anzuordnen.

Urkundlich usw.

Gegeben usw.

III. Begründung.

Die leitenden Grundsätze des vorstehenden Entwurfes einer Reichsweinsteuer sowie auch alle allgemeineren Gesichtspunkte, die auf seine Gestaltung von Einfluß waren, wurden schon oben in der Theorie der Weinsteuer bzw. in der Betrachtung der Weinverkehrsgesetze hinreichend begründet. Es benötigt deshalb im wesentlichen hier nur noch ergänzende und erläuternde Bemerkungen zu den Bestimmungen des Gesetzentwurfes im einzelnen zu machen.

Zu § 1.

Die Zergliederung des Gegenstandes der Besteuerung in Wein, Traubenmost, Keltertrauben frisch oder gemaischt und Obstwein empfiehlt sich der Klarheit halber. Bezüglich der Keltertrauben beschränkt sich der Entwurf absichtlich nicht wie sonst üblich auf Traubenmaische, um nicht etwa eine bei dem niedrigen Steuersatz (§ 7, 1b) zwar nicht sehr ins Gewicht fallende, aber immerhin nicht zu billigende Steuerumgehung dadurch an die Hand zu geben, daß die Weintrauben, wie zurzeit in einzelnen Gegenden schon üblich, frisch, d. h. nicht eingestampft oder eingeraspelt, nach dem Gewicht gekauft würden.

Ob auch der Obstwein ein passendes Steuerobjekt sei, darüber gehen die Ansichten auseinander. Die einen nennen den Obstwein sehr richtig das Getränk des armen Mannes und folgern daraus die Steuerfreiheit desselben als wünschenswert, die andern verlangen trotzdem bei einer bestehenden Biersteuer eine ausgleichende Obstweinbesteuerung. Wenn dieser Entwurf sich im Gegensatz zu der Regierungsvorlage von 1893 der zweiten Auffassung anschließt und eine mäßige Obstweinsteuer befürwortet, so geschieht dies hauptsächlich deshalb, weil auch der Obstwein unter die steuerliche Kontrolle gebracht werden soll, um hier jeden etwaigen sonst naheliegenden Unterschlupf für Steuerdefraudation oder Weinfabrikation bzw. -vermehrung zu verhüten. Übrigens muß man sich darüber klar sein, daß diese Obstweinsteuer keinen nennenswerten Ertrag verspricht, da die Produzenten von Obstwein im allgemeinen nur für den nach § 6, 1c steuerfreien Hausverbrauch produzieren und deshalb nur der wenigste Obstwein in den Verkehr kommt und dadurch steuerpflichtig wird.

Die Dreiteilung des Gegenstand der Besteuerung bildenden Zuckers erfolgt im Anschluß an das Weinverkehrsgesetz vom 24. Mai 1901. Sollte mittlererweile der veröffentlichte Entwurf eines neuen Weingesetzes Gesetzeskraft erlangen, so ist selbstredend das Weinsteuergesetz diesem anzugliedern. Fürs erste muß jedoch der Anschluß an das geltende Weingesetz maßgebend bleiben. Der § 2 No. 4 des Weingesetzes von 1901 enthält die Bestimmung, daß der Zusatz von technisch reinem Zucker, auch in wässeriger Lösung, zum Zwecke der Weinverbesserung ohne erhebliche Vermehrung nicht als Verfälschung oder Nachahmung des Weins anzusehen ist. Im gleichen Sinne bewegt sich auch im § 3 der neue Gesetzentwurf, nur daß er die Schranken der erlaubten Zuckerung in verschiedener Hinsicht enger zu ziehen bestrebt ist.

Der § 3 des Weingesetzes von 1901 enthält das Verbot der gewerbsmäßigen Herstellung oder Nachahmung, sowie des Feilhaltens und des Verkaufs von Kunstwein ergebenden Weinzubereitungen neben anderem unter Verwendung eines Aufgusses von Zuckerwasser auf Trauben, Traubenmaische oder ganz oder teilweise entmostete Trauben, mit Ausnahme der vollen Rotweintraubenmaische, und eines Aufgusses von Zuckerwasser auf Hefen. Dieses Verbot bezieht sich aber nicht auf eine hierher gehörige Weinherstellung, sofern sie nicht gewerbsmäßig erfolgt oder ihr Erzeugnis feilgehalten bzw. verkauft wird, also nicht auf derartige Herstellungen nur zum eigenen Hausbedarf. Der zu solchem Haustrunk verbrauchte Zucker soll ebenfalls der Besteuerung nach Maßgabe dieses Gesetzentwurfes unterworfen werden, in erster Linie deshalb, um jeden größeren Weinzuckerverbrauch auch in dieser Richtung unter genaue Kontrolle zu bringen, damit nicht etwa Weinproduzenten und Weinhändlern unter Vorgabe bloßer Herstellung von Haustrunk unangemeldeten und unversteuerten Zucker zur Verbesserung ins Haus bekommen können. Dabei hat sich aber die Weinzuckersteuer für den Haustrunk mit einem mäßigen Satze, der nur etwa zur Deckung der Kontrollkosten ausreichen soll, zu begnügen, um nicht dieses Getränk der minderbemittelten Bevölkerung fühlbar zu verteuern. Weiterhin ist aber die Einführung einer Weinzuckersteuer vom Haustrunk auch deshalb von großer Wichtigkeit, um damit für dessen allgemeine Kontrolle eine gute Grundlage zu gewinnen. Die Notwendigkeit einer strengen Überwachung des Haustrunkes, welcher allerdings als Folgewidrigkeit gegen das allgemeine Kunstweinverbot einen gewissen wunden Punkt des Weingesetzes von 1901 darstellt, was aber bei der gewohnheitsmäßigen Bedeutung des Haustrunkes für die kleinen Winzer und Gutsarbeiter nicht zu vermeiden war und nie wird ausgemerzt werden dürfen, wird neuerdings ziemlich allgemein anerkannt. Denn es ist leider eine sehr mißliche Tatsache, daß zurzeit der sog. Haustrunk oft genug auf geheimem Wege in den Geschäftsverkehr gelangt. Recht dankenswert sieht schon der neue Weingesetzentwurf in § 9 eine Überwachung der Haustrunkbereitung vor, indem er vorschreibt, daß die Herstellung durch polizeiliche Anordnung beschränkt oder unter besondere Aufsicht gestellt werden kann und daß, sofern hierdurch nicht weitergehende Verpflichtungen begründet werden, die Herstellung der zuständigen Polizeibehörde unter Angabe der herzustellenden Mengen und der zur Verarbeitung bestimmten Stoffe anzuzeigen ist. Es leuchtet ein, daß eine solche Kontrolle viel zweckmäßiger und wirksamer in die Hände der Steuerbehörde gelegt wird, wie dies durch den Vorschlag vorliegenden Entwurfes geschieht.

Der § 3 letzter Absatz des Weingesetzes von 1901 bestimmt, daß die Verwertung von Trestern, Rosinen und Korinthen in der Branntweinbrennerei durch das Kunstweinverbot nicht berührt wird, jedoch der Kontrolle der Steuerbehörde unterliegt. Unzweifelhaft war diese unklare Vorschrift dahin gedacht, daß die Bereitung von Trester-, Rosinen- und Korinthenweinen nur in den Branntweinbrennereien selbst vor sich gehen dürfe, wobei dann eine sichere und ständige Kontrolle nicht allzu schwierig schien. Tatsächlich herrscht aber zurzeit vielfach die Meinung, daß Brennweine auch außerhalb der Brennereien hergestellt werden dürfen, und allgemein besteht der die ganze Kontrolle der Steuerbehörden illusorisch machende Gebrauch, daß die Brennweine erst zur Kontrolle angemeldet werden, nachdem sie fabriziert sind. So zeitigte die Ausnahme des § 3 letzter Absatz bei dem Fehlen jeder Kennzeichnung der Brennweine die böse Folge einer leichten Umgehung des Kunstweinverbotes, so daß sich gegenwärtig unter dem Deckmantel der Brennereibetriebe ein ausgiebiger Handel mit gefälschten Weinen vollzieht, meist derartig, daß überstreckte und verdächtige Weine in den Brennereien zurückverbessert und dann wieder in den Verkehr gebracht werden. Um diesen sehr bedauerlichen Verhältnissen abzuhelfen, wäre entschieden ein vollständiges Verbot der künstlichen Brennweine am angemessensten, sowie es auch tatsächlich der nicht ganz klaren Bestimmung des § 13 des neuen Weingesetzentwurfes hinsichtlich der Kognakbereitung vorzuschweben scheint. Solange aber dieses völlige Verbot nicht durchgeführt ist, muß mindestens die Kunstweinherstellung zu Brennereizwecken einer weit schärferen Kontrolle unterstellt werden. Dies wird dann wohl am besten an der Hand der vorgeschlagenen Besteuerung und des dazu verwendeten Zuckers erreicht. Jedenfalls aber wäre eine einseitige Steuerfreiheit des diesbezüglichen Weinzuckerverbrauchs ungerecht und vor allem äußerst gefährlich, da ja hierdurch der Anreiz zum Mißbrauch der Brennweine noch bedeutend verstärkt würde. Aus letzterem Grunde muß auch diese dritte Art der Weinzuckersteuer einen kräftigen Satz zeigen, dessen eventuelle prohibetive Wirkung nur von größtem Nutzen für die reelle Weinbranche wäre.

Eine weitergehende Begründung der Weinzuckersteuer findet sich in den Bemerkungen zu § 5 und § 8.

Entsprechend der Regierungsvorlage von 1893 umfaßt die Besteuerung nicht nur das Inlandserzeugnis, sondern auch die Einfuhr. Dies ist neben dem Zoll im Interesse des inländischen Weinbaus dringend nötig, damit nicht das inländische Erzeugnis durch die Steuer erheblich schlechter als bisher gestellt würde. zumal da der gegenwärtige Zoll nur das Mindestmaß eines angemessenen Schutzzolles bedeutet. Es läge als Ergänzung der inländischen Steuer näher, vielleicht an eine Erhöhung des Zolls zu denken. Doch verbieten solches die Zollverträge mit Italien und Österreich bis Ende 1917. Dagegen ist durch den Artikel 3 des Handels- und Zollvertrages mit Österreich-Ungarn vom 6. Dezember 1891, der durch den Zusatzvertrag vom 25. Januar 1905 nicht abgeändert wurde, den vertragschließenden Teilen gestattet, für den Fall, daß auf einen unter den Vertrag fallenden Gegenstand einheimischer Erzeugung oder Fabrikation eine neue innere Steuer oder ein Zuschlag zu der inneren Steuer gelegt werden sollte, den gleichartigen Gegenstand mit einer gleichen oder entsprechenden Abgabe bei der Einfuhr zu belegen. Eine Abmachung im gleichen Sinne findet sich in dem durch den Zusatzvertrag vom 3. Dezember 1904 aufrecht erhaltenen Artikel 10 des Handels-, Zoll- und Schiffahrtsvertrages mit Italien vom 6. Dezember 1891.

Unter „Zollgebiet“ wird das von der Zollgrenze umschlossene Bundesgebiet verstanden. Nähere Bestimmungen über die Zollausschlüsse bzw. Zollanschlüsse bringt § 63 bzw. § 67.

Zu § 2.

Der Inhalt dieses Paragraphen ergibt sich in der Bezugnahme auf das bestehende Schaumweinsteuergesetz vom 9. Mai 1902 von selbst. Eine nur sehr schwierig durchzuführende Steuerbefreiung des zur Herstellung von Schaumwein bestimmten Weins vor der Flaschenfüllung braucht um so weniger erwogen zu werden, da es sich ja nur um die niedrige Handelsverkehrssteuer handelt. Übrigens erscheint bei der Einführung einer Reichssteuer auf stillen Wein ein stärkeres Heranziehen des Schaumweins durchaus angemessen, etwa mit 0,40 M. für jede Flasche Fruchtschaumwein und 0,70 M. für anderen Schaumwein. Das Platzgreifen der besonderen Steigerung des ersten Satzes ist deshalb empfehlenswert, weil der allzu schonungsvolle jetzige Satz des „Schaumweins des kleinen Mannes" eine unverhältnismäßige Zunahme seiner Produktion hervorrief und somit zu befürchten ist, daß der Fruchtschaumwein sich auf Kosten des deutschen Weinbaus zu einer immer schärferen Konkurrenz des billigen Traubenschaumweins auswächst. Gleichzeitig mit der Erhöhung der Inlandssteuer hat natürlich eine Steigerung des Zolls auf Flaschensekt von 120 M. auf etwa 180 M. pro 100 kg einzutreten.

Zu § 4.

Im Absatz 1 dieses Paragraphen werden die regelmäßigen Fälle des Eintritts der Steuerpflichtigkeit behandelt. Die beiden besonderen Fälle werden in Absatz 4 nur angegeben: ihre Regelung erfolgt wegen größerer Klarheit nach Vorerledigung vorauszusetzender Bestimmungen bzw. wegen engeren Zusammenhanges erst in späteren Paragraphen.

Über die Kombination der Veranlagungsformen braucht hier nichts mehr begründend angeführt zu werden, da sie sich aus eingehender Untersuchung in der Theorie der Weinsteuer als zweckdienlichste Folgerung vom Standpunkt der drei obersten Grundsätze der Gerechtigkeit, des Finanzbedarfes und des fördernden Schutzes von Produktion und reellem Handel ergab. Ebenso überflüssig ist es, hier die Gründe für die Steuerpflichtigkeit jeden Übergangs und für die möglichste Abrückung der Steuererhebung vom Winzer zu wiederholen. Durch den Wortlaut „zu Zwecken des Wiederverkaufs" bzw. „zu Zwecken des Konsums" ist klargelegt, daß auch Bezüge der Produzenten und Händler, wenn sie von vornherein zum eigenen Verbrauch bestimmt sind, der Konsumtionsverkehrssteuer bzw. der Schanksteuer unterliegen.

Während für die Verkehrssteuer dieses Entwurfes eine Unterscheidung zwischen Großhändler und Kleinhändler nicht nötig ist, bildet sie für die Schanksteuer eine Voraussetzung. Unzweifelhaft ist diese Qualifikation recht schwierig und hat immer etwas Willkürliches an sich. Im Gegensatz zu der elsaß-lothringischen und französischen Gesetzgebung, die zum Kleinhandel den Verkauf bis zu 25 Liter rechnet, sowie zu der württembergischen und badischen, die 20 Liter als die Grenze festsetzt, schließt sich dieser Entwurf der Regierungsvorlage von 1893 an und betrachtet als Kleinhändler alle die Weinhändler, einschließlich der Wirte, welche Wein in Mengen unter 10 Liter verkaufen. Hierbei ist den Verhältnissen des Weinhandels, bei welchem Großverkauf und Kleinverkauf sehr oft und manchmal untrennbar verbunden sind, soweit als möglich Rechnung getragen, insbesondere in Anbetracht dessen, daß durch § 36 sogar die Abgabe geringerer Mengen unter gewissen Beschränkungen erlaubt ist. Außerhalb dieser weitgehenden Abgrenzung muß allerdings bei kombiniertem Betrieb von Großhandel und Kleinhandel auf strenge Trennung der Lagerräumlichkeiten gesehen werden, worüber § 35 das Nähere bestimmt.

Dagegen weicht dieser Entwurf in der Begriffsbestimmung des Großhandels erheblich von der Regierungsvorlage von 1893 ab. Diese wollte nämlich nur den als Großhändler betrachtet wissen, welcher gewerbsmäßig Wein ankauft und in Mengen von nicht unter 10 Liter verkauft. Dieser Entwurf bringt eine wesentliche Erweiterung dadurch, daß nach ihm unter dem Ausdruck Großhändler auch Produzenten inbegriffen sind, die ausschließlich selbsterzeugten Wein einlagern, aber nur für den Fall, daß es zu Zwecken des Verkaufs geschieht. Sodann gehört auch die tatsächliche Einlagerung zur Begriffsbestimmung, weshalb alle Winzer, die ihr Erzeugnis als Keltertrauben frisch oder gemaischt oder auch als Most ohne Einlagerung zum Verkauf bringen, nicht darunterfallen. Dieses Vorgehen empfiehlt sich zur Vereinfachung späterer Kontrollvorschriften.

Zu § 5.

Die Weinzuckersteuer soll nach der Menge des verbrauchten Zuckers berechnet werden. In mancher Hinsicht idealer wäre vielleicht für die Weinverbesserung eine wirkliche Vermehrungssteuer durch eine Besteuerung des Zusatzes an Zuckerwasser; denn der Zuckerverbrauch ist hinsichtlich der Vermehrung noch nicht allein ausschlaggebend, da man dem Zuckerwasser einen stärkeren oder schwächeren Zuckergehalt geben kann. Immerhin ist aber die dadurch in die Willkür des Weinverbesserers gelegte Vermehrung eng begrenzt, nicht allein durch die gesetzlichen Beschränkungsbestimmungen, deren Wirksamkeit ja in Zukunft durch die Weinsteuerkontrolle gewährleistet wird, sondern auch schon durch den Umstand, daß die Qualität des verbesserten Weines durch Sparen an Zucker im vermehrenden Zuckerwasser selbstredend leidet. Jedenfalls rechtfertigt diese kleine Schwäche der vorgeschlagenen Weinzuckersteuer noch nicht den gewagten Versuch einer richtigen Vermehrungssteuer. Eine solche wäre mit Aussicht auf zuverlässige Wirksamkeit gelegentlich der Herbstzuckerung gänzlich undurchführbar. Eine Unmenge Steuerbeamte würden im Herbst bei all den vielen kleinen herbstenden Produzenten, in deren Macht auch ohne Einlagerung ihres Erzeugnisses eine Vermehrung liegt, zur Überwachung in Anspruch genommen und Produktion und Handel in störender Weise belästigt, insbesondere bei ungünstigem Herbstwetter und starkem Faulen der Trauben, wobei es auf möglichst rasches Ernten ankommt. An eine Besteuerung der Vermehrung, welcher die Kenntnisnahme des Zuckereinkaufs durch die Steuerbehörde nur zur Grundlage diente, wäre für die Weinverbesserung vielleicht mit einiger Nützlichkeit allein dann zu denken, wenn man sich zu dem Verbot der Herbstzuckerung entschließen wollte. Da nämlich bei der zeitlichen Beschränkung der Zuckerung etwa auf die Monate Januar bis August sowohl der Wein schon in bedeutend weniger Händen konzentriert ist, als auch viel weniger Weine sich verbesserungsbedürftig erweisen werden, wäre es wohl nicht unmöglich zu bestimmen, daß jede Zuckerung nur unter steueramtlicher Kontrolle stattfinden dürfe. Doch ständen einer derartigen zeitlichen Begrenzung auch wieder manche Bedenken gegenüber, besonders das, daß man für diesen Fall wohl nicht die sehr nützliche Bestimmung des neuen Weingesetzentwurfes, die eine Zuckerung überhaupt nur in den Produktionsgebieten gestattet, aufrecht erhalten könnte.

Zu § 6.

Der Entwurf geht hier von dem Bestreben aus, soweit als angängig von Steuerbefreiungen abzusehen und vermeidet deshalb außer dem durch die Kombination der Veranlagungsarten notwendig bedingten Festhalten der Steuerpflichtigkeit des Großhandels auch sonst gebräuchliche Steuerfreiheiten. Kaum umgänglich ist es aber, zunächst den Verbrauch der Produzenten an selbsterzeugtem Wein, wie in sämtlichen einschlägigen Weinsteuergesetzgebungen, freizulassen. Mit Recht wird durch dies allgemeine Zugeständnis, dessen grundsätzliche Berechtigung und zudem Zweckdienlichkeit bezüglich der unterschiedslosen Behandlung der Weinbaugebiete und der übrigen in der Theorie der Weinsteuer schon dargelegt wurde, vor allem Rücksicht genommen auf die hergebrachte Gewohnheit der Produzenten, aus ihrem Gewächs für sich und die zu ihrem Hausstand gehörigen Personen ein leichtes Getränk herzustellen, dessen unentgeltliche Darreichung an die im landwirtschaftlichen Betrieb beschäftigten Personen allgemein üblich ist. Die durch die Regierungsvorlage von 1893 beabsichtigte Beschränkung dieser Steuerfreiheit auf Weinhersteller, welche weder Groß- noch Kleinhändler sind, weil bei den letzteren der selbsterzeugte Wein von den übrigen Vorräten nicht auseinandergehalten würde, eine Scheidung des steuerfreien und steuerpflichtigen Hausverbrauchs also unausführbar sei, unterläßt dieser Entwurf, da eine solche Benachteiligung der zugleich Großhandel oder Kleinhandel betreibenden Produzenten nicht gerechtfertigt erscheint und es doch an sich recht unwesentlich ist, ob ein solcher seinen Hausbedarf aus selbsterzeugtem oder aus dazu gekauften Weinen, die übrigens dann schon der Handelsverkehrssteuer unterlegen haben, entnimmt, in welch letzterem Falle eben vom selbsterzeugten Wein entsprechend mehr zum Verkauf gebracht wird. Um so eher muß sich allerdings dieser Entwurf dahin entscheiden, weil er nach § 4 Absatz 3 den Begriff Großhändler viel weiter gefaßt hat. Jedoch ist, um Klarheit zu schaffen, welchem Großhändler oder Kleinhändler die Qualifikation eines Produzenten zusteht, und diese nicht etwa schon bei dem Besitz einiger Rebstöcke in Anspruch genommen wird, in den Ausführungsverordnungen eine Bestimmung dahin vorzusehen, daß ein Großhändler 1 ha und ein Kleinhändler ¼ ha Weinberg besitzen muß, um des steuerfreien Verbrauchs teilhaftig zu werden. Im Anschluß an die elsaß-lothringische und badische Gesetzgebung wird die Steuerfreiheit für Wein aus nicht selbst gewonnenen Trauben versagt in der Erwägung, daß die Aufnahme einer Steuerbefreiung für den aus fremden Trauben erzeugten Wein nicht nur der ethischen Berechtigung des so mühevollen Selbstziehens der Trauben ermangelt, sondern sie auch eine bedenkliche Minderung des Steueraufkommens herbeiführen könnte, indem sie auf eine Vermehrung des Bezuges von besseren Trauben zur Selbstkelterung hindrängen würde, welche in einzelnen Weingegenden bereits üblich ist. Eine ähnliche Beschränkung der Steuerfreiheit hinsichtlich des künstlichen Haustrunkes sowie des Obstweins erscheint bei den hier fast ausschließlich in Betracht kommenden weniger bemittelten Bevölkerungsschichten nicht angebracht, da wohl kaum eine Benachteiligung des Steueraufkommens oder der reellen Weinbranche daraus erwächst.

Die Freilassung von Weinproben ist für die Weinsteuergesetzgebung gebräuchlich und entspricht der Billigkeit, da die unentgeltliche Abgabe und Darreichung von Proben im Weinhandel hergebracht ist. Es könnte daran gedacht werden, die Einschränkung des Raumgehaltes der Weinprobenflaschen auf höchstens $\frac{1}{4}$ Liter fallen zu lassen in Anbetracht dessen, daß z. B. nach Weinversteigerungen den Käufern des Weines stets eine oder zwei ganze Flaschen unentgeltlich überlassen zu werden pflegt. Jedoch geht der Entwurf von der Auffassung aus, daß die allgemeine gesetzliche Befreiung von Weinproben auch in Flaschen über $\frac{1}{4}$ Liter Raumgehalt leicht mißbräuchliche Verwendung finden kann. Am besten wird man wohl fraglicher Sachlage auf dem Verordnungswege gerecht werden können.

Durch Ziffer 3 muß nach dem Vorgang der elsaß-lothringischen und badischen Gesetzgebung über die Regierungsvorlage von 1893 hinausgegangen werden, da die Steuerpflichtigkeit an jeden Weinverkehrsakt gebunden ist und deshalb andernfalls Doppelbesteuerungen zustande kämen, die wenigstens hinsichtlich der Konsumtionsverkehrssteuer recht fühlbar wären. Eine Ausnahme davon ist aber, aus Gründen der Kontrolle bei der Überführung von Wein aus den Großverkaufsräumen in die Kleinverkaufsräume desselben Besitzers nach § 35 geboten.

Die Steuerbefreiung des zur Essig- und Branntweinbereitung

oder zur Ausfuhr bestimmten Weins entspricht der üblichen Gesetzgebung. Dabei ist aber von einer Vergütung der eventuell gezahlten Weinsteuer Abstand genommen, so daß man für vollständig steuerfreie Bezüge bzw. Exporte auf die Bestände der Produzenten angewiesen ist. Die strenge Durchführung des Grundsatzes, daß keine Bonifikation der Weinsteuer stattfindet, ist bei einer Wertsteuer am Platze, da die Identität der versteuerten Ware nicht festgehalten werden kann und dadurch besonders bei den starken Wertschwankungen des Weins eine befriedigende Lösung der Rückvergütungsfrage unmöglich ist. Um so unbedenklicher kann jede Steuerrestitution außer acht gelassen werden, da die Handelsverkehrssteuer, die allein als schon fällig geworden in Betracht kommen kann, so niedrig ist.

Zu § 7.

Die durch den § 7 vorgeschlagenen Weinsteuersätze dürften den in der Theorie der Weinsteuer an ihre Höhe gestellten Anforderungen, die für ihre Festsetzung maßgebend waren, entsprechen, wenn man den durch die §§ 15 und 17 den Bundesstaaten bzw. den Gemeinden gestatteten Zuschlag von 4% hinzurechnet.

Die Ermäßigung des Handelsverkehrssteuersatzes für Keltertrauben frisch oder gemaischt auf 1% stellt eine kleine Bevorzugung der unmittelbaren Herbstkäufe dar. Denn bei einer prozentualen Wertsteuer handelt es sich nicht wie bei einer spezifischen Fixsteuer um einen ausgleichenden Abzug für die fast wertlosen Trester, die das Volumen der ungepreßten Keltertrauben erheblich vergrößern, was jedoch schon im Werte der letzteren berücksichtigt ist. Das Vorgehen des Entwurfes empfiehlt sich aber sehr zur Erleichterung und Belebung des unmittelbaren Herbstgeschäftes, an dessen möglichst rascher und nachfragereicher Abwicklung gerade die kleinen und schwachen Winzer so wesentlich interessiert sind, während die größeren und stärkeren Produzenten nur in seltenen Fällen ihre Erzeugnisse sofort als Traubenmaische verkaufen.

Eine Ausdehnung der Bevorzugung auch auf Traubenmost dürfte zu weit gehen und schon deshalb nicht angezeigt sein, weil der Begriff Traubenmost zu dehnbar ist. Die vorgeschlagene Ermäßigung des Satzes für Keltertrauben, frisch oder gemaischt, bringt auch den nicht zu unterschätzenden Vorteil mit sich, die Steuerrückwälzung auf die Produzenten in einem Jahr der Überproduktion, in welchem allein jene durch diesen Entwurf einer Weinsteuer nicht so gut wie ausgeschlossen werden kann, noch weiterhin ihrer Gefährlichkeit zu entkleiden. Da die Konsumtionsverkehrssteuer und Schanksteuer in der vorübergehenden Zeit nicht bis auf den Winzer zurückgeschoben werden können, und da sich auch vor der Rückwälzung der niedrigen Handelsverkehrssteuer die besser situierten Weinproduzenten durch Zurückhalten ihrer Weine bewahren können, wobei durch die Wertsteigerung der Lagerung nicht einmal ein Zinsverlust einzutreten pflegt, so liegt eine wirkliche Gefahr der Belastung durch Rückwälzung in der kurzen Zeit der Überproduktion nur für die wirtschaftlich schwachen Winzer vor, die zum sofortigen Losschlagen ihrer Erzeugnisse gezwungen sind, weil sie sogleich im Herbst das Geld brauchen oder nicht über die nötigen Kapitalien, die nötigen Fässer, Kelter und sonstigen Einrichtungen verfügen, um dem Wein in ihrem Keller den wünschenswerten pfleglichen Ausbau zuteil werden zu lassen. 1% werden aber ausnahmsweise selbst diese leicht zu ertragen vermögen, und bei dem reichen Herbst sogar gern auf sich nehmen.

Bei dieser Erwähnung der zu Zeiten schlechter Konjunkturen möglichen Steuerrückwälzung sei auch noch kurz als Nachtrag zu der in der Theorie der Weinsteuer gebrachten eingehenden Erörterung der Überwälzungsfrage der eventuellen Wirkung auf den Weinhandel gedacht. Für diesen wird, soweit sich nicht ebenfalls durch die nur selten Verlust bringende längere Lagerung des Weins eine Sicherung ermöglicht, in vorübergehenden schlechten Konjunkturen ein teilweises Tragen der Steuern vielleicht unausbleiblich sein. Aber vorübergehend wird der Großhandel wie der Kleinhandel auch sehr wohl dies vermögen. Ersterer wird nämlich durch die Einführung einer Weinsteuer in dem vorgeschlagenen Sinne in die vorteilhafte Lage versetzt, große Ersparnisse zu machen durch die Beseitigung gegenwärtig gebräuchlicher Verkaufsmißstände, wie der hohen Provisionen und der Auslagen für Reisende, zu denen er sich heute der drückenden unreellen Konkurrenz wegen gezwungen sieht. Den Wirten aber schadet eine Beschränkung des Gewinnes noch viel weniger. Denn diese nehmen zurzeit nur in seltenen Ausnahmen vom

Wein unter 100% Gewinn, in der Regel weit mehr als 100%, bis zu 300%.

Zu der allen bisherigen Weinsteuergesetzgebungen widersprechenden wenigstens scheinbaren Höherbelastung des privaten Weinkonsums gegenüber dem Wirtshausgenuß führten folgende Erwägungen. Ohne Zweifel spricht manches sogar für ein schonungsvolleres Heranziehen des Privatkonsums. Dahin gehört hauptsächlich nicht nur die Überlegung, durch Benachteiligung des häuslichen Verbrauchs einen Anreiz zum Besuch von Wirtshäusern, wo viel leichter der Genuß ins Übermaß geht, zu bieten, sondern auch die, daß der Verbrauch zu Hause viel langsamer erfolgt und daher die Steuer von dem Konsumenten gegebenenfalls lange vorausbezahlt werden muß, während die Steuer dem Schankwirt erst nach der Verzehrung, und zwar meist in ganz kleinen Beträgen vergütet wird. Diese wohl richtigen, aber nicht allzu schweren Bedenken dürften jedoch mehr als aufgewogen werden durch den ausschlaggebenden Gedanken an die durchschnittlich bedeutend größere Leistungsfähigkeit der weineinlegenden Privaten, sowie an den Umstand, daß die Konsumtionsverkehrssteuer nach dem Einkaufspreis, die Schanksteuer dagegen nach dem so beträchtlich gesteigerten Verkaufspreis der Kleinhändler berechnet wird, so daß die 10%ige Belastung der größeren Privatbezüge immer effektiv noch viel niedriger ist als die 8%ige des Kleinverschleißes. Wohl kaufen im Großhandel Private, wenn sie sich nicht an Konsumvereinen beteiligen oder sich zusammentun und auf einer Weinversteigerung ein größeres Faß Wein steigern, etwa um 5—10% teuerer als Wirte, aber dieses kommt schon deshalb gar nicht in Betracht, weil der Privatkonsument nicht verhindert werden kann, schon in früherer Zeit, wo der Wein noch nicht seine volle Wertsteigerung erfahren hat, seinen Bedarf unter entsprechend niedrigerer Steuerleistung zu decken. Aus diesen Gründen dürfte der Vorschlag des Entwurfes hinsichtlich der 10%igen Konsumtionsverkehrssteuer durchaus berechtigt sein. Jedenfalls darf unter keinen Umständen der Satz der Konsumtionsverkehrssteuer niedriger als der der Schanksteuer festgelegt werden.

Eine nähere Begründung der prozentualen Wertsteuer findet sich in den Bemerkungen zu § 10.

Zu § 8.

Dieser Paragraph bezweckt die Erfüllung einer wichtigsten Forderung, die durch den leitenden Grundsatz des Schutzes der reellen Weinbranche an das Weinsteuergesetz gestellt werden muß. Aus früheren Betrachtungen leuchtete es wohl zur Genüge ein, daß die übermäßige Weinvermehrung durch Zuckerwasser und die damit eng zusammenhängende Weinfabrikation, die zurzeit trotz des Verbotes im Jahre 1901 in unerfaßbarer Heimlichkeit weiter blüht, und zwar jetzt hauptsächlich mit der Aufgabe, die durch Zuckerwasser unerlaubt überstreckten Weine durch den verbotenen Zusatz künstlicher Stoffe zur Erhöhung des Säure- und Extraktgehaltes wieder analysenfest, d. h. dem dehnbaren Gesetz genügend, zu machen, die schlimmsten Feinde des Weinbauern und reellen Weinhändlers sind. Will man dieser gefährlichsten, die Preise empfindlich drückenden unlauteren Konkurrenz, welche die reelle Weinbranche von Jahr zu Jahr näher an den Rand unausbleiblichen Verderbens bringt, endlich einmal mit Erfolg das Handwerk legen, dann ist, wie schon des öfteren hervorgehoben wurde, vor allem eine Weinzuckersteuer im Sinne dieses Entwurfes unbedingt nötig.

Dabei darf man sich aber nicht verleiden lassen, zu weit zu gehen und auch eine rationelle Weinverbesserung durch Zuckern unmöglich zu machen. In mancher Hinsicht allerdings könnte es vielleicht nicht unangebracht erscheinen, das Zuckern überhaupt zu verbieten, wie es z. B. in Ungarn geschehen ist, oder doch nur die Trockenzuckerung zu gestatten, was z. B. für Österreich gilt, während sie so gut wie niemand bei uns anwendet. Aber wenn solche Bestrebungen auch bei einer nicht unerheblichen Zahl von Interessenten Anklang finden dürften, so gehen sie für unsere deutschen Verhältnisse doch unzweifelhaft zu weit. Denn man muß stets im Auge behalten, daß es in Deutschland wirklich — und in schlechten Weinjahren in größerer Menge — Weine gibt, die durch ihren übermäßigen Säuregehalt ohne eine gewisse Verbesserung nicht gut genießbar und deshalb auch ziemlich unverkäuflich sind, während sie nach pfleglicher Behandlung noch ein ganz annehmbares Getränk abgeben können. Ein solch rationelles Verfahren hat gegebenenfalls durchaus nützliche Berechtigung und liegt selbstredend im Interesse des Weinbaus. Jedoch ist darauf hinzuweisen, daß in sehr vielen Fällen der übermäßige Säuregehalt durch das gesetzlich ausdrücklich erlaubte Kaptalisieren, d. h. die Entsäuerung mittelst reinen gefällten kohlensauren Kalkes, schon hinreichend herabgesetzt werden kann. Aber dieses Entsäurungsverfahren verschmäht man gewöhnlich gegenwärtig und bedient sich des ebenfalls gestatteten Gallisierens, d. h. des Zusatzes von Zuckerwasser zum Most oder Wein, bei Rotwein auch zur vollen Traubenmaische. Hat dieses doch durch die gleichzeitige bedeutende Vermehrung einen so gewinnbringenden Nebenzweck, der heute eben größtenteils zum Hauptzweck wird. Allerdings soll nicht in Abrede gestellt werden, daß öfters auch das Kaptalisieren allein einen saueren Wein noch nicht schmackhaft machen kann, da es sich in schlechten Weinjahren auch darum handelt, die nicht genügende natürliche Fruchtzuckermenge der Trauben zur Erreichung eines bestimmten Alkoholgehaltes durch Zuckerzusatz zu ergänzen.

Ist deshalb die berechtigte Zweckdienlichkeit einer rationellen Zuckerung unter gewissen Umständen nicht zu bestreiten, so kann demgegenüber um so weniger die unbedingte Verwerflichkeit jeden Gebrauches von Zuckerwasser verkannt werden, sofern und inwieweit es nicht allein tatsächliche Verbesserung eines sonst mehr oder minder unbrauchbaren Weins erfordert. Diese zu verbietende Anwendung des Zuckerns mit bloßer unlauterer Vermehrungstendenz von der notwendigen Verbesserung abzugrenzen, macht, wie wir im vorigen Abschnitt dieser Arbeit gesehen haben, das eigentliche Wesen der Weinfrage aus. Alle bisherigen Versuche, sowie auch die erst geplanten, auf dem Wege von Weinverkehrsgesetzen dieses Kernproblem zu lösen, mußten wir gelegentlich jener Erörterungen als keineswegs ausreichend kennen lernen. Hier bedarf es deshalb nur eines zusammenfassenden Hinweises auf das Versagen aller einschlägigen Bestrebungen.

Nachdem die Zulässigkeit des Zuckerns als Hilfsmittel der ordentlichen Weinbereitung nach seinem Aufkommen um die Mitte des 19. Jahrhunderts bis über das Nahrungsmittelgesetz von 1879 hinaus strittig gewesen war, erlaubte das Weingesetz von 1892 dasselbe ausdrücklich, begnügte sich aber dabei mit der einzigen Beschränkung der Fixierung von Grenzzahlen für den Mindestgehalt an Extraktstoffen und Mineralbestandteilen, eine qualitative Begrenzung, die mit ihrer chemischen Kontrolle heillosen Mißbrauch zeitigte. Kaum minder erfolglos blieb die doppelte Ergänzung dieser festgehaltenen Grenzzahlenbeschränkung, die das Weingesetz von 1901 durch die dehnbare Bestimmung der „Verbesserungsbedürftigkeit" der zu zuckernden Weine und der „Nichterheblichkeit" der Vermehrung und durch die ohnmächtige Weinkennerkontrolle versuchte. Der neue Weingesetzentwurf bringt den Fortschritt der räumlichen und zeitlichen Beschränkung des Zuckerns sowie die zwangsweise Lagerbuchführung. Aber auch durch diese neuen guten Bestrebungen kann nach der eingehenden Beurteilung, die wir ihnen früher angedeihen ließen, noch keineswegs erfolgreich der Mißbrauch des Zuckerns eingedämmt werden; denn neben manchen anderen angedeuteten Mißlichkeiten werden auch diese Versuche ihre Wirksamkeit vor allem deshalb einbüßen, weil ein Weinverkehrsgesetz niemals ihre hinreichende Sicherung durch eine im gesamten Deutschen Reich gleichmäßige strengste Kontrolle gewähren kann. Dabei sei auch insbesondere an die widerwärtigen Kautschukbestimmungen wie „ungenügende Reife", „Jahre der Reife", „zum Zwecke der Verbesserung", „kranke Weine" erinnert, Vorschriften, die nie und nimmer aus den Weinverkehrsgesetzen eliminiert werden können und die alle solche Gesetze mehr und minder verwerflich machen, da sie nur den Gewissenhaften und Redlichen schädigen gegenüber dem Rigorosen und Unreellen, der sich einfach über solche unkontrollierbaren Bestimmungen übertretend hinwegsetzt, ein höchst demoralisierender Mißstand, der sich ohne durchaus sichere Kontrolle in noch höherem Maße bei dem gut gemeinten Schutz des Naturweins durch gewissen Deklarationszwang des gezuckerten Weins auslöst.

Bei dieser Sachlage ist und bleibt, wie sich die frühere Betrachtung der Weinverkehrsgesetze zwingend darzutun bemühte, das einzig wirklich erfolgversprechende Mittel, die schlimme Konkurrenz des Zuckerwassers auf ein erträgliches Maß einzuschränken, eine Weinzuckersteuer, die ihre notwendige Ergänzung in der allgemeinen Weinsteuer durch deren überall gleichmäßige strenge Kontrolle findet. Wie dringend ein Vorgehen in diesem Sinne not tut, das zeigte der obige Hinweis auf die sich stets verschlimmernde Lage des Weinbaus. Während tatsächlich in Durchschnittsjahren nur ein kleiner Teil der deutschen Weinernte des Zuckerwassers zur Verbesserung bedarf, schätzt man, daß bis zum Jahre 1901 95% aller in- und ausländischen Moste gezuckert wurden und daß durch das damalige Weingesetz im höchsten Falle nur eine Minderung bis auf 80% eingetreten ist, woraus man den ungesetzlichen und unlauteren Vermehrungszweck deutlich ersieht.

Dieser Zustand ist an sich auch sehr verständlich, wenn man die Verlockung des großen Gewinns in Erwägung zieht, der durch das Zuckern bei etwas weitem Gewissen so leicht zufließt, während man bei gewissenhafter Ehrlichkeit durch den Verdienst aus der Weinbranche heute kaum noch existieren kann. Ziffernmäßig kann man ganz einfach einen Eindruck über dies unerquickliche Mißverhältnis folgendermaßen erhalten. In der Regel werden wohl auf 1000 Liter Zuckerwasser 5 Ztr. Zucker verwendet. Der Doppelzentner Weinzucker stellt sich auf 40—42 M. inkl. der bestehenden Zuckersteuer von 14 M. Somit kosten mit Arbeitslohn 1000 Liter Zuckerwasser ungefähr 110 M. Dagegen ist durchschnittlich geringster reiner Traubensaft nicht unter 250 M. für 1000 Liter käuflich. Daraus ist sofort ersichtlich, daß der durch das Zuckern gebotene Vorteil verlockend in gleichem Verhältnis anwächst, je mehr es gelingt, einer Weinmenge Zuckerwasser zuzusetzen, ohne dadurch entsprechend ihre Qualität zu verringern. Denn alles dieses Mehr an Wein, was durch die Zuckerung sich ergibt, kostet keinen Ankaufspreis, trägt keine der vielen Lasten und Mühen, die mit der Erzeugung des Naturproduktes zusammenhängen, wird aber von dem Käufer als Wein bezahlt. Selbstredend fällt effektiv nicht der ganze beträchtliche Kostenunterschied als Gewinn dem Zuckernden zu; denn dieser wird nun seine Weine billiger absetzen können und dies auch tun, jedoch ohne die Deklaration der Zuckerung unter dem Scheine der Naturreinheit. Gerade darin liegt aber die Gefährlichkeit des unlauteren Wettbewerbs, dem unbedingt Einhalt getan werden muß. Nehmen wir nur einmal die noch als gesetzlich anzusehende Vermehrung von etwa 25% bei der sog. Verbesserung durch Zuckerwasser an, so entspricht nach der obigen Berechnung der Durchschnittspreis des geringsten Naturweins von 250 M. dem des „verbesserten Weins“ von 215 M. für 1000 Liter. Wird also der letztere auch zu 240 M. oder noch billiger verkauft, so steckt der Verkäufer desselben einen recht namhaften Gewinn in die Tasche, während gleichzeitig dem Naturwein, der eben einmal ohne das mehr oder minder vollständige Ausfallen jeden Verdienstes aus Arbeit und Kapital nicht unter 250 M. abgegeben werden kann, der Absatz untergraben wird. Denn die Konsumenten, die fast ausnahmslos über den Zuckerzusatz des Weines im Unklaren gelassen sind, bewerten den reinen Naturwein nicht höher. Und man berücksichtige, daß die eben angeführte Vermehrung von 25% in sehr weiten Kreisen noch als durchaus reell gilt, während tatsächlich jetzt vielfach bedeutend höhere Prozentsätze von Zuckerwasserzusatz gebräuchlich sind, und wie weiterhin der Gewinn mächtig anwächst, wenn man es nicht mit geringstem Traubensaft zu 250 M. pro 1000 Liter, sondern mit geringerem und mittlerem zu 300, 400 und mehr Mark zu tun hat. Ist es unter solchen Umständen nicht unausbleiblich, daß die Winzer im Herbst ihren Most nur mit Mühe und Not zu kläglichen Schundpreisen absetzen können, daß die reellen Gutsbesitzer und Weinhändler die Keller voll Wein haben, weil sie infolge des Unterbietens der unreellen Konkurrenz, die das Zuckerwasser in unerhörter Weise mißbraucht, ihre Ware nicht an den Mann bringen können?

Diesem unhaltbaren Zustand kann nur abgeholfen werden, wenn man das Übel an der Wurzel erfaßt, d. h. das Zuckern durch eine Steuer so verteuert, daß ihm der Anreiz des leichten, gänzlich ungerechtfertigten Gewinns genommen wird. Diesen einzigen Weg, das überflüssige Zuckern mit Erfolg zu bekämpfen, hat auch im Sommer 1907 unter dem Druck der bedrohlichen Winzerunruhen die französische Gesetzgebung richtig erkannt und den zum Zuckern von Weinen verwendeten Zucker mit einer Sonderabgabe von 40 Fr. pro 100 kg belegt. Allerdings kann man in fraglichem französischen Gesetz vom 29. Juni 1907 nur einen überhasteten Anfang eines vielversprechenden Vorgehens erblicken, da die sichernden Kontrollvorschriften in seiner jetzigen Fassung bei dem Fehlen jeder regelmäßigen Kellerkontrolle seit dem Weinsteuergesetz von 1900 kaum von größerem Erfolg begleitet sein werden. Dieser Entwurf schlägt entsprechend den höheren Naturweinpreisen in Deutschland 40 M. pro 100 kg vor. Danach werden sich nach obiger Berechnung die Kosten von 1000 Liter des in der Regel üblichen Zuckerwassers um 100 M. erhöhen. Da hiermit dem durchschnittlich geringsten Naturwein im Werte von 250 M. auch künftig nur 210 M. kostendes Zuckerwasser gegenüberstehen wird, ist durch diese Steuer die Zuckerung zu

Verbesserungszwecken immer noch recht lohnend und wird deshalb dem rationellen Verfahren keinen Abbruch tun, während dagegen für nicht verbesserungsbedürftige Weine der frühere Gewinn derartig beschnitten wird, daß sich bei überall scharfer Kontrolle wohl kaum mehr jemand seinethalben schweren Strafen aussetzen wird. Die Verteuerung auch der notwendigen Zuckerung kann kein Bedenken in sich bergen, da es doch auch für diese keineswegs gerechtfertigt erscheinen kann, daß mit ihr, die doch nur Mittel zum Zweck der Verbesserung sein soll, eine direkte so hohe Prämie gegenüber dem Naturwein verbunden ist.

Eine solche Einschränkung des Zuckerwassers liegt keineswegs allein im Interesse der Produktion und des reellen Handels, sondern auch in dem der Konsumtion und der Staatskasse. Die Konsumenten wollen wissen, was sie kaufen, und kein Zuckerwasser als Wein bezahlen. Mag auch ihr Geschmack heute mehr denn früher etwas säuerlichem Wein abhold sein, sie wollen trotzdem tunlichst das reine Produkt der Rebe genießen. An und für sich klingt ja der Einwand ganz schön, daß das Zuckern des heutigen süßlichen Geschmackes der Konsumenten wegen meist unentbehrlich wäre. Nur vergißt man darüber, daß größtenteils der Naturwein sehr wohl auch ohne Zuckerzusatz die gewünschte Süße erreicht, wenn man nur die Trauben ausreifen läßt. Und dann, warum hütet sich denn der Zuckerer so wohlweislich davor, den Konsumenten aufzuklären, und verkriecht sich stets hinter den saueren Naturwein, hinter die Reellität? Auch sind gezuckerte Weine entschieden ungesunder als Naturweine. Denn mit jedem Tropfen Zuckerwasser wird der Wein in seinen gesundheitsfördernden mineralischen Natursubstanzen gemindert und demgegenüber in seinem ungesunden Alkoholgehalt künstlich erhöht. Nicht nur jeder Arzt wird dies bestätigen müssen, sondern auch jeder Weintrinker kann es am eigenen Leibe erfahren, wenn er einmal die Nachwirkung eines größeren Genusses von gezuckertem Wein mit der eines ebensolchen von Naturwein vergleicht. Wohl wird der Konsument in Zukunft die größere Garantie für reinen Naturwein durch höhere Preise entschädigen müssen, wobei aber die Konkurrenz des Auslandes einem beträchtlicheren Steigen über die Steuerprozente hinaus alsbald Einhalt gebieten wird. Jedoch dürfte den meisten Konsumenten in ihrer Leistungsfähigkeit eine derartige Entschädigung nicht allzu schwer fallen, ja sie werden sich wohl sogar nicht ungern für das dafür Gebotene dazu hergeben. Und was die ganz billigen gezuckerten Weine anbelangt, deren Abnehmer sich in minder bemittelten Bevölkerungsschichten finden, so dürfte deren Zurückgehen oder gar Verschwinden kaum als ein Nachteil erachtet werden. Denn es gibt, abgesehen vom Bier, einen guten Ersatz für diese billigen Massenprodukte, der viel gesünder ist und sich als Volksgenußmittel sehr empfehlen würde, und das ist der Obstwein.

Auch die Staatskasse hat ein Interesse an der Unterbindung des überflüssigen Zuckerns. Denn durch dieses wird massenhaft nur durch die mäßige Zuckersteuer abgabepflichtiger künstlicher Alkohol erzeugt, der dem Erträgnis der Branntweinsteuer und Biersteuer nicht unbedeutend Eintrag tut. Vor allem aber wird durch die Beschränkung des Zuckerwassers die Weineinfuhr und damit deren Zollerträgnis wesentlich gehoben werden.

Die einzige Folge der vorgeschlagenen Weinzuckersteuer, die an sich berechtigten Interessen etwas zuwiderläuft, dürfte durch die Abnahme fraglichen Zuckerverbrauchs eine gewisse Schädigung der Zuckerbranche sein. Aber gar zu groß wird sie wohl nicht genannt werden können. Jedenfalls verschwindet diese Benachteiligung vollkommen hinter dem, was an Ersprießlichstem insbesondere für die reelle Weinbranche dadurch gewonnen werden kann. Um so leichter wird die Zuckerindustrie diesen Ausfall ertragen können, als ja in Bälde die Initiative des Reichstages gelegentlich der Annahme der Zusatzakte zur Brüsseler Zuckerkonvention zu Anfang dieses Jahres bei der nächsten Erhöhung der Reichseinnahmen die Herabsetzung der Zuckersteuer von 14 M. auf 10 M. für 100 kg zur Folge haben wird, ein Umstand, der allerdings auch die entsprechende Erhöhung der Weinzuckersteuer von 40 M., worin nur ein Mindestmaß zu erblicken ist, auf 45 M. benötigen wird.

Ein scheinbar gewichtiger Einwurf gegen die Weinzuckersteuer könnte vielleicht dahin gehen, daß diese bei der sehr schwierigen Kontrolle viele Steuerhinterziehungen zeitigen würde und sie deshalb durch ihre unverantwortlich demoralisierende Wirkung wenn nicht gerade grundsätzlich verwerflich, so doch sehr bedenklich erscheinen müsste. Wohl kann die Möglichkeit von Defraudationen nicht geleugnet werden, wenn sie auch durch die in späteren Paragraphen vorgesehene und begründete Kontrolle sehr eingeschränkt wird. Demgegenüber sei aber die Frage aufgeworfen, ob ein solcher Zustand, selbst wenn er, was nicht anzunehmen ist, für eine Steuer ausnahmsweise Unterschleife mit sich brächte, nicht trotzdem viel wünschenswerter auch vom Standpunkt der Sittlichkeit sei, als der gegenwärtige, wo bei der Verlockung des übermäßigen Zuckerns und den äußerst dehnbaren Gesetzesbestimmungen ganz allgemein die Unreellität geradezu gezüchtet wird. Und diese jetzigen Verhältnisse, wo der Gewissenhafte und Ehrliche an dem Rande seiner Existenzfähigkeit steht, wo manch solide Geschäftsfirma zusammenbricht, während die so leichtes Spiel habende Unlauterkeit so rasch zu Reichtum kommt, diese sollten nicht viel mehr demoralisieren als die eventuellen Fälle der Umgehung der scharf kontrollierten und festbegrenzten Weinzuckersteuerbestimmungen? Vor allem vergesse man dabei doch nicht, daß sehr viele Leute mit etwas weiterem Gewissen, die zurzeit, vielleicht nur durch bittere Not gedrängt, den unreellen Wettbewerb zur Vernichtung der Ehrlichen mitmachen, niemals dazu fähig sind, einer Defraudation sich schuldig zu machen, zumal wenn sie in Zukunft wieder Aussicht haben, bei reeller Geschäftsführung recht wohl bestehen zu können.

Zu § 9.

Dieser Paragraph bringt die objektive Grundlage der Steuerberechnung. Abgesehen von einigen Ausnahmen wird die Steuererhebung an einen Besitzwechsel anknüpfen, dem ein Kaufgeschäft zugrunde liegt. Daraus ergibt sich der Inhalt des ersten Absatzes ganz von selbst.

Für den vom Ausland bezogenen Wein verlangt der Entwurf im Anschluß an die Regierungsvorlage von 1893 das Hinzurechnen des zu zahlenden Zolles zum Kaufpreis. Über die Berechtigung dieses Vorgehens kann kein Zweifel bestehen, weil der ausländische Wein, wenn er nicht vor dem inländischen Erzeugnis eine schädigende Bevorzugung erfahren soll, nach Maßgabe seines Wertes im Inland versteuert werden muß, der den im Ausland zu zahlenden Kaufpreis meist um den Betrag des Zolles und der bis zum Eintritt über die Landesgrenze erwachsenden Kosten und Spesen übersteigt. Letztere werden dabei durch den Entwurf nur im Hinblick darauf außer acht gelassen, daß deren Berücksichtigung die Steuerabfertigung wesentlich erschweren würde, ohne den

Steuerbetrag namhaft zu erhöhen und zudem bei dem Verkauf aus Zollniederlagen, durch die der überwiegende Teil der Weineinfuhr zu gehen pflegt, schon von selbst alle bis dahin entstandenen Kosten und Spesen im Kaufpreis zum Ausdruck gelangen.

Nach dem Vorgange der Regierungsvorlage von 1893 sieht auch dieser Entwurf davon ab, die selbstverständliche Folgerung aus dem Grundsatz der Besteuerung nach dem Wert, daß die Hinzurechnung des Zolls dann unterbleibt, wenn der Kaufpreis einschließlich Zoll vereinbart ist, besonders hervorzuheben. Ebenso bedarf es nach dem gewählten Wortlaut, der nur von dem zu „zahlenden" Zoll spricht, keiner eigenen Bestimmung, daß eine Erhöhung des Kaufpreises um den Zoll nicht stattfindet, wenn die Weineinfuhr in das Geltungsgebiet des Weinsteuergesetzes aus den Zollanschlüssen zollfrei erfolgen darf.

In Absatz 3 wiederholt der Entwurf eine zweckdienliche Bestimmung seines Vorläufers, die sich hinsichtlich der Behandlung der Umschließungen den bestehenden Handelsgewohnheiten Rechnung zu tragen befleißigt.

Die erschwerte Ermittelung des Wertes für die Steuerberechnung in den Ausnahmefällen, wo kein Kaufgeschäft vorliegt, wird durch den letzten Absatz zu regeln versucht mit dem Bestreben, die Willkür bei der Wertangabe zu beschränken und für das etwaige Strafverfahren objektive Anhaltspunkte zur Feststellung der Minderdeklaration zu geben. Dem gleichen Deklarationsverfahren unterstellt die Regierungsvorlage von 1893 zu einem Durchschnittspreis angekauften Wein von verschiedenem Werte, indem sie die Wertangabe für jede einzelne Sorte verlangt. Zu einer derartigen umständlichen Schwierigkeit dürfte um so weniger Veranlassung gegeben sein, da der Durchschnittsertrag der Steuer dadurch nur selten höher ausfallen wird. Der Schlußsatz ist in dem Gedanken geschrieben, daß es im Geschenkfalle dem verschenkenden Weinversender erwünscht sein wird, dem Beschenkten auch die Steuerlast abzunehmen. Darüber hinaus wird diese Bestimmung wohl überflüssig sein, da das Fehlen eines Kaufgeschäftes sich sonst regelmäßig aus einem steuerpflichtigen Übergang oder Verbrauch ohne Wechsel des Besitzers erklären wird. Abgesehen von dieser einzigen Ausnahme hält aber der Entwurf für die Verkehrssteuer unbedingt daran fest, daß der Empfänger die Steuer zu entrichten hat. Wohl bildete die durch die Regierungsvorlage von 1893 vorgesehene Ermöglichung der Steuerauslegung durch Großhändler, die nicht zugleich Hersteller sind, bei Sendungen an Konsumenten eine gewisse Vereinfachung des Steuerverfahrens und dürfte den Konsumenten wünschenswert sein, aber sie durchbräche nicht nur den Grundsatz des möglichsten Abrückens der Steuererhebung vom Produzenten, sondern sie zerstörte auch einen vorteilhaftesten Gedanken dieses Entwurfes, auf den, wie die Bemerkungen zum folgenden Paragraphen lehren werden, hinsichtlich der sicheren Durchführbarkeit der prozentualen Wertbesteuerung das größte Gewicht zu legen ist.

Zu § 10.

In diesem Paragraphen erfolgt die Regelung der subjektiven Voraussetzungen für die Steuerberechnung. Er ist von höchster Wichtigkeit für die Ermöglichung einer prozentualen Wertbesteuerung. Verbürgt er nicht die tunlichste Zuverlässigkeit der Wertangaben, dann würde ein höchstes Ziel, das sich der Entwurf gesteckt hat, von vornherein sehr in Frage gestellt und der Versuch der prozentualen Wertbesteuerung, die vom Standpunkt der Gerechtigkeit bei den großen Wertunterschieden des Weins zur Anpassung an die Leistungsfähigkeit der Konsumenten unbedingt zu fordern ist, könnte seinen Zweck verfehlend nur unheilstiftend wirken, indem ja in einem solchen Falle eine Prämie auf die Abgabe falscher Deklarationen, also auf die Unredlichkeit zum Schaden des Ehrlichen gesetzt wäre. Aber durch die in diesem Entwurfe vorgeschlagene Kombination der Veranlagungsarten, insbesondere auch durch die Bestimmungen dieses Paragraphen darf man wohl an eine unbedenkliche Durchführbarkeit der prozentualen Wertsteuer glauben. Diese Annahme mag folgende Betrachtung zu begründen versuchen.

Daß die prozentuale Wertsteuer als Schanksteuer sehr wohl zum Austrag kommen kann, dafür liegen durch die französische und württembergische Gesetzgebung tatsächliche Beweise vor und es erübrigt deshalb eine theoretische Verteidigung, die — dessen muß man sich bewußt bleiben — regelmäßig nur eine mehr oder minder sichere Mutmaßung erzeugen kann. Ganz anders steht es aber mit der Verkehrssteuer als Wertsteuer. Denn gegen diese spricht sogar die Geschichte. Nirgends besteht sie nämlich und wo sie einmal auftauchte, wie in Baden und Frankreich, wurde sie alsbald zugunsten spezifischer Sätze aufgegeben. Aber damit ist noch keineswegs der Versuch des vorliegenden Gesetzentwurfs widerlegt. Denn dieser bringt gegenüber den früheren zwei prinzipielle Unterschiede, die ohne Zweifel zugunsten der Prozentualität der Verkehrssteuer sehr schwer in die Wagschale fallen: es ist die durch die Verknüpfung mit der Schanksteuer ermöglichte Teilung in eine niedrige Handelsverkehrssteuer und eine hohe Konsumtionsverkehrssteuer und sodann das unbedingte Festhalten daran, daß der Empfänger steuerpflichtig ist, während die Deklarationspflicht in erster Linie dem Absender obliegt, ein Umstand, der zudem durch die Kautelen der Rechnungsabstempelung in seiner Wirksamkeit wohl noch um ein gut Teil gestärkt wird. Die günstigen Folgen dieses Vorgehens mag sich an der Hand der hauptsächlichen Einwände aufklären, die bei der scharfen Bekämpfung der Regierungsvorlage von 1893 hervortraten, deren prozentuale Wertsteuer mit der Wertgrenze allerdings höchst anfechtbar war.

Vorweg sei als völlig unrichtig ein Einwurf genommen, nämlich der, daß eine Wertsteuer vor allem auf die Preise der besseren Qualitäten drückend wirken und deren Konsum verringern würde, was entweder einen Rückgang des deutschen Weinbaus überhaupt, dessen Stärke im Qualitätsbau liege, oder Raubbau zur Folge hätte. Ganz abgesehen davon, daß bei prozentualer Besteuerung die Preissteigerung der feineren und geringeren Weine vollkommen verhältnismäßig ist, darf man doch nicht vergessen, daß die Leistungsfähigkeit der Konsumenten der besseren Qualitäten stark progressiv steigt und sie mithin viel weiter entfernt sein werden, ihren Konsum einzuschränken als die Verbraucher der geringeren Weine. Geradezu sinnlos aber wäre für eine Weinsteuer im Sinne dieses Entwurfes die Übertragung der Befürchtung einer Schädigung des Qualitätsbaus, durch den unzweifelhaft allein der deutsche Weinbau seinen Rang in der internationalen Produktion sich erhalten kann. Wird doch gerade durch das grundsätzliche Brechen mit der Ära des übermäßigen, weinvermehrenden Zuckerns, wo die billigen und saueren Produkte der großen Streckungsmöglichkeit wegen am stärksten begehrt und am vorteilhaftesten gebaut werden, der deutsche Qualitätsbau, der mehr und mehr in den letzten Jahren zurückging, zu großem Nutzen besonders gefördert werden.

An sich berechtigt erscheinen drei Einwände gegen die prozentuale Wertbesteuerung, deren Bedenklichkeit aber durch diesen Entwurf im weitgehendsten Umfange zerstreut sein dürfte. Der erste bezieht sich auf die außerordentliche Schwierigkeit der behördlichen Taxation, da kaum ein Beamter imstande ist, einen Wein richtig zu kontrollieren in bezug auf die Frage, ob der angegebene Wert auch wirklich den Tatsachen entspricht. Ist doch sogar für eingeweihte Sachverständige das richtige Taxieren der Weine eine keineswegs leichte Obliegenheit, die in verschiedenen Gutachten nur selten ganz übereinstimmend gelöst wird, was sich daraus erklärt, daß der Wein nicht nur nicht keinen Weltmarktpreis hat, sondern auch überhaupt die objektiven Merkmale der Abschätzung durch subjektive Liebhaberei vielfache Korrekturen bei der Festsetzung des Preises erfahren. Da jedoch die Steuerpflichtigkeit in der Regel an einen Besitzwechsel anknüpft, dem ein Kaufgeschäft zugrunde liegen muß, und deshalb der Wert stets in der Faktura untrüglich fest zum Ausdruck kommt, verliert dieser Einwand schon fast jede Bedeutung. In den wenigen Ausnahmefällen aber, wo kein Kaufgeschäft vorliegt und man sich deshalb allein auf subjektive Deklaration und Taxation verlassen muß, zerstreut dieser Entwurf jede erstere Befürchtung insofern, als dann fast nichts anderes in Betracht kommt wie die minimale Handelsverkehrssteuer beim Übergang aus Großhandelsräumen in Kleinhandelsräume desselben Besitzers oder wie der Hausverbrauch der Weinhändler, für welch letzteren ein etwas mäßigeres Treffen als den sonstigen Konsum nicht einmal ganz unberechtigt ist.

Der zweite Einwurf geht dahin, daß die prozentuale Wertbesteuerung durch die so großen Wertveränderungen des Weins die mißliche Folge habe, daß jeder Käufer die Steuer durch früheren oder späteren Einkauf niedriger oder höher bemessen könnte, was besonders die Kapitalkräftigen ausnützen würden. Aber auch hier bleibt durch die Haltung dieses Entwurfes nicht viel Angreifbares übrig. Denn die allein beim Einsetzen der Steuer im Handelsverkehr liegende Gefährlichkeit der Ausnutzung dieser unverkennbaren Schwäche der Prozentualität wird durch die Niedrigkeit der bei jedem Verkauf an Händler einsetzenden Handelsverkehrssteuer benommen. Für die Konsumtionsverkehrssteuer aber ist das Einkaufen des Weins in einem Zustand, wo er noch nicht durch Kellerausbau seine hauptsächlichste Wertsteigerung erfahren hat, sehr eng begrenzt. Denn ungeachtet dessen, daß sich der Wein in kleinen Quantitäten längst nicht so gut wie in großen ausbaut, werden überhaupt nur recht wenige Konsumenten in der Lage sein, ihren Weinbedarf jung und ungepflegt einzukaufen, weil die Kellerbehandlung des Weines bis zu seiner Flaschenreife, die in der Regel erst zwischen dem 3. und 5. Jahre eintritt, außerordentlich große Erfahrung und Sachkenntnis verlangt, die in Konsumentenkreisen höchstens in Weinbaugebieten vereinzelt vorausgesetzt werden dürfte. Wenn aber dortige Konsumenten sich durch die Möglichkeit früheren Einkaufs die Steuer etwas zu ermäßigen vermögen, dann kann man darin nur wieder einen gerechten Ausgleich in Anbetracht dessen erblicken, daß der Wein in den Weingegenden eben allgemeineres Genußmittel ist.

Der dritte und gewichtigste Einwurf gegen die prozentuale Wertsteuer ist der durch sie bedingte Anreiz zur falschen Deklaration. Aber auch er dürfte durch die Anlage dieses Entwurfes entkräftet sein. Die Gefahr von demoralisierenden Defraudationen darf allerdings bei der Wertsteuer nicht unterschätzt werden. Aber man vergesse doch nicht, daß bei keiner Steuer der Unterschleif ausgeschlossen ist, und zwar am allerwenigsten bei der so viel gepriesenen Einkommensteuer. Gerade Verbrauchssteuern lassen sich aber durch allerhand Kautelen, Kontrollvorschriften und hohe Strafen sichern, was diesem Entwurf auch hinsichtlich der schwierigen Wertbesteuerung weitgehend gelungen sein dürfte. Dadurch, daß die Verpflichtung zur Deklaration des Wertes oder des denselben repräsentierenden Kaufpreises, soweit es nur möglich, d. h. beim Bezug aus dem Inlande oder einer Zollniederlage, im Gegensatz zu der Regierungsvorlage von 1893 dem Versender und nicht dem steuerpflichtigen Empfänger auferlegt ist, wird schon die größte Verlockung zur Defraudation ausgeschaltet. Denn der Deklarationspflichtige hat jetzt nicht das geringste unmittelbare Interesse an einer falschen Wertangabe; im Gegenteil, neben der hohen Strafverwirkung setzt er sich dadurch nach diesem Entwurf auch der Gefahr aus, für den verkauften Wein nicht zu seinem Gelde zu kommen, da nur durch die mit amtlichem Stempel versehene Faktura für das abgeschlossene Kaufgeschäft eine rechtliche Zahlungsverbindlichkeit entstehen soll. Als Gegenkontrolle wird dann die Deklaration unter Vorlage der gestempelten Faktura auch von dem Empfänger gefordert. Mithin ist fast stets zu einer Steuerhintergehung durch falsche Wertangabe die Abmachung zweier sich zusammenfindender Defraudanten und die Fälschung der Faktura nötig. Diese Voraussetzungen dürften sich wohl aber unter der Wirkung der Entwurfsbestimmungen nur sehr selten geben. Denn bei der Handelsverkehrssteuer, die sich durch die großen Umsätze und vor allem durch die persönlichen Anknüpfungen der Beteiligten in ihrem Wesen dazu eignen würde, lohnen sich bei ihrer Niedrigkeit wahrlich nicht mit so scharfen Folgen bedrohte Manipulationen, die ja nach § 53 gegebenenfalls sogar das Verbot des Weinhandelsbetriebes nach sich ziehen können. Noch viel weniger wird sich bei der Konsumtionsverkehrssteuer der Versender zur Vorlegung gefälschter Fakturen hergeben, da wohl nur höchst selten zwischen Großhändler und Privatkunden so nahe Beziehungen vorhanden sein werden, die ersteren bewegen könnten, sich bei der großen Verantwortlichkeit in defraudatorische Vereinbarungen, an denen ihm jedes unmittelbare Interesse fehlt, einzulassen.

Außer diesen durch den § 10 Absatz 1 vorgeschlagenen wirkungsvollen Kautelen bestehen weitere nicht zu unterschätzende Sicherungsmittel gegen Defraudation bei der Wertangabe in dem Lagerbuchzwang nach § 20 und dem durch den gleichen Paragraphen dem Oberbeamten der Steuerverwaltung vorbehaltenen Recht, in die vom Weinhändler selbst geführten Bücher Einsicht zu nehmen, wodurch man auch eine gute Kontrolle für die Ausnahmefälle hat, wo es an einem Kaufgeschäft und mithin auch an einer Faktura gebricht. Daß sich aber viele Weinhändler finden, welche die Pflichten eines ordentlichen Kaufmanns, wie sie das Handelsgesetzbuch vorschreibt, so weit vergessen, daß sie selbst ihre eigenen Bücher fälschen, braucht wohl nicht angenommen zu werden. Sollten jedoch trotz aller dieser die richtige Wertangabe sichernden Vorschriften bei der prozentualen Wertbesteuerung mehr Defraudationen als bei einer selbstredend viel einfacheren Fixsteuer vorkommen, so kann dieses Bedenken noch längst nicht die krasse Ungerechtigkeit von spezifischen Sätzen aufheben. Jedenfalls sollte man sich unweigerlich zuerst zu dem Versuche einer Prozentualität unter den vielversprechenden neuen Gesichtspunkten dieses Entwurfes verpflichtet fühlen, ehe man sich zur Verwerfung einer Forderung entschließt, welche einen wesentlichen Teil der grundsätzlichen Berechtigung der Weinbesteuerung ausmacht.

Bei direktem Bezug aus dem Auslande kann das dem Entwurfe zugrunde liegende wichtige Prinzip, die Steuerpflicht und die Deklarationspflicht zu trennen, nicht aufrecht erhalten werden, da man für das ausländische Erzeugnis nicht die Zahlungsverbindlichkeit von einer abgestempelten Faktura abhängig machen kann. Aber ungeachtet dessen, daß der eingeführte Wein zum größeren Teil aus Zollniederlagen verkauft wird, in denen die Importgeschäfte den Wein bis zum Absatz zollfrei und mithin auch steuerfrei zu lagern pflegen, ist im übrigen das Fehlen der Abstempelungskautele hier nicht schlimm, da einerseits bei solchen Bezügen fast nur die niedrige Handelsverkehrssteuer Platz greift und andererseits die Preisdifferenzen in den eingeführten Weinen nur klein zu sein pflegen. Zudem ist auch hier die Vorlegung der Faktura von seiten des Empfängers verlangt, wobei eine falsche Rechnungsausstellung bei der Entfernung von Käufer und Verkäufer recht unwahrscheinlich ist.

Der Absatz 3 begnügt sich für die Schanksteuer mit der selbstverständlichen Notiz, daß der Kleinhändler deklarationspflichtig ist. Die eingehenden Bestimmungen darüber hätten über den Rahmen dieses Paragraphen wie überhaupt des Abschnittes der allgemeinen Bestimmungen hinaus gehen müssen und sind deshalb unter den Abschnitt der eng damit zusammenhängenden Kontrollvorschriften verwiesen worden.

Der Absatz 4 wurde der Regierungsvorlage von 1893 entnommen. Er wird und soll auch nur in Ausnahmefällen zur Geltung kommen. Dabei hat sich die amtliche Wertermittelung zunächst auf die Heranziehung der Deklaration des Geschäftsvermittlers oder auf die Einsichtnahme der Handelsbücher zu beschränken. Eine Untersuchung und Abschätzung des Weins soll nach der Ansicht auch dieses Entwurfes nur vorgenommen werden, wenn die Beseitigung der Bedenken gegen die gemachte Preis- oder Wertangabe oder die Ergänzung der fehlenden Angabe auf anderem Wege nicht zu erreichen ist.

Bei der Weinzuckersteuer ist es wieder möglich, zur Hauptdeklaration den Nichtsteuerpflichtigen heranzuziehen. Die Rechnungsvorlegung hat hier bei dem spezifischen Satz um so weniger Sinn, als man doch schwerlich die Zahlungsverbindlichkeit an eine amtliche Stempelung knüpfen kann, da der Verkäufer gegebenenfalls ohne sein Verschulden über die Verwendung des verkauften Zuckers als Weinzucker im Unklaren gelassen werden kann. Die besondere Sicherung der Weinzuckersteuer wird in den §§ 43—46 geregelt und in den Bemerkungen dazu besprochen.

Zu § 11.

Der Absatz 1 fixiert nach dem Vorbild der Regierungsvorlage von 1893 für die Handels- und Konsumtionsverkehrssteuer den Zeitpunkt der Steuerentrichtung hinsichtlich der regelmäßigen Fälle des Eintrittes der Steuerpflichtigkeit. Die dreitägige Zahlungsfrist nach der Mitteilung des zu zahlenden Steuerbetrages wird auch für die Schanksteuer und Weinzuckersteuer beibehalten.

Die näheren Vorschriften über die Stundung werden dem Bundesrat überlassen, da sich das Gesetz nicht auf die hier wünschenswerten Einzelheiten einlassen kann. So gerecht und notwendig auch in vielen Fällen die Steuerstundung ist, um drückende Vorausbelastungen zu vermeiden, so muß doch das Bestreben herrschen, sie im Interesse der Steuerverwaltung, für die sie große Belästigungen und gegebenenfalls nicht unerhebliche Mindereinnahmen mit sich bringt, möglichst zu beschränken. Von einer Stundung für die Konsumtionsverkehrssteuer konnte bedenkenlos Abstand genommen werden, besonders in der Überlegung, daß von Privaten größere Quantitäten von Wein nicht allzulange vor dem Gebrauch eingelegt zu werden pflegen, und daß in den wenigen Fällen, wo dies doch geschieht, soviel an Steuer durch den niedrigeren Preis der jüngeren Weine gespart wird, daß sich die längere Vorausentrichtung mehr als ausgleicht. In Anbetracht der kaum sehr großen Beträge, die als Handelsverkehrssteuer fällig werden, hätte wohl auch von einer Stundung derselben abgesehen werden können. Wenn der Entwurf dennoch eine solche ermöglicht, so tut er dies hauptsächlich mit Rücksicht auf eine Erleichterung im arbeitsvollen Herbstgeschäft, wo für den Weinhandel zwar nicht sehr große, aber sehr viele kleine Beträge, innerhalb weniger Tage fällig werden. Für die Weinzuckersteuer ist wegen des hohen Steuerzolls und des erst längere Zeit nach der Zuckerung erfolgenden Absatzes eine Stundung von sechs Monaten angebracht, ja es wäre vielleicht eine Ausdehnung auf neun Monate gegen Sicherheitsbestellung erwägenswert. Die Schanksteuer braucht für den Ausschank von offenem Wein nicht gestundet zu werden, da sie nach späteren Vorschriften nur für den ausgeschenkten Wein zu bezahlen ist und sich deshalb der Wirt schon vorher vom Konsumenten dafür entschädigen läßt. Anders steht es mit den für Flaschenweine vorgesehenen Steuermarken. Denn diese muß der Kleinhändler nach vorheriger Lösung auf dem Steueramte in einiger Zahl sich vorrätig halten. Eine Ausführungsbestimmung dazu kann vielleicht dahin lauten, daß die Stundung nur von einem gewissen Mindestbetrag gleichzeitig gelöster Steuermarken an eintreten soll.

Zu § 13.

Dieser Paragraph enthält die näheren Vorschriften über die Versteuerung des Weins für den einen der beiden steuerpflichtigen Fälle, wo die äußeren Merkmale eines nach Absatz 1 des § 4 die Steuerpflichtigkeit begründenden Übergangs der Weine fehlen.

Die Frage der Besteuerung des Hausverbrauchs ist eine besonders schwierige, über welche die Ansichten ziemlich auseinandergehen. Die durch den Entwurf versuchte Lösung dürfte wohl nicht ganz einwandsfrei sein. Immerhin liegen ihr aber nützliche Gesichtspunkte zugrunde, welche sich vielleicht am besten durch die gebrachte Regelung verwirklichen lassen, die so weit als möglich von lästigen Formalitäten frei und trotzdem sicher sein dürfte.

Der Gedanke des Anschreibebuches ist durch die Regierungsvorlage von 1893 angeregt, in der Ausspinnung desselben unterscheidet sich der Entwurf wesentlich davon. Abgesehen von der schon besprochenen Abweichung, daß Produzenten, die zugleich Großhändler oder Kleinhändler sind, nicht die Steuerfreiheit des Hausverbrauchs versagt wird, verlangt dieser Entwurf insbesondere die Anschreibung in das Hausverbrauchsbuch auch für steuerfreie Entnahmen aus den Weinvorräten; denn unter die Bezeichnung „alle Verkäufer von Wein“ fallen selbstredend gemäß § 4 Absatz 2 und 3 auch alle Produzenten, welche angekauften oder auch nur selbsterzeugten Wein zu Zwecken des Verkaufs einlagern. Dieses weitgehende Verlangen hat seinen äußerst wertvollen Zweck darin, um bei Kellerkontrollen zu verhindern, daß fehlende Mengen, über die nach dem Abzug des gesetzlichen Rabatts für Schwand und Abgang an Hefe und Trübwein (§ 34) die Versteuerung nicht nachgewiesen werden kann, nicht einfach, jeder Kontrolle entzogen, als Hausverbrauch bezeichnet werden. Aus diesem Grunde nahm der Entwurf auch nicht die Bestimmung auf, daß nach Übereinkommen mit der Steuerbehörde die Versteuerung des Hausverbrauchs auch im Wege der Abfindung erfolgen kann, was sicherlich durch seine Vereinfachung manches für sich hätte.

Die Verpflichtung zur vierteljährlichen Vorlegung des Hausverbrauchsbuchs, an welche sich die Versteuerung anzuschließen hat, entbehrt bezüglich derjenigen Groß- und Kleinhändler, welche als Produzenten nach § 6 Ziffer 1 Steuerfreiheit genießen, eines eigentlichen Sinnes und wird deshalb unterlassen. Jedoch sind natürlich kontrollierende Steuerbeamte jederzeit befugt, in das Hausverbrauchsbuch Einsicht zu nehmen, und allgemein wird es beim Jahresabschluß der Konten nach § 34, bei dem es eine große Rolle spielt, einer genauen Prüfung unterzogen.

Da für den Hausverbrauch der Weinhändler, soweit sie nicht gleichzeitig Produzenten sind, eine Steuerbefreiung weder ethisch, noch praktisch so gerechtfertigt ist, wie es oben hinsichtlich des Hausverbrauchs der Produzenten erkannt wurde, liegt die Anwendung des Schanksteuersatzes wohl am nächsten. Die Deklaration des Wertes, die in der Anschreibung vom Verbraucher zu geschehen hat, soll sich nach dem Verkaufspreis des Weines richten, der zur Zeit des Konsums zu erzielen gewesen wäre, und zwar allgemein im Großhandel, damit die Kleinhändler bei ihrem viel höheren Kleinverkaufspreis nicht schlechter als die Großhändler gestellt sind. Wird hierbei in Ausnutzung des durch den Wortlaut gegebenen Spielraums der Steuerpflichtige den Verkaufspreis auch möglichst niedrig annehmen, so ist das nicht sehr schlimm, da immerhin auch der Weinhändler hinsichtlich seines Konsums eine gewisse Bevorzugung verdienen dürfte. Defraudatorisch niedrige Wertangaben werden wohl nur sehr schwer gemacht werden können, da man in den sonstigen Verkäufen des Betreffenden eine recht wirksame Gegenkontrolle hat.

Durch die Ermäßigung des Steuersatzes auf die Hälfte, wie sie der letzte Absatz vorschlägt, soll ein wohlüberlegter Druck dahin ausgeübt werden, daß die Weinhändler, insbesondere die Wirte auf die Herstellung von Haustrunk, der ja, abgesehen von der geringen Weinzuckersteuer, nach § 5, 1b für jeden ihn produzierenden Weinhändler frei ist, verzichten. Dies käme nicht nur der Steuerverwaltung der Erleichterung der Weinzuckerkontrolle wegen, sondern auch der reellen Weinbranche der mit der Herstellung von Haustrunk öfters verbundenen Unlauterkeit wegen sehr zugute. Denn gerade für Weinhändler liegt aus erklärlichen Gründen der oben gestreifte Mißbrauch, daß der Haustrunk unerlaubterweise auf geheimen Wegen in den Geschäftsverkehr kommt, am verlockendsten. Um den Druck noch bedeutend zu verstärken, könnte man sogar vielleicht für den Fall des Absehens von der Haustrunkherstellung an vollständige Steuerfreiheit des Hausverbrauchs auch derjenigen Weinhändler denken, die nicht der Qualifikation eines Produzenten teilhaftig sind. Jedoch nahm der Entwurf davon Abstand, da dieses wohl das Maß einer zu rechtfertigenden Bevorzugung überstiege, besonders mit Rücksicht darauf, daß größere Betriebe kaum davon Gebrauch machen könnten, weil es für sie zu kostspielig wäre, alle Angestellten mit Verkaufsweinen abzufinden.

Zu § 15

Wenn auch, wie in der geschichtlichen Darstellung ausgeführt wurde, weder ein Reservatrecht noch ein bindendes Versprechen dem Reiche in irgend einer Weise bei der Besteuerung des Weines hindernd im Wege steht, so muß doch auf den Besitzstand der eine eigene Weinsteuer erhebenden Länder Rücksicht genommen werden, schon deshalb, um diese Bundesstaaten, denen es nicht verdacht werden kann, wenn sie sich nicht ohne Widerspruch durch das ersatzlose Abgraben einer bisherigen Steuerquelle ziemlich empfindlich finanziell schädigen lassen wollen, nicht zu Gegnern der Reichsweinsteuer zu machen. Der Entwurf glaubt durch die Zuerkennung des vorgeschlagenen Besteuerungsrechtes den berechtigten Interessen in vollkommen genügender Weise Rechnung getragen zu haben. Der gestattete Zuschlag von 4% zu der Konsumtionsverkehrssteuer und Schanksteuer dürfte in seinem Ertrag das bisherige Steuerergebnis für Elsaß-Lothrigen beträchtlich übersteigen, für Baden und Württemberg zum mindesten erreichen, besonders wenn man bedenkt, daß die 4%igen Zuschläge vollständig reine Einnahmen bedeuten, da ja den Bundesstaaten die ihnen erwachsenden Erhebungskosten aus der Reichssteuer vergütet werden. Gerade für Württemberg sei hinsichtlich des sicher zu erwartenden Aufkommens des zeitweiligen Steuerertrags darauf aufmerksam gemacht, daß nicht nur nicht seine 11%ige Schanksteuer durch die Beschränkung des Zollvereinsvertrages von 1867 längst nicht ganz zum Austrag kommt, sondern vor allem, daß dort der bisher steuerfreie Weinkonsum zu Hause, der nun auch für die Landeskasse mit 4% belegt werden kann, weit über die Hälfte des gesamten Weinkonsums ausmacht.

Daß eine Zuschlagsabgabe zur Handelsverkehrssteuer und zur Weinzuckersteuer den Bundesstaaten versagt werden muß, erklärt sich aus dem Zwecke dieser beiden, die, wie oben in der Theorie der Weinsteuer angegeben wurde, nicht des Ertrages wegen, sondern nur zum fördernden Schutz der reellen Weinbranche bestehen. Auch sei, obwohl sich dies eigentlich ohne weiteres aus der gewählten Fassung ergibt, doch noch ausdrücklich darauf hingewiesen, daß das Besteuerungsrecht der Bundesstaaten nur auf eine Zuschlagsabgabe lautet, d. h. daß sie genötigt sind, die Steuerformen des Entwurfs auch für ihre Landessteuern zu wählen. Das Vorgehen der Regierungsvorlage von 1893, die für die von ihr zugestandenenen privaten Weinsteuern der Landesgesetzgebung freie Hand lassen wollte, kann vom finanzpolitischen Standpunkt durchaus nicht gebilligt werden.

Es soll hier nicht versäumt werden, einen schon öfters aufgetauchten Gedanken, der anscheinend eine recht naheliegende Lösung der Entschädigungsfrage angibt, zu erwähnen, ohne ihm beipflichten zu können. Danach will man den Einzelstaaten mit privaten Weinsteuern zur Vermeidung jeder Beeinträchtigung ihrer Finanzen eine Sicherheit in der Richtung schaffen, daß sie in dem Maße, wie sie auf ihre Landesweinsteuer verzichten, in ihren Matrikularbeiträgen erleichtert werden. Dieses Zugeständnis wäre wohl für Württemberg, Baden und Elsaß-Lothringen sehr angenehm, aber für die übrigen Bundesstaaten eine kaum zu rechtfertigende Benachteiligung, die einen bedauerlichen Ausnahmezustand in die Reichsbesteuerung bringen würde. Zudem darf auch nicht vergessen werden, daß die Weinsteuerländer bei Einführung eines Reichsweinsteuergesetzes, dem es nach dem Vorschlag dieses Entwurfes gelingt, ihnen ohne bevorzugende Ungerechtigkeit den bisherigen Weinsteuerertrag so gut wie zu sichern, in mancher Beziehung viel günstiger gestellt sind, als die übrigen Bundesstaaten. Nicht nur, daß für sie die feindlich stimmende Ungewohnheit der Bevölkerung an die neue Steuerquelle wegfällt, ersparen sie sich auch sehr erhebliche Kosten, welche die übrigen Bundesstaaten für die bei ihnen schon größtenteils bestehende erforderliche Organisation der Steuerverwaltung aufwenden müssen. Dazu kommt, daß Baden, Württemberg und Elsaß-Lothringen als Weinbaugebieten infolge der allgemeinen Hebung des Weinbaus durch eine Reichssteuer im Sinne dieses Entwurfes mit den übrigen Weingegenden ein bedeutender Vorteil zufallen wird.

Zu § 16.

Der Inhalt dieses Paragraphen wurde aus der Regierungsvorlage von 1893 übernommen und dürfte für die Einheitlichkeit der Behandlung der Gebührenfrage unentbehrlich sein. Im wesentlichen soll das Bestreben herrschen, keine Gebühren für Amtshandlungen einzufordern, was auch schon durch die Bestimmung des Absatzes 2 in weitem Umfange garantiert ist.

Zu § 17.

Der durch die Reichsverfassung (Art. 40) in Kraft erhaltene Zollvereinsvertrag von 1867 griff in die Frage der Weinbesteuerung in Deutschland bedeutsam ein. Die Vertragsbestimmungen über die Besteuerung des Weins durch die Einzelstaaten wurden schon oben (S. 95f.) angeführt. Ihre Aufhebung durch Absatz 1 dieses Paragraphen ist eine Folge, die sich aus der Neuregelung des Gegenstandes im § 15 von selbst ergibt. Hinsichtlich der bisherigen Schranken der örtlichen Weinbesteuerung, die hier wie in den Regierungsvorlagen von 1893 und 1895 einer Neuordnung unterzogen werden soll, bedarf es noch einiger Erläuterung.

Nach Artikel 5 des Zollvereinsvertrags ist nämlich die Einführung einer örtlichen Verbrauchsabgabe nur in den eigentlichen Weinländern zulässig, zu welchen nach früheren Verträgen Bayern, Württemberg, Baden, Großherzogtum Hessen und Nassau gehören, auch dort aber nur bis zu einem Höchstbetrage von 2,18 M. oder 1,21 M. pro Hektoliter, je nachdem die Abgabe mit oder ohne Rücksicht auf den Wert des Weins erhoben wird, und dies alles auch nur für den zollinländischen Wein; soweit jedoch höhere Abgaben für den Wein zur Zeit des Vertragsschlusses bereits in Kraft standen, ist die Forterhebung gestattet, und außerdem finden nach § 5 des Gesetzes betreffend die Einführung der Verfassung des Deutschen Reiches in Elsaß-Lothringen vom 25. Juni 1873 die angeführten Beschränkungen daselbst keine Anwendung, mit Ausnahme der letzten bezüglich der zollinländischen Beschaffenheit des Weins, welche der § 1 des Gesetzes vom 15. Juli 1872 betr. die Steuerfreiheit des verzollten ausländischen Weins und Obstweins in Elsaß-Lothringen festlegte.

Aus dieser Rechtslage folgt für die einzelnen Kommunen innerhalb des Reichsgebietes eine weitgehende Verschiedenheit der Besteuerungsbefugnisse, welche schon öfters zum Gegenstand von Beschwerden wurden und für welche es zum mindesten für die Gegenwart an einer sachlichen Begründung fehlt. Um dem abzuhelfen und den Kommunen (politische Gemeinden, städtische wie ländliche) für den stets wachsenden Bedarf ihrer Haushalte eine neue Verbrauchsabgabe neben der Bierbesteuerung, für welche die Gemeinden seit dem Gesetz vom 27. Mai 1885 betr. die Abänderung des Zollvereinsvertrags bis auf die Höhe der Abgabesätze freie Hand haben, zugänglich zu machen, hebt § 17 Absatz 1 dieses Entwurfes die bestehenden Beschränkungen auf und trifft an ihrer Stelle nur die Bestimmung des Absatzes 2.

Zu einer allgemeinen Gestattung der gemeindlichen Besteuerung bis zu einer eigenen festen Grenze konnte sich jedoch dieser Entwurf nicht entschließen, weil daraus ohne Kürzung der Reichsweinsteuer und des Landesweinsteuerzuschlags eine zu hohe Belastung des Weins entstanden wäre. Es mußte demnach die Höhe der örtlichen Zuschlagsabgabe von dem Gebrauch, zu dem sich die Bundesstaaten hinsichtlich ihres Besteuerungsrechtes entschließen, abhängig gemacht werden. Soweit diese auf ihr Recht verzichten, ist den Gemeinden die Verbrauchsabgabe von Wein bis zu einem 4%igen Zuschlag zugestanden, über den hinaus aber die Landes- und Kommunalweinsteuer zusammen in keinem Falle die Reichsweinsteuer übersteigen dürfen. Dabei erfolgte die Ausschließung der Handelsverkehrssteuer und der Weinzuckersteuer, sowie die Nötigung zu den Steuerformen des Entwurfes unter demselben Gesichtspunkt wie bei der Landesweinsteuer.

Zu § 18.

Die Betriebsanzeigen des Weinhandels und das Erfordernis der Genehmigung der Betriebs- und Lagerräume bilden die Grundlage für die Steuerkontrolle, die in den nächsten Paragraphen geregelt wird. Der Entwurf befleißigt sich einerseits das Verfahren der Steuerkontrolle in jeder Beziehung tunlichst wirkungsvoll, andererseits aber auch so einfach und zweckmäßig ausgestalten, als unter den gegebenen Verhältnissen möglich und als mit der Sicherheit des Steueraufkommens und dem Schutz der reellen Weinbranche verträglich erscheint. Es sei hierzu vor allem noch auf den § 68 aufmerksam gemacht, der dem Bundesrat Vollmacht erteilt, alle im Interesse der Ausführung dieses Gesetzes zweckdienlichen Erleichterungen anzuordnen.

Die Vorschriften des § 18 lehnen sich an die Regierungsvorlage von 1893 an. Die Bezeichnung Weinhandel ist selbstredend wieder im Sinne dieses Entwurfes gemeint, so daß darunter auch die nur selbsterzeugten Wein zu Zwecken des Verkaufs einlagernde Produktion fällt. An der räumlichen Trennung der Großverkaufsräume von den Kleinverkaufsräumen empfiehlt sich auch für diesen Entwurf festzuhalten, um sich gegen etwaige heimliche Überführung von Wein in den Kleinhandel und dessen unversteuerten Ausschank noch über die Lagerbuchkontrolle (§ 20) und die Führung des amtlichen Kontos (§§ 32, 34 und 39) hinaus, die einen solchen Unterschleif schon äußerst erschwert, ja in größerem Umfange unmöglich macht, zu sichern. Die Trennung dabei ist derartig gedacht, daß den Steuerbeamten die Möglichkeit bleibt, während jedes Weintransportes aus einem amtlich nicht verschlossenen Lagerraum von der vorschriftsmäßigen Bezettelung der Sendung sich zu überzeugen.

Zu § 20.

Dieser Paragraph bringt eine sehr bedeutende Verschärfung der allgemeinen Steueraufsicht, wie sie durch den Entwurf von 1893 vorgeschlagen war, vor allem durch die Buch- und Lagerkontrolle. Wenn auch noch damals die viel milderen Kontrollvorschriften, von denen nach dem Sinne jenes Entwurfes, wie in seiner Begründung ausdrücklich hervorgehoben, hinsichtlich der Revisionsbefugnisse der Steuerbeamten nicht einmal ein regelmäßiger Gebrauch gemacht werden sollte, sehr angefeindet wurden und wesentlich mit zur Ablehnung beitrugen, so kann gegenwärtig keineswegs mehr ein Bedenken sogar gegen die verschärfte Kontrolle obwalten. Denn heute verlangt, wie wir oben gesehen haben, die Produktion so gut wie einstimmig und der Handel zum großen Teil die zwangsweise Führung eines Lagerbuches als ein erstes Mittel der unlauteren Konkurrenz der Weinfabrikation und Weinvermehrung beikommen zu können. Dieser Forderung kommen vorläufig sogar scheinbar ohne Absicht auf eine sich daran anschließende Steuer die verbündeten Regierungen in dem neuen Weingesetzentwurf durch den § 17 auch in vollem Umfange nach. Aber nur in Begleitung einer Weinsteuer kann die zwangsweise Lagerbuchführung von segensreicher Wirkung begleitet sein. Denn in einem bloßen Weinverkehrsgesetz wird sie nicht nur nicht erfolglos bleiben, sondern auch wieder nur eine Prämie auf die Unehrlichkeit bedeuten, da diese sich bei dem Fehlen jeder genügenden Überwachung der Richtigkeit der Eintragungen und bei dem so hohen, durch keine Weinzuckersteuer benommenen Gewinn nicht vor Buchfälschungen scheuen wird. Sollte vor der Einbringung einer Vorlage im Sinne dieses Entwurfes, die in dem neuen Weingesetzentwurf vorgesehene Regelung des Lagerbuchzwanges Gesetz geworden sein, so wird es natürlich im Weinsteuergesetz genügen, einfach darauf Bezug zu nehmen.

Bezüglich der Gestaltung der Ausführungsbestimmungen ist dem Bundesrat volle Bewegungsfreiheit zuerkannt, so daß es ihm möglich ist, allen an ihn herantretenden berechtigten Wünschen aus den Interessentenkreisen Rechnung zu tragen. Dabei soll sich stets das Bestreben äußern, die näheren Vorschriften über Einrichtung und Führung des Lagerbuches möglichst einfach und allgemein verständlich zu halten, damit es auch dem schlichten Winzer leicht fällt, ihnen ordnungsgemäß nachzukommen. Bezüglich des Inhaltes der Bücher muß aus ihnen zu ersehen sein: 1. Die Unterscheidung zwischen Wein (bzw. Keltertrauben, frisch oder gemaischt, Traubenmost) und Obstwein, sowie Haustrunk und Brennwein; 2. die aus eigenem Gewächs gewonnenen oder von anderen bezogenen Mengen von frischen und gemaischten Keltertrauben, Traubenmost, Wein und Obstwein, und ferner die an andere abgegebenen Mengen dieser Stoffe, sowie die Menge des hergestellten Haustrunkes und Brennweines; 3. die bezogenen Mengen von Zucker oder von anderen für die Kellerbehandlung des Weins oder zur Herstellung von Haustrunk und Brennwein bestimmten Stoffe und deren Gebrauch zum Zuckern oder zur Herstellung von Haustrunk und Brennwein; 4. die Zeit des Geschäftsabschlusses, die Namen der Lieferanten und der Käufer von Mengen über 10 Liter, gegebenenfalls auch der Vermittler; 5. die Einkaufs- und Verkaufspreise. Außerdem ist zu verordnen, daß alle Anschreibungen alsbald nach dem Bezug oder der Versendung, bzw. der Verwendung zu erfolgen haben.

Im Gegensatz zu der Regierungsvorlage von 1893 liegt es in der Absicht dieses Entwurfes, daß die Steuerorgane das ihnen vorbehaltene Recht, je nachdem es die Interessen der Steuerverwaltung zur Sicherung des Steueraufkommens und insbesondere die der reellen Weinbranche zum Schutz gegen die Weinfabrikation und übermäßige Weinvermehrung erfordern, mehr oder minder regelmäßig ausüben. Die Anführung des berüchtigten Namens der „Kellerratten“ für die die Kellerkontrolle ausübenden Steuerbeamten, um die Lästigkeit dieser Steuerkontrolle zu kennzeichnen, dürfte unter unseren heutigen Verhältnissen ganz unangemessen sein. Sind doch unsere jetzigen Beamten mit ihrem festen Gehalt anders wie die früheren, die nach Prozenten bezahlt wurden und schon deshalb sehr kleinlich zu sein pflegten. Daß mit den Steuerbeamten recht gut auszukommen ist, erweist vor allem deutlich die sehr strenge Branntweinsteuerkontrolle. Bei ehrbarem Betrieb ist auch beim Wein die Steuerkontrolle, die sich doch in analoger Weise so viele andere Branchen gefallen lassen müssen, sehr wohl zu ertragen, besonders wenn man sich der damit verbundenen größten Vorteile für den fördernden Schutz von Produktion und reellem Handel bewußt bleibt.

Zu § 21.

Die Verwendung tunlichst genau geeichter Fässer in den Kellern, in denen Wein zu Verkaufszwecken gelagert wird, ist für eine wirkungsvolle Kontrolle unbedingt erwünscht, liegt übrigens auch im Interesse der Weinhändler selbst und gehört für einen geordneten Geschäftsbetrieb zur Regel. Leider kann nicht allgemein die Bestimmung getroffen werden, daß die Fässer von einer deutschen Eichstelle geeicht und mit vorschriftsmäßigen Eich- und Stempelzeichen versehen sein müssen, da es für Keller mit alten und großen Fässern fast eine Unmöglichkeit bedeutete, dieser nachzukommen, jedenfalls mit ungerechtfertigt hohen Kosten und Lästigkeiten verbunden wäre. Unerläßlich ist es dagegen, diese Forderung für die zum Ausschank dienenden Fässer der Kleinhandelsräume genauer Schanksteuerberechnung wegen aufzustellen, und zweckmäßig wird sie auch für neueingelagerte Fässer festgehalten, weil man sie in diesem Falle ohne Schwierigkeit erfüllen kann.

Zu § 22.

Hier wird für alle Verkäufer von Wein eine Bestimmung getroffen, wie sie sich ähnlich im Schaumweinsteuergesetz von 1902 findet. Unter den besonderen Kontrollen ist bei Großhändlern in erster Linie an amtlichen Mitverschluß ihrer Betriebs- und Lagerräume ganz oder teilweise, auf bestimmte Zeit oder dauernd und bei Kleinhändlern namentlich an die amtliche Versiegelung und die Vornahme von Kellergeschäften nur im Beisein eines Steuerbeamten zu denken.

Zu § 23.

In den §§ 23—31 wird die Versendungskontrolle geregelt, wobei im allgemeinen außer den Vorschriften der Regierungsvorlage von 1893, die in der Praxis als durchführbar erkannten anderer Gesetzgebungen, insbesondere diejenigen des elsaß-lothringischen Gesetzes vom 20. März 1873 zum Anhalt gedient haben.

Neben der Lagerbuchkontrolle stellt die allgemeine Versendungskontrolle das wichtigste Kontrollmittel zur Sicherung der Weinsteuer dar, und zwar nicht allein für die Handels- und Konsumtionsverkehrssteuer, sondern auch für die Schanksteuer und selbst die Weinzuckersteuer, indem dadurch in Verbindung mit der Lagerbuchkontrolle es erst möglich wird, wohl jede heimliche Einlage und Vermehrung in nicht mehr oder minder belanglosen Mengen aufzuspüren. Lagerbuch- und Versendungskontrolle bilden die beste gegenseitige Ergänzung, die jede für die andere zu durchaus erfolgreicher Wirksamkeit unentbehrlich ist. Jede für sich allein kann nicht allzu schwer defraudatorisch umgangen werden, in gemeinschaftlicher Tätigkeit sind aber wohl Unterschleife in größerem Umfange fast undenkbar und selbst kleine Steuerhintergehungen äußerst erschwert. Dies gilt insbesondere auch bezüglich der prozentualen Wertbesteuerung, für die dadurch, ganz abgesehen von den so wirkungsvollen Kautelen des § 10, alle früheren Bedenken schon sehr vermindert sein dürften. Denn der Wein kommt jetzt gewissermaßen von der Traube bis zum Glase auch seinem Werte nach in ständige Kontrolle. Jedenfalls können durch das Vorgehen dieses Entwurfes Steuerhintergehungen sehr viel leichter nachgewiesen werden, als nach den Kontrollvorschriften der Regierungsvorlage von 1893, einschließlich der jetzt üblichen Steuerformen in Württemberg, Baden und Elsaß-Lothringen.

Zu § 24.

Die Befreiung von der Anmeldepflicht unter Ziffer 1 und 2 liegen durch die Steuerbefreiungen des § 6 Ziffer 2 und 3 nahe, wobei jedoch hervorgehoben werden soll, daß Ziffer 1 dieses Paragraphen enger gefaßt ist, indem hier nur der Produzent befreit wird, während alle anderen Versendungen ohne Wechsel des Besitzers anmeldepflichtig sind, auch wenn sie nach § 6 Ziffer 3 Steuerfreiheit genießen. Im wesentlichen steht der Entwurf auf dem Standpunkt, daß mit der Anmeldebefreiung sehr vorsichtig vorzugehen ist, um nicht die Versendungskontrolle zu gefährden oder die Führung des amtlichen Kontos nach § 32 lückenhaft zu machen. So liegt es z. B. nicht in seinem Sinne, wenn die Ausführungsbestimmungen des Bundesrates nach der Vollmacht des § 68 eine Erleichterung dahin brächten, daß zuverlässigen Gewerbetreibenden die Befugnis erteilt werden kann, die von ihnen ausgehenden Sendungen selbst zu bezetteln, wie es in Elsaß-Lothringen geschieht und wie auch die Regierungsvorlage von 1893 angeregt hat. Die Ausnahme unter Ziffer 1 ist jedoch praktisch unumgänglich hinsichtlich des außerordentlich verzettelten Herbstverkehrs der Produzenten, um den es sich hier allein handelt, da die Überführungen von Wein aus einem Keller in einen anderen Keller des Produzenten nicht inbegriffen sind. Die Ausnahme unter Ziffer 2 für die kleinen Probeflaschen entbehrt jeder Gefährlichkeit, und die Ausnahme unter Ziffer 3 empfiehlt sich sehr, um eine unnötige Belästigung sowohl des Kleinverkaufs als auch der Steuerverwaltung zu vermeiden. da durch die besondere Schanksteuerkontrolle (§§ 37—42) eine genügende Sicherung des Steueraufkommens auch in dieser Richtung geboten wird. Für den Kleinverkaufsabsatz nach auswärts, der im allgemeinen nur unbedeutend sein wird, wird dagegen im Interesse der Versendungskontrolle an der Anmeldepflicht festgehalten.

Zu § 26.

Es erfolgt hier die Regelung des für die Verkehrssteuer allgemein üblichen Bezettelungsverfahrens mit amtlichen Transportscheinen, das allein durch die wirksame Kontrolle, welcher der versendete Wein in jedem Stadium seiner Bewegung von dem Augenblick der Entnahme aus dem Lager bis zu demjenigen der neuen Einlage, durch die Organe der Verwaltung unterworfen werden kann, die Möglichkeit bietet, sämtliche steuerpflichtigen Übergänge des Weins von einer in die andere Hand zur Kenntnis der Steuerverwaltung zu bringen. Die von dem Entwurf gewählte Fassung stellt nicht nur eine Anpassung an die Kombination der Veranlagungsarten dar, sondern bringt auch durch die dreifache Steuerscheinausfertigung und die damit verfolgten Zwecke eine neue Ausgestaltung, die zur Sicherung des Steueraufkommens wie der richtigen Wertangabe noch in erhöhtem Maße beitragen dürfte.

Im einzelnen ist zu bemerken, daß durch die Ausdrucksweise „auf Grund der Anmeldung und in Übereinstimmung mit derselben“ besagt wird, daß auch die Steuerscheine über die im § 23 unter Ziffer 1—6 verlangten Angaben Auskunft geben müssen. Die Sendung eines gleichlautenden Steuerscheins an die Steuerbehörde des Bestimmungsortes erscheint geboten, um dessen Kontrolle zu erleichtern und zu sichern, indem es sich so ohne weiteres von dem Eintreffen aller abgefertigten Sendungen sowie von dem Übereinstimmen des zugesandten Steuerscheins mit dem von dem Empfänger vorgelegten Steuerschein nebst abgestempelter Faktura, bzw. Wertangabe vergewissern kann. Die Steuerbehörde des Versendungsortes selbst braucht kein gleichlautendes Exemplar für sich zurückzubehalten, da sie die entsprechenden Aufzeichnungen sofort in das amtliche Konto (§ 32) eintragen wird. Die Bestimmung, die abgestempelte Faktura, bzw. Wertangabe dem den Transport begleitenden Steuerscheine beizuheften, läßt sich ohne Schwierigkeiten erfüllen und dürfte vor allem deshalb recht wertvoll sein, weil auf diese Weise der Empfänger des Weins unter allen Umständen die abgestempelte Rechnung in die Hände bekommt. Die Zweckdienlichkeit der Verwendung des dritten gleichlautenden Exemplars für die Kellerkontrolle ist ohne weiteres einleuchtend: § 33 zieht die dankenswerte Folgerung der gesetzlichen Benutzung. Die Frist von 3 Jahren für die Aufbewahrung braucht nicht überschritten zu werden, da nach § 61 die Strafverfolgung von Defraudationen innerhalb dieser Zeit verjährt.

Die Äußerlichkeit der verschiedenen Farben für die einzelnen Steuerscheinarten dürfte eine nicht zu unterschätzende Erleichterung der Kontrolle bedeuten. Die Anwendung der Handels- und Konsumtionsverkehrsscheine bedarf keiner Erläuterung. Bezüglich der Schankscheine sei darauf hingewiesen, daß sie nicht die einzigen Steuerscheine sind, die für die Versendungen der Kleinhändler ausgefertigt werden. Sie kommen nur dann in Gebrauch, wenn der versendete Wein der Schanksteuer unterliegt, d. h. also nur bei allen Versendungen von Wein in Mengen unter 10 Liter, sofern sie nicht nach § 24 Ziffer 3 von der Anmeldepflicht entbunden sind. Denn, wie § 38 noch näher zum Ausdruck bringt, sind auch alle Weinversendungen der Kleinhändler, welche in Mengen von 10 Liter und mehr geschehen, der Konsumtionsverkehrssteuer unterworfen. Die Freischeine beschränken sich angesichts der Befreiung des § 24 Ziffer 1 und 2 auf die Versendung von Wein, der zur Ausfuhr oder zur Essig- bzw. Branntweinherstellung bestimmt ist oder seinen Besitzer nicht wechselt, soweit es sich nicht um den Herbstverkehr des Produzenten oder um eine Überführung aus Großverkaufsräumen in Kleinverkaufsräume handelt.

Zu § 29.

In den Ausführungsbestimmungen zu diesem dem Entwurf von 1893 folgenden Paragraphen dürfte es gut sein, außer dem

Steuerbeamten auch sonstigen Verwaltungsorganen, wie vor allem der Gendarmerie auf dem Transporte selbst weitgehende Kontrollrechte zu verleihen und darauf hinzuweisen, daß die Steuerbeamten tunlichst jeden Transport von Wein, den sie antreffen, einer Kontrolle unterwerfen sollen, die sich nicht nur auf die Vorzeigung der Versendungsurkunden, sondern auch auf die Prüfung der Vollständigkeit der Bezettelungen und die Vergleichung, ob sich gegen die darin enthaltenen Angaben keine Abweichung ergibt, zu beziehen haben.

Zu § 30.

Der Entwurf ergänzt hier eine Vorschrift der Regierungsvorlage von 1893 nach dem Vorbilde der elsaß-lothringischen Gesetzgebung dahin, daß nicht nur eine Unterbrechung eines Unfalls wegen, sondern überhaupt jede im Steuerschein nicht etwa vorgesehene Unterbrechung der Versendung anmeldepflichtig ist. Dies ist deshalb angebracht, um der Steuerbehörde Gelegenheit zu geben, vor der Fortsetzung des Transportes die Weinsendung einer Revision zu unterziehen, um dadurch etwaige Unterschleife durch Vertauschen des Weins und dergl. zu verhindern. Aus dem gleichen Grunde wird auch die Fassung der bloßen Berechtigung, wie sie die Vorlage von 1893 wählte, in eine Obliegenheit des Frachtführers verschärft.

Zu § 31.

In diesen Bestimmungen lehnt sich der Entwurf an die Regierungsvorlage von 1893 an, bringt jedoch vor allem darin eine Veränderung, daß der Steuerschein vom Empfänger an die Steuerbehörde des Empfangsortes nicht abzuliefern, sondern nur vorzulegen ist, da wie der Absender so auch der Empfänger verpflichtet werden soll, den Steuerschein für eine Frist von drei Jahren aufzubewahren. Das Erfordernis der Eintragung der amtlichen Steuerscheinnummer in das Lagerbuch besteht natürlich nur für die Verkäufer von Wein und nicht für die Konsumenten, die aber gleichfalls zur Aufbewahrung gehalten sind. Für die Revisionsberechtigung der Sendung durch das Empfangsamt liegt, wie für die durch das Versendungsamt nach § 27, ein oftmaliger Gebrauch wegen strenger Kontrolle im Sinne des Entwurfes

Im übrigen sei noch ausdrücklich darauf aufmerksam gemacht, daß selbstverständlich der den Steuerschein mit der abgestempelten Faktura oder Wertangabe vorlegende Empfänger sich dafür verbürgt, daß er mit bestem Wissen und Gewissen im Glauben ist, daß die Angaben richtig sind. Anderenfalls hat er eben, um sich nicht der gleichen Defraudation wie der Absender schuldig zu machen, die Pflicht, die Angaben richtig zu stellen, oder gegebenenfalls zum mindesten seinen Zweifel an der Richtigkeit kundzugeben.

Zu § 32.

Der Gedanke der amtlichen Kontoführung ist durch die elsaß-lothringische Gesetzgebung angeregt, die solche Konti aber nur für die steuerfreien Weinlager der Weingroßhändler zur Sicherung der erst später fälligen Steuer vorschreibt, ohne darüber hinaus besondere Ziele zu verfolgen. Hier aber hat die amtliche Kontoführung noch außerdem den bedeutungsvollen Zweck, durch weitere Steigerung der Zuverlässigkeit der Lagerbuchs- und der Versendungskontrolle namentlich auch ein wichtiges Moment des Schutzes der reellen Weinbranche darzustellen. Deshalb bringt der Entwurf vor allem nicht allein die Eintragungen der Zu- und Abgänge nach Steuerscheinen, sondern auch die Anschreibungen der genau zu deklarierenden Ergebnisse der Kelterungen aller Verkäufer von Wein und der Weinvermehrungen bzw. Haustrunk- oder Brennweinherstellungen der Verbraucher von Weinzucker.

Hinsichtlich der Anzeige der Kelterung läge es vielleicht nicht fern, diese nur auf die Produzenten für ihr eigenes zu Verkaufszwecken eingelagertes Erzeugnis zu beschränken. Denn die frischen oder gemaischten Trauben, welche Großhändler oder Kleinhändler, die nicht deren Produzenten sind, keltern, werden ja durch die Versendungskontrolle der Handelsverkehrssteuer erfaßt, so daß man also aus den im Konto angeschriebenen Einlagen des unfertigen Produkts mittels der üblichen Umrechnungsprozente von 75% bei neuem Wein mit Kämmen und Beeren und von 85% bei neuem Wein mit Beeren (ohne Kämme) die daraus gewonnenen Mengen fertigen Weins feststellen und damit die mühevolle Umständlichkeit der Kelterungsanmeldung dem Weinhändler und der Steuerverwaltung ersparen könnte. Doch erscheint es im Interesse tunlichst genauer Erfassung des Lagerbestandes, die sich der Entwurf zu unbedingter Sicherung gegen jede erheblichere Steuerhinterziehung und heimliche Weinvermehrung und Weinfabrikation und zur Ermöglichung so scharfer Bestimmungen, wie der § 34 sie vorsieht, sehr angelegen sein lassen muß, dringend geboten, die Anmeldungsverpflichtung der Kelterung für alle Verkäufer von Wein zu statuieren; sind doch anderenfalls mit den obigen allgemeinen Durchschnittsprozenten gar zu große Ungleichheiten verknüpft, weil je nach dem Jahrgange, der Rebsorte, dem Gesundsein der Trauben oder den Wirkungen des Sauerwurms, Oidiums usw. der Bedarf an Traubenmaische zwischen 28 und 40 Logel (zu 40 Liter) schwankt, um 1000 Liter Wein zu ergeben.

Die besonders eingehenden Anzeigeverbindlichkeiten der Zuckerung bezwecken hauptsächlich den so dringlichen Schutz der Produktion und des reellen Handels gegen jeden Mißbrauch mit Zuckerwasser. Es wird durch diese Regelung auch schon ein Teil der näheren Bestimmungen über die Weinzuckersteuer und ihre Kontrolle, die sich in den §§ 43—46 finden, vorweggenommen.

Wie in der elsaß-lothringischen Gesetzgebung, die auch eine ähnliche Kelterungsanzeige kennt, allerdings nur für Weinbauern, die zugleich Großhändler oder Kleinhändler sind oder Ausnahmskontrollen unterliegen, und für Personen, die nicht zur steuerfreien Einlage des Weins berechtigt sind, hat die Anmeldung des Ergebnisses schon 24 Stunden nach Beendigung der Kelterung zu erfolgen, was dann auch auf die Zuckerung übertragen ist. Man könnte daran denken, wegen der eventuellen Schwierigkeit genauer Angaben zu einer Zeit, wo die Fässer wegen der alsbald nach erfolgter Kelterung oder Zuckerung eintretenden stürmischen Gärung nicht ganz vollgefüllt werden können, die Anmeldungsverbindlichkeit bis nach der Vornahme der Auffüllung der Fässer hinauszuschieben, die etwa 14 Tage später stattfindet und geschehen muß, wenn der Wein nicht Not leiden soll. Doch dürfte es sehr ratsam sein, den durchführbaren Vorschlag des Entwurfs aufzunehmen und die Anzeigen nicht solange hinzuziehen, da mittlerweile zu viel Spielraum für etwaige unlautere Manipulationen gewonnen wird.

Übrigens sei für die Ausführungsverordnungen darauf hingewiesen, daß die Anzeigepflicht binnen 24 Stunden bei jeder einen Tag überschreitenden Unterbrechung der Kelterung, auch wenn der angegebene Tag des voraussichtlichen Schlusses noch nicht erreicht ist, Platz greifen soll. Das gleiche gilt für die Zuckerung, wenn auch fürs erste die Menge des bezogenen und versteuerten Zuckers nur teilweise verbraucht ist. Weiterhin haben die Ausführungsbestimmungen eine Vorschrift dahin zu treffen, daß die Steuerbehörde davon in Kenntnis zu setzen ist, wenn die Kelterung oder Zuckerung über den angegebenen voraussichtlichen Schluß hinaus fortdauern soll. Die Ausstellung von Kelterungs- und Zuckerungsscheinen und die für drei Jahre verlangte Aufbewahrung derselben bildet die notwendige Ergänzung zu dem obigen Vorgehen des Entwurfes bezüglich der Steuerscheine in Händen des Versenders und Empfängers. Die amtliche Prüfung der Richtigkeit der Anmeldung soll nach Absicht des Entwurfes auch hier des öftern erfolgen, namentlich bei der Weinzuckerverwendung. Über die Zahl der zu führenden amtlichen Konti ist vorzusehen, daß ein Konto für mehrere in einer und derselben Behausung eines Lagerinhabers befindliche Keller oder Vorratsräume ohne Unterscheidung der Lagerbestände der einzelnen genügt, daß dagegen für die Vorräte eines und desselben Lagerinhabers getrennte Konti anzulegen sind, wenn sie sich in Kellern befinden, die durch eine öffentliche Straße getrennt sind.

Zu § 34.

Die Regelung dieses Paragraphen klingt im Grundton an die elsaß-lothringische Gesetzgebung an, bringt aber einige wesentliche Abweichungen davon. Dahin gehört zunächst die Feststellung des Sollbestandes, die dort einfach nach den amtlich angeschriebenen Zu- und Abgängen erfolgt unter Abzug eines Rabattes von 7% für Auslaufen, Verdunsten und sonstigen Verlust, der bei nachgewiesenen außerordentlichen Unfällen erhöht werden kann. Der Entwurf, dem es für seine Zwecke auf eine möglichst fest umrissene Kontrolle ankommt, befleißigt sich einer genaueren Anpassung an die einzelnen Verhältnisse, um danach strenger gegen Überschreitungen auftreten zu können. Deshalb gestaltete er außer der gerade für Ermittelungsrevisionen sehr wertvollen Vorschrift des Hausverbrauchsbuches die Anschreibungen der Konti mit viel vollständigerer Genauigkeit aus, insbesondere durch die allgemeine Anmeldepflicht des Kelterungs-

und Zuckerungsergebnisses. Das Bedenken großer Unterschiedlichkeit, das oben bezüglich der allgemeinen prozentualen Umrechnungssätze für Traubenmaische in fertigen Wein geäußert wurde, obwaltet nicht oder wenigstens längst nicht in demselben Maße bei dem Abgang an Hefe und Trübwein, wie er sich bei neuem Wein vor dem ersten Ablaß ergibt. Deshalb braucht man sich hier nicht den großen Vorteil entgehen zu lassen, welcher der Fixierung fester Prozentsätze namentlich hier dadurch innewohnt, daß die spezielle Ermittelung und Kontrollierung des Abganges zu großer Erleichterung der Steuerverwaltung wie der Kontrollierten wegfällt. Nach der Erfahrung dürfte der gewählte Prozentsatz vollkommen genügend bemessen sein, um den Abgang des Weins bei einigermaßen rationeller Behandlung zu decken. Nachdem so alle größeren Abgänge des unfertigen Weins möglichst genau berücksichtigt sind, wird wohl ein ausreichendes Schwankungsmaximum für Schwand und sonstigen Abgang mit nur 2% festgesetzt werden können. Verluste infolge außerordentlicher Unfälle werden selbstverständlich eigens abgerechnet, sofern sie alsbald der Steuerbehörde zur Kenntnis gebracht und von dieser revidiert sind.

Eine weitere Änderung gegenüber der elsaß-lothringischen Gesetzgebung zeigen die bedeutend verschärften Bestimmungen über die Folgen des Überschusses bzw. der Fehlmenge in der Vergleichung mit dem Sollbestand, welch erstere dort nicht beschlagnahmt und welch letztere nur zur Besteuerung herangezogen wird. Außerdem folgt der Entwurf auch nicht dem elsaß-lothringischen Gebrauch, daß nach jeder Lageraufnahme das Konto abzuschließen ist und der Abschluß im Dezember nur den definitiven bildet. Der Entwurf begnügt sich für Lageraufnahmen während des Jahres mit einem bloßen, für den Jahresabschluß nicht weiter in Betracht kommenden Vermerk, hauptsächlich in der Erwägung, daß bei stark wechselndem Jahresbestand die verhältnismäßige Berechnung des Schwankungsmaximums recht ungleich in den einzelnen Jahresabschnitten ausfallen müßte und daraus eine zu unterschiedliche Behandlung des öfters und der weniger Kontrollierten resultieren könnte. Die Lagerbestandsaufnahmen und Vergleichungen mit dem amtlichen Konto während des Jahres sind deshalb nur provisorisch gedacht, wobei selbstredend bei Überschuß bzw. Fehlmengen über das Schwankungsmaximum hinaus, soweit keine Rechtfertigung gegeben wird, wie beim definitiven Kontoabschluß im Dezember Strafverfolgung eintritt.

Im einzelnen ist noch zu bemerken, daß die Ausführungsbestimmungen namentlich die Berechnung des Schwankungsmaximums eingehend klarzulegen haben. Am besten geschieht dies nach dem Vorbild der elsaß-lothringischen Gesetzgebung dadurch, daß die Vorräte am Schlusse der einzelnen Monate des Kalenderjahres bis einschließlich November, die ja dem Lagerbuche leicht zu entnehmen sind, und der aus der Aufnahme sich ergebende Vorrat summiert und die Summe durch 12 geteilt wird, wodurch man den durchschnittlichen Bestand des Lagers während des Jahres ermittelt. Daraus berechnet sich dann das zweiprozentige Schwankungsmaximum unmittelbar.

Es sei noch darauf hingewiesen, daß der Entwurf keine weitere Beschränkung der Bewegungsfreiheit der Großhändler, soweit sie nicht gleichzeitig Kleinhändler sind, in ihren Weinlagern vorgesehen hat, so daß sie also mit Ausnahme der durch besondere Zwecke notwendig bedingten Anzeige der Kelterung und Zuckerung (§ 32) Kellergeschäfte wie Abfüllen, Umfüllen. Verschneiden ohne Anmeldung vornehmen können. Aus dem Lagerbuch jedoch haben solche Maßnahmen zur Orientierung des kontrollierenden Steuerbeamten ersichtlich zu werden.

Zu § 35.

Die Bezeichnung Großhändler umfaßt, wie im vorigen Paragraphen, natürlich dem Sinne des Gesetzes entsprechend auch alle Wein zu Verkaufszwecken einlagernden Produzenten. Auf die Bestimmungen dieses Paragraphen, die sich der Regierungsvorlage von 1893 anschließen, braucht für diesen Entwurf eigentlich kein sehr großes Gewicht gelegt zu werden. Denn die damals zu bekämpfende dringliche Gefahr, daß bei dem Fehlen der Gegenkontrolle durch eine zweite Person für die Umlagerungen aus den Großverkaufsräumen in die Kleinverkaufskeller zu niedrige Wertangaben gemacht oder große Weinmengen heimlich ebendahin verbracht werden, ist einerseits durch die niedrige Handelsverkehrssteuer und andererseits durch die scharfe Lagerbuchkontrolle und Kontenführung sehr vermindert. Aber immerhin ist wohl auch für diesen Entwurf in vieler Beziehung die Vorschrift der nicht bloß räumlichen Trennung der Groß- und Kleinverkaufsräume gemäß § 18, sondern des amtlichen Verschlusses, um heimliche Umlagerungen so gut wie unmöglich zu machen, nicht unzweckmäßig. Die Direktivbehörde kann ja im weitesten Umfange unter je nach den örtlichen Verhältnissen erleichterten Bedingungen von ihrer Befugnis Gebrauch machen.

Auch für das Festhalten der Steuerpflichtigkeit der Überführung aus den Großverkaufsräumen in die Kleinverkaufsräume desselben Besitzers liegen eigentlich keine gerade zwingenden Gründe vor. Dennoch empfiehlt sie sich, da sie ohne den Betroffenen viel zu belasten für eine zuverlässige Kontrolle Annehmlichkeiten, besonders durch die Bezettelung mit Handelsverkehrsscheinen anstatt mit Freischeinen und die daraus folgende Feststellung des Einlagepreises, die für die Prüfung der Richtigkeit der Ausschankspreisangaben (§ 37) eine gute Grundlage abgibt, mit sich bringt und zudem bei heimlicher Umlagerung als bei einer Steuerhinterziehung strengere Strafen Platz greifen können.

Zu § 36.

Es wird hier eine sehr nützliche Vorschrift aus der Vorlage von 1893 wiederholt. Nach den Verhältnissen des Weinverkehrs kommen auch die größten Weinhändler vielfach in die Lage. Wein in Mengen unter 10 Liter, namentlich in feineren Sorten, abgeben zu müssen, und es ist in solchen Fällen sehr wünschenswert, die Qualifikation als Kleinhändler zu verhüten.

Die Ausführungsbestimmungen werden die nicht ausdrücklich hervorgehobene, sich aber aus dem Sinne des Entwurfes ergebende Anordnung zu treffen haben, daß bei den von Großhändler unter 10 Litern abgegebenen Flaschenweinen Schanksteuermarken gemäß § 41 zu kleben sind und bei etwaigem Absatz von offenen Weinen unter 10 Liter, was für solche Großhändler fast nie vorkommen wird, der deutliche Vermerk mit der Wertangabe im Lagerbuch genügt und dann die Besteuerung beim Jahresabschluß des Kontos erfolgt. Auch ist darauf hinzuweisen, daß für solche Versendungen unter 10 Liter nach auswärts Schankscheine gelöst werden müssen, während sie innerhalb desselben Ortes nicht anmeldepflichtig sind.

Zu § 37.

Die besonderen Vorschriften für die Kleinhändler regelt der Entwurf in der Unterscheidung des Ausschanks offener Weine und des Ausschanks in Flaschen. Diese Unterscheidung, die weder in der früheren französischen noch in der württembergischen Gesetzgebung bekannt ist, empfiehlt sich für die Sicherung des Steueraufkommens unbedingt. Denn ohne sie können bei einer prozentualen Wertbesteuerung bei dem Ausschank in Flaschen mit Leichtigkeit große Unterschleife vorkommen, die kaum durch eine noch so strenge Steuerkontrolle zu entdecken sind, Unterschleife, deren Möglichkeit durch die Vorschriften der §§ 41 und 42 sehr eingeschränkt sein dürften. Unter der Bezeichnung Ausschank ist selbstredend in diesem Paragraphen wie in den nächstfolgenden der gesamte Kleinverkauf von Wein in Mengen unter 10 Liter zu verstehen.

Im Gegensatz zu dem jetzt in Württemberg geltenden Wirtschaftsabgabengesetz vom 4. Juli 1900 wird an der Deklaration des Verkaufspreises für jedes einzelne im Ausschank befindliche Faß sowie an der Anzeige der Verkaufspreisänderungen festgehalten und nicht das allerdings viel einfachere, aber in seiner Zuverlässigkeit recht zweifelhafte Mittel des Durchschnittsausschankpreises aufgenommen. Die württembergische Gesetzgebung ließ im Jahre 1900 von der bis dahin üblichen Steuerberechnung unter Festhalten der Identität der einzelnen ausgeschänkten Weinsorten hinsichtlich ihrer Ausschankpreise ab, weil sie für ihre Verhältnisse nicht mit Unrecht glaubte, daß sie diese Berechnungsweise nach der damals erfolgten Beseitigung der Fässersiegelung und der Vorschrift, daß Kellergeschäfte nur im Beisein des Ortssteuerbeamten vorgenommen werden dürfen, nicht mehr aufrecht erhalten könnte. Wohl verzichtet, abgesehen von Ausnahmefällen in Gemäßheit des § 22, auch dieser Entwurf auf das schikanöse Verfahren der allgemeinen Kontrolle der Kellergeschäfte und der Fässersiegelung, durch die allein heimliche Zufüllung in die Fässer mittels eines Schlauches durch die Hahnen auch nicht gänzlich verhütet werden kann; aber dennoch geht er von der Auffassung aus, daß durch die von ihm vorgeschlagene Lagerbuch-, Konten- und Versendungskontrolle, welch letztere ja zudem durch die genaue Feststellung des Einlagepreises einen guten Anhaltspunkt für die Prüfung der Richtigkeit der Ausschankpreisdeklarationen abgibt, genügende Sicherheit für sein Vorgehen geboten wird.

Drei recht wünschenswerte und für ein durchaus zuverlässiges Steueraufkommen kaum entbehrliche Vorschriften legt der Entwurf durch den letzten Absatz zu näherer Ausführung in die Hand des Bundesrats. Sie sollen einen nicht nur viel erträglicheren, sondern auch wirkungsvolleren Ersatz für die Fässersiegelung bieten. Ziffer 1 bezieht sich nur auf die im Ausschank befindlichen Fässer, während dem Kleinhändler für alle übrigen Fässer hinsichtlich der Kellergeschäfte dieselbe Bewegungsfreiheit wie dem Großhändler verbleibt. Daß die Anzeige der Vornahme von Kellergeschäften an den Ausschanksfässern unumgänglich ist, ergibt sich aus der Schanksteuerberechnung, für welche es der Abstichsfeststellung der im bisherigen Zustand ausgeschänkten Weinmenge bedarf. Ziffer 2 geht auf eine wesentliche Erleichterung der Kontrolle hinaus, ohne für die Kleinhändler eine unangenehme Einschränkung zu bedeuten, da allgemein nur wenige Fässer im Ausschank zu sein pflegen und Ausnahmen für besondere Fälle gestattet werden können. Die diesbezüglich wichtichste Forderung aber, die durch die beschränkte Zahl der Ausschankfässer bis auf wenige Fälle, wie z. B. den Ausschank von neuem Wein, sich leicht durchführen läßt, bringt Ziffer 3. Sie erst wird es ermöglichen, so gut wie jede unangemeldete wesentliche Veränderung an dem im Ausschank befindlichen Wein durch Zuckerwasserzusatz und dergleichen festzustellen, sei es durch Beurteilung der allgemeinen Beschaffenheit, wie Aussehen, Geruch, Geschmack oder in diesem Vergleichungsfall auch durch chemische Analyse. Im Sinne des Entwurfs liegt es, daß von der erteilten Berechtigung in tunlichst weitem Umfang Gebrauch gemacht wird und eine prüfende Vergleichung zwischen der früher entnommenen Probe und dem Wein, über den keine Veränderung angemeldet wurde, hin und wieder tatsächlich angestellt wird, wenn auch in der bloßen Befürchtung derselben die Hauptwirkung gegen Defraudationen liegen soll.

Zu § 38.

Die hier gebrachten Bestimmungen gelten nur für die im Ausschank befindlichen Fässer. Wie mit den übrigen Beständen im Kleinhandel zu verfahren ist, lehrt § 39. Dadurch, daß dieser Entwurf den periodischen Abstich zur Berechnung der Schanksteuer allein auf die Ausschankfässer bezieht, was ihm ohne Gefährdung des Steueraufkommens nur durch seine Besonderheiten gelegentlich der Lagerbuch- und Kontenkontrolle möglich wird, unterscheidet er sich auch hier wesentlich von der württembergischen Gesetzgebung, wo bei der allgemeinen Kelleruntersuchung der frühere Vorrat und die in der Zwischenzeit erfolgten neuen Einlagen mit dem Erfunde der neuen Untersuchung verglichen und der Abmangel als abgabepflichtiger Getränkeverschluß aufgenommen wird. Dagegen stimmt er mit ihr darin überein, daß er die Anordnung der Abstichsperioden der Verwaltungsbehörde überläßt. In der Regel sollen vierteljährliche Zwischenräume gewählt werden. Wenn es jedoch tunlich erscheint, d. h. insbesondere bei kleinen Wirten, kann die Zahl der Abstiche im Laufe des Jahres bis auf einen einmaligen beschränkt werden, was im Interesse der Steuerverwaltung behufs Ersparung an Beamtenkräften gelegen ist. Um aber in solchen Fällen die Steuerkasse vor Verlusten zu schützen und den Abgabepflichtigen die Zahlung zu erleichtern, empfiehlt sich die Vorschrift des letzten Absatzes. Dadurch wird der Steuerverwaltung, die andernfalls in der Berechnung der Steuer allein an das Ergebnis des Jahresabstichs gebunden wäre, die Möglichkeit geschaffen, von den in Frage kommenden Kleinhändlern im Laufe des Jahres vierteljährliche Abschlagszahlungen an ihrer voraussichtlichen Jahressteuerschuld verlangen zu können. Die Grundlage für die Bemessung solcher Abschlagszahlungen hat das Ergebnis des Vorjahres und bei neu beginnenden Betrieben eine angemessene Schätzung zu bilden. Die endgültige Abrechnung findet beim nächsten Abstich statt, wobei sich die Ausgleichung der zu viel oder zu wenig bezahlten Steuerbeträge zu vollziehen hat.

Zu § 39.

Dieser Paragraph stellt die nötige Ergänzung des vorigen dar. Bei jedem periodischen Abstich, wie selbstredend auch zu anderer Zeit, können mithin auch diejenigen Weinbestände des Kleinhandelskellers, die sich nicht im Ausschank befinden, amtlich aufgenommen werden: aber es geschieht dies, um unnatürliche Bevorzugung zu vermeiden, unter denselben strengen Voraussetzungen wie im Großhandelskeller. Die Absicht des Entwurfes liegt natürlich in der Richtung, daß gerade bei dem Kleinhändler die Revisionsaufnahme in Gemäßheit des § 34 sich nicht allein mit dem Jahresabschluß der Konten begnügt, sondern auch während des Jahres je nach den Umständen eingreifen soll, um so vor allem auch jeden etwaigen Ausschank aus den übrigen Fässern zu verhüten. Denn dieser ist, wenn dies auch nicht ausdrücklich hervorgehoben ist, da es ohne weiteres aus dem § 37 folgt, unter allen Umständen strengstens untersagt. Dagegen besteht kein Verbot, in Großverkäufen von 10 Liter an und mehr aus den nicht im Ausschank befindlichen Fässern unter Bezettelung mit Konsumtionsverkehrsscheinen abzusetzen.

Zu § 40.

Zwei wünschenswerte Erleichterungen für die Steuerverwaltung wie für die in Frage kommenden Kleinhändler werden hier vorgeschlagen. Der erste Absatz knüpft an ähnliche Vorschriften in der Regierungsvorlage von 1893 und dem württembergischen Wirtschaftsabgabegesetz an. Doch sei hier noch besonders darauf aufmerksam gemacht, daß das Platzgreifen dieser Bestimmung nur dann angängig ist, wenn der Betrieb so geringfügig ist, daß die Kosten und Schwierigkeiten der Trennung der Großverkaufs- und der Kleinverkaufsräume und der sonstigen besonderen Kontrolle der Kleinhändler höher zu veranschlagen wären, als die auf dem Spiel stehenden Steuerbeträge. Außerdem ist noch zu bemerken, daß denjenigen, welche neben ihrem eigenen Erzeugnis erkauften oder sonst erworbenen Wein einlagern, das erleichterte Ausschanksrecht nicht zugute kommt und daß die zugestandene Abfindung im Sinne des Entwurfes nicht gerade die Regel bilden soll.

In ähnlicher Erwägung, daß sich für abgelegene kleine Wirtschaftsbetriebe regelmäßige Kontrollen und Abstiche nicht lohnen, begründet sich der Absatz 2. Für diese beiden Ausnahmefälle allein hat der Entwurf den Gedanken der Abfindung aus sichtbaren Gründen aufgenommen. Im übrigen aber verhält er sich gegen die Pauschalierung trotz mancher Vorzüge, denen allerdings, wie oben in der Theorie angeführt, auch bedenkliche Nachteile gegenüberstehen, hauptsächlich deshalb durchaus ablehnend, weil ihm so sehr viel an einer strengen Kellerkontrolle liegt.

Die dem Bundesrat durch § 68 zuerkannte Vollmacht wird im Sinne dieses Paragraphen noch einige andere Ausnahmefälle, wo ähnliche Verhältnisse ein gleiches Vorgehen rechtfertigen, zu berücksichtigen haben, wie z. B. den ausnahmsweisen Wirtschaftsbetrieb durch geschlossene Vereine und derartiges.

Zu § 41.

Die Anlegung von Steuerzeichen ist ohne Zweifel eine idealste Form der Kontrollierung und theoretisch bei jeder Verbrauchssteuer erwünscht, praktisch leider aber auf wenige Steuerobjekte beschränkt. Bei Flaschenweinen liegt sie in Anlehnung an die Schaumweinsteuer nahe und empfiehlt sich für den Ausschank in Flaschenweinen entschieden, ja ist bei einer Wertbesteuerung wohl sogar die einzige Möglichkeit, nicht unerhebliche Steuerhinterziehungen zu verhüten, wie sie z. B. durch vertauschende Umlagerung der feinen und geringen Flaschenweine im Keller leicht zu bewirken ist und nach der Entnahme keineswegs mehr kontrolliert werden kann. Durch die aufgeklebte Steuermarke dagegen ergibt sich eine höchst wirksame Kontrolle nicht nur durch die Konsumenten, wie der nachfolgende Paragraph festlegt, sondern auch durch die Steuerbeamten, die nur durch die Wirtschaftslokalitäten prüfend zu gehen brauchen, um sich schon weitgehend über die richtige Entrichtung der Flaschensteuer orientieren zu können.

Hinsichtlich der Steuerzeichen sind zwei Arten empfehlenswert, entweder eine Steuermarke in Gestalt eines über den Verschluß der Flasche gelegten, auf ihm festgeklebten Papierstreifens oder eine Steuermarke durch Siegellack auf dem Verschluß der Flasche befestigt und durch Aufdrücken eines Siegels gegen Wiederabnahme gesichert. Der Entwurf gibt der ersten Art, wie sie auch für das Schaumweinsteuergesetz gewählt wurde, den Vorzug, weil sie gegenüber der Schaumweinbanderole noch zwei wesentliche Vorteile mit sich führt, nämlich den, daß man sie sehr leicht so kleben kann, daß sie beim Öffnen der Flasche zugrunde gehen muß und deshalb die Gefahr der wiederholten Verwendung sehr gering ist, und den, daß sie erst, allerdings spätestens, bei der Entnahme aus dem Lagerraum aufgeklebt zu werden braucht, daß also die Frage der hinreichenden Widerstandsfähigkeit des Papiers und des Klebstoffes gegen längere andauernde Lagerung in einem feuchten Keller außer Betracht kommt.

Einer gerade in neuerer Zeit geforderten Flaschenweinsteuer als alleinige Weinsteuer wurde schon im vorigen Abschnitt ablehnend

Erwähnung getan. Hier sei noch der naheliegende Gedanke berührt, die Flaschenbanderole auf die gesamte Versteuerung der Flaschenweine, d. h. auch auf die Verkäufe von Flaschenweinen in Mengen von 10 Liter und mehr, auszudehnen. Dies ist aber keineswegs ratsam, weil dadurch namentlich ein sowohl für die sichere Überwälzung als auch für die richtige Wertdeklaration höchst bedeutungsvoller Grundsatz der Konsumtionsverkehrssteuer gestört würde, nämlich der, daß die Steuer stets von dem Empfänger zu entrichten ist, während dem Absender dagegen die ihres Anreizes zur Defraudation glücklich benommene Wertangabe auferlegt wird.

Bezüglich des aus dem 8%igen Satz der Schanksteuer ohne weiteres folgenden Preises der Steuerzeichen ist es natürlich klar, daß ihr Preis sich entsprechend auf 6, 9, 12, 16, 18 Pfg. usw. erhöht, wenn die Bundesstaaten oder die Gemeinden von ihrem 4%igen Zuschlagsbesteuerungsrecht vollen Gebrauch machen. In den näheren Vorschriften des Bundesrats ist auch darauf zu achten, daß auf dem Steuerzeichen neben seinem eigenen Preis der Verkaufswert des Flaschenweins aufgedruckt ist, für dessen Besteuerung er genügt. Dies ist notwendig, um einerseits Irrtümer der Kleinhändler zu vermeiden und andererseits dem Konsumenten die Kontrolle zu erleichtern.

Zu § 42.

Ähnlich wie bei der Schaumweinsteuer werden die Konsumenten zur Anzeige der vorschriftswidrigen Besteuerung durch die Steuerzeichen verpflichtet, was sich nicht allein auf das Fehlen jedes Steuerzeichens, sondern auch auf das Beklebtsein mit einem für den Preis des Weins nicht genügenden Steuerzeichen bezieht. Der Ausdruck „wer — empfängt“ umfaßt gerade so das Vorsetzen im Gastlokal, als auch das Bringen in die Privatwohnung, letzteres allerdings nur dann, wenn die Menge unter 10 l bleibt. Bemerkt sei, daß unter diesen Paragraphen auch der Ausnahmefall des § 36 fällt, wo Großhändler das Abgaberecht in Mengen unter 10 l zugesagt ist.

Der Absatz 2 schreibt eine von seiten des Kleinhändlers leicht zu erfüllende, für die Kontrolle sehr wichtige Verpflichtung vor, die zugleich im Interesse des Konsumenten insofern liegt, als er dann auch die sichere Gewähr hat, daß nicht etwa, wie es gegebenenfalls vorkommen kann und schon vorgekommen ist, die draußen geöffnete Flasche in ihrem Inhalt vertauscht wurde.

Zu § 43.

Die §§ 43—46 befassen sich noch mit besonderen Vorschriften für die Weinzuckersteuerkontrolle, die wohl dazu angetan sind, die Sicherheit dieses Steueraufkommens und, worauf hier das Hauptgewicht liegt, den Schutz der reellen Weinbranche vor jedem Mißbrauch mit Zuckerwasser noch zu verstärken. Die wirkungsvollste Kontrolle auch für die Weinzuckersteuer besteht in der Lagerbuch-, Versendungs- und Kontenkontrolle, durch welche es ermöglicht wird, jede wesentlichere unangemeldete Vermehrung durch Zuckerwasser zu entdecken. Immerhin bilden die hier vorgesehenen besonderen Bestimmungen noch eine recht nützliche Ergänzung. Eine äußerst wünschenswerte Erleichterung und Verbilligung der Weinzuckersteuerkontrolle wird auch die in dem neuen Weinverkehrsgesetz unbedingt festzuhaltende räumliche und zeitliche Begrenzung des Zuckerwasserzusatzes und insbesondere die Beschränkung des gestatteten Zuckerns auf die Produktionsgegenden bringen.

Der § 43 folgt im allgemeinen dem französischen Weinzuckersteuergesetz vom 29. Juni 1907, nur daß es eine Verschärfung dadurch bringt, daß alle Verkäufe schon über 20 kg und nicht über 25 kg von den Zuckerhändlern aufzuzeichnen sind, daß auch wahrheitsgemäße nähere Auskunft über die Anschreibungen zu erteilen ist und dem Oberbeamten der Steuerverwaltung die Einsicht in die auf die Zuckerverkäufe sich beziehenden Handlungsbücher und Geschäftspapiere zusteht. Um aus diesen Anschreibungen einen Nutzen für die Kontrolle ziehen zu können, muß man sie von allen Zuckergroßhändlern und nicht bloß von denen, welche Weinzucker zu verkaufen pflegen, verlangen.

Zu § 44.

Die Deklaration des Verbrauches von Weinzucker über den Zweck desselben nicht nur an die Steuerbehörde, sondern auch an den Zuckerverkäufer bei der Bestellung bildet die unbedingte Voraussetzung der im nächsten Paragraphen vorgeschlagenen Versendungskontrolle des Weinzuckers. Im Wortlaut ist die Ausdrucksweise „v o n dem oder d u r c h den er den Zucker bezieht" wohlbedacht gewählt, damit nicht etwa bei dem Ankauf durch die Vermittelung einer dritten Person eine leichte Umgehung des Gesetzes naheläge. Der bloße Vermittler des Kaufgeschäftes hat selbstverständlich den ihm deklarierten Zweck der Zuckerbestellung dem endgültigen Verkäufer weiter anzugeben. Die in Aussicht genommene Anmeldung der Weinzuckerbestellung durch den Verbraucher auch schon vor dem Empfang der Sendung wird zur Verschärfung der gegenseitigen Kontrolle der Angaben des Versenders und Empfängers, die hier kaum durch solche Kautelen wie bei der eigentlichen Weinsteuer gesichert werden können, gut sein. Man könnte vielleicht daran denken, für Weinproduzenten und Weinhändler alle Zuckerkäufe, auch sofern sie nicht zur Weinzuckerung bestimmt sind, anmeldepflichtig zu machen. Jedoch glaubte der Entwurf, von dieser erwägenswerten, aber belästigenden Vorschrift in Anbetracht der auch ohne sie durchaus genügend erscheinenden Sicherung der Weinzuckersteuer absehen zu können.

Die Vorschrift des Absatzes 2, durch die jeder Bezieher von Zucker in Mengen von über 20 kg, also nicht allein der Bezieher von Weinzucker, verbunden wird, erscheint geboten, um der Steuerbehörde die Kontrolle darüber zu erleichtern, daß nicht etwa harmlose Bezieher vorgeschoben werden und von diesen der Zucker dann heimlich an benachbarte Verbraucher von Weinzucker abgegeben wird.

Zu § 15.

Die Anmeldung der Zuckerversendung wird von dem versendenden Verkäufer entgegen der für Zuckerverkauf über 20 kg allgemein geforderten Eintragung in das besondere Buch (§ 43) nur für die Versendung von Weinzucker verlangt, da an eine Anmelde- und Bezettelungspflicht aller Zuckergroßverkäufe nicht gedacht werden kann. Erfüllte der Verbraucher des Weinzuckers nicht seine durch § 44 auferlegte Verpflichtung der Anzeige des Verwendungszweckes, dann kann natürlich der Versender wegen Unterlassung der Anmeldung nur dann zur Verantwortung gezogen werden, wenn er auf andere Weise von dem Zwecke der Zuckerbestellung wußte oder wissen mußte, was wohl bei allen Versendungen an Weinhändler oder Weinproduzenten angenommen werden kann. Im übrigen liegen der Versendungskontrolle der Weinzuckersteuer die entsprechenden Absichten wie derjenigen der eigentlichen Weinsteuer zugrunde.

Zu § 46.

Diese Ermächtigung des Bundesrates geschieht in der Erwägung der besonders bei Weinhändlern unvermeidlichen Gefahr, daß verbotenerweise doch Haustrunk in den Verkehr mit unterschlüpft und dann vor allem, daß auch Weinzucker, der nur zu dem niedrigen Satz für die Herstellung von Haustrunk versteuert ist, auch für Weinverbesserungszwecke zur Anwendung kommt. Deshalb dürfte die Festsetzung gewisser Grenzen für die Herstellung von Haustrunk und insbesondere für den dazu in Verwendung kommenden Zucker sehr erwünscht sein. Dem Entwurf schwebt hierbei die Regelung als im allgemeinen nachahmenswert vor, welche das französische Gesetz vom 29. Juni 1907 vorgenommen hat. Es sind danach alle die, welche Zuckerweine für den eigenen Verbrauch herstellen wollen, verpflichtet, eine Erklärung darüber abzugeben. Die Menge des dazu verwendeten Zuckers darf 20 kg pro Familienglied oder zur Familie gehörige Dienstboten, pro 3 hl der geernteten Traubenmenge und insgesamt für einen Betrieb 200 kg nicht überschreiten. Tresterweine, die nur für den Familienverbrauch erlaubt sind, dürfen 40 hl pro Betrieb nicht übersteigen. Für unsere deutschen Verhältnisse, insbesondere hinsichtlich der üblichen Verabreichung von Haustrunk an ländliche Arbeiter, sind jedoch diese französischen Grenzen wohl beträchtlich weiter zu ziehen.

Zu §§ 47—62.

Im wesentlichen folgt der Entwurf den in anderen Steuergesetzen enthaltenen Strafbestimmungen, vor allem dem Schaumweinsteuergesetz vom 9. Mai 1902. Die Defraudationsstrafe wurde gegenüber der sonst üblichen Bemessung des vierfachen Betrages der vorenthaltenen Steuer auf den sechsfachen Betrag erhöht, was wohl ohne Bedenken geschehen kann im Hinblick auf die elsaß-lothringische Gesetzgebung, wo sogar jede Steuerhinterziehung mit dem zehnfachen Betrag geahndet wird. Empfiehlt es sich doch immerhin bei Verbrauchssteuern mit schwierigen Kontrollen, wo man somit mehr oder minder auf den guten Willen der Steuerpflichtigen, der in der Finanz ziemlich schlecht zu sein pflegt, angewiesen ist, das Unrecht mit Straffolgen zu bedrohen, die von der Rechtswidrigkeit abschrecken sollen. Im übrigen sei aber nochmals darauf aufmerksam gemacht, daß durch die in Vorschlag gebrachten wirksamen Kontrollen und zweckmäßigen Kautelen bei den Wertangaben das Steueraufkommen nach Maßgabe dieses Gesetzes nicht nur nicht bedeutend mehr als bei der Regierungsvorlage von 1893 samt den bestehenden Weinsteuergesetzen, sondern auch zum mindesten gerade so gesichert sein dürfte wie bei fast allen anderen Verbrauchssteuern und auch vielen sonstigen Steuern. Abgaben zu ersinnen, welche der Hinterziehung nicht ausgesetzt wären, dürfte wohl äußerst schwer sein. Jedenfalls kann und darf der moderne Staat bei dem Suchen nach Steuerquellen vor solchen nicht Halt machen, die unbelastet zu lassen große Ungerechtigkeit wäre, wenn auch von vornherein gewiß ist, daß aus ihnen nicht leicht zu schöpfen sein wird. Um so weniger darf dies geschehen, wenn noch berechtigte sonstige Interessen die Einführung der Steuer so dringend verlangen, wie dies hier bei der Weinsteuer zum Schutze der reellen Weinbranche geschieht.

Die Untersagung des Weinhandelsbetriebes, welche im § 53 für den Fall der wiederholten Defraudation angedroht ist, ist aus der Regierungsvorlage von 1893 übernommen und rechtfertigt sich durch die Erwägung, daß trotz der vorgesehenen wirksamen Kontrollmaßregeln für den richtigen Eingang der Gefälle die Vertrauenswürdigkeit der beteiligten Gewerbetreibenden eine große Rolle spielt. Solchen Personen, welche sich durch die begangenen Hinterziehungen als vertrauensunwürdig erwiesen haben, soll im Interesse des Steueraufkommens und nicht minder zum Schutze der redlichen Gewerbetreibenden die Gelegenheit zur ferneren Defraudationen genommen werden können. Jedoch bedarf es hierzu in jedem einzelnen Falle einer Verfügung der obersten Landesfinanzbehörde. Die Bestimmung findet im übrigen eine Vorläuferin in der Zuckersteuergesetzgebung.

Zu § 63.

Da die Artikel 36 und 38, Absatz 3 der Reichsverfassung sich nur auf die im Artikel 35 bezeichneten Abgaben beziehen, so ist nach dem Vorgang der Regierungsvorlage von 1893 es erforderlich, die entsprechenden Bestimmungen für die Weinsteuer an dieser Stelle zu treffen.

Eine endgültige Festsetzung der Vergütung, welche den Bundesstaaten für die Erhebung und Verwaltung der Weinsteuer zu gewähren ist, erweist sich zur Zeit unmöglich. Die Unterlagen für den Kostenaufwand werden erst vorhanden sein, wenn die aus dem Gesetz sich ergebende Organisation der Steuerverwaltung in den einzelnen Staaten überall zur Durchführung gelangt ist. Vorläufig wird deshalb wie bei der Zuckersteuer, der Tabaksteuer, der Branntweinsteuer und Schaumweinsteuer die Regelung des Gegenstandes dem Bundesrat zu überlassen sein.

Zu § 64.

Die hier vorgeschlagene Vorschrift hängt eigentlich nicht unmittelbar mit der Besteuerung des Weins zusammen. Aber sie entspricht vollständig, und zwar dringlich einem obersten Grundsatz des Entwurfes, nämlich dem des fördernden Schutzes der Weinproduktion und läßt sich auf die Grundlage der ertragsreichen Steuer leicht und erfolgversprechend aufbauen. Gerade in der durch die Steuer allein gebotenen Möglichkeit einer allgemeinen tatkräftigen Unterstützung in der Bekämpfung der pflanzlichen und tierischen Rebschädlinge liegt, worauf schon oben aufmerksam gemacht wurde, ein bedeutungsvoller Vorzug der Lösung der Weinfrage durch das Mittel der Weinsteuer; denn nach der unlauteren Konkurrenz der Weinvermehrung und Weinfabrikation hat man in den immer bedrohlicher werdenden Rebschädlingen die gefährlichsten Feinde des Weinbaus zu erblicken, deren energische Bekämpfung kaum minder notwendig ist, wenn man dem deutschen Weinbau aus seiner schweren Notlage wieder aufhelfen will. Da aber die Kräfte des einzelnen in diesem äußerst kostspieligen und mühevollen Kampf nicht ausreichen können, bedarf es hier der staatlichen Hilfe so dringend, wie nur auf irgend einem anderen wirtschaftlichen Gebiet. Diese aber in genügender Angemessenheit zu gewähren, sind die einzelnen besonders heimgesuchten Bundesstaaten zu schwach, und hat es doch auch in mancher Hinsicht seine soziale Bedenklichkeit, so erhebliche Summen, zu denen auch solche mitzahlen sollen, die nicht nur dem Weinbau und Weinhandel, sondern auch dem Weinkonsum fern stehen, ohne jede Entschädigung aufzuwenden.

So kommt es denn erklärlicherweise, daß gegenwärtig, wo die Bundesstaaten für solche staatliche Unterstützung zuständig sind, diese sehr viel zu wünschen übrig läßt, wenn sie in vieler Beziehung nicht sogar überhaupt fehlt. In ein ganz anderes Licht wird aber diese Frage mit der Durchführung einer allgemeinen Weinbesteuerung zugunsten des Reiches gerückt. Denn wenn hierdurch der Reichskasse solch ansehnliche Einnahmen zufließen, dann hat die Reichsregierung das Interesse und vor allem auch die Verpflichtung, für die Erhaltung des Weinbaus tatkräftigst Sorge zu tragen. In dieser Aufnahme des Kampfes gegen die pflanzlichen und tierischen Rebschädlinge durch das Reich selbst liegt gleichzeitig der besondere Vorzug gegenüber der bundesstaatlichen Vornahme, daß dadurch erst die Möglichkeit und Gewähr geboten ist, daß die Bekämpfung auch überall gleichmäßig rührig und nur dadurch mit Erfolg betrieben wird. Die grundsätzliche verpflichtende Bevollmächtigung des Reiches, die staatliche Unterstützung mit Entschiedenheit einheitlich in allen deutschen Weinbaugebieten durchzuführen, muß unzweifelhaft im Weinsteuergesetz selbst festgelegt werden. Dabei empfiehlt es sich aber wohl, sich mit einer allgemeineren Vorschrift, wie sie der Entwurf vorschlägt, zu begnügen und jede nähere Regelung, wie und in welchem Maße die Reichshilfe zu geschehen hat, den Ausführungsbestimmungen oder hier noch besser einem besonderen Reichsgesetz vorzubehalten.

Im einzelnen seien zur näheren Begründung der Notdurft der vorgesehenen Vorschrift nachfolgende Bemerkungen beigefügt. Die pflanzlichen Rebschädlinge bestehen in Oidium und Perenospera, die beide aus Amerika eingeschleppt wurden und zeitweise, jenes in früheren Jahren, diese in den letzten verheerend auftraten. Ihre Bekämpfung mit Schwefel bzw. Kupfervitriol verursacht sehr große Kosten. Unter den noch schlimmeren tierischen Feinden des Weinbaus steht seiner Allgemeinheit wegen der Sauerwurm obenan, dessen Schädigungen in manchen Jahren sich auf Millionen von Mark beziffern, wobei das besonders Mißliche darin liegt, daß man noch keine wirksame Methode zu seiner Bekämpfung kennt und bis jetzt auch noch nicht die nötigen Mittel zum tatkräftigen Betreiben des Auffindens einer solchen aufgebracht werden konnten. Die größte Gefahr droht jedoch dem Weinbau von dem Umsichgreifen der Reblausseuche, die bis jetzt in Deutschland glücklicherweise nur beschränkt auftrat, während sie nach ihrer Einschleppung aus Amerika in der zweiten Hälfte des vorigen Jahrhunderts in anderen Ländern, besonders in Frankreich, schon ungeheure Verluste verursacht hat. In richtiger Erkenntnis dieser Bedrohung hat man schon längst in Deutschland reichsgesetzlich die Bekämpfung der Reblaus durch die einzelnen Bundesstaaten zu regeln versucht, wobei man das Ausrottungsverfahren aufgriff. Abgesehen von der kaiserlichen Verordnung vom 11. Februar 1873 sind hier die Reichsgesetze vom 6. März 1875 und 3. Juli 1883 zu nennen, welche die Ermittelung und Bekämpfung der Reblauskrankheit betreffen. Das letzterwähnte Gesetz ist durch das Gesetz vom 6. Juli 1904 ersetzt, das vor allem die Bestimmung trifft, daß Besitzer von Rebpflanzungen, die von den Maßregeln der Bekämpfung der Reblaus betroffen werden, von dem Bundesstaat, zu dessen Gebiet das Grundstück gehört, Schadenersatz verlangen können. Dieses dankenswerte, aber noch nicht genügende reichsgesetzliche Vorgehen, hatte nach Angaben der 28. Denkschrift der Kaiserlichen biologischen Anstalt für Land- und Forstwirtschaft von 1879—1905, ohne daß man bis jetzt von einer wirtschaftlichen Kalamität sprechen kann, die Verausgabung von 15,5 Millionen Mark zur Folge, welche größtenteils auf wenige Bundesstaaten entfällt. Der bisherige Aufwand seit dem Reblausgesetz vom 6. Juli 1904 belief sich für Elsaß-Lothringen allein auf 3,5 Mill. bei der durch das Ausrottungsverfahren bedingten Vernichtung von 217 ha Rebland.

Kein Wunder, daß unter diesen Verhältnissen die drückend belasteten Bundesstaaten mehr denn geneigt sind, das Extinktivverfahren als aussichtslos aufzugeben und deshalb die Aufhebung des Reblausgesetzes anstreben. Dies zeitigte auch schon die Wirkung einer Bekanntmachung des Reichskanzlers, die Bekämpfung der Reblaus in einigen Weinbaugegenden betreffend, vom 7. Juli 1905, die eine Beschränkung der gesetzlichen Maßregeln zur Bekämpfung der Reblaus für alle sächsischen und thüringischen Staaten sowie für die Seuchengebiete bei Metz und Mondidier in Lothringen zuläßt, weil sich die Unterdrückung der Reblaus in diesen Gegenden als unmöglich herausgestellt habe. Aber selbst wenn dies der Fall ist, soll auch in diesen Gegenden keineswegs die Bekämpfung durch das Ausrottungsverfahren erlahmen, weil andernfalls alle benachbarten Weinbaugebiete auf das höchste gefährdet werden. Auch den heimgesuchten Gegenden selbst ist wieder nach Kräften aufzuhelfen; wenn die Ausrottung mehr oder minder aussichtslos ist, dann muß eben zu dem zweiten Verfahren der Reblausbekämpfung Zuflucht genommen werden, dem Rekonstruktionsverfahren, d. h. zu Maßregeln zur Ermöglichung der Rebenkultur mit der Reblaus, was vor allem durch die Anpflanzung der widerstandsfähigeren amerikanischen Reben gelingen kann, auf die dann die heimischen Reben aufgepfropft werden. Da aber die Gleichwertigkeit der veredelten amerikanischen Reben mit den einheimischen besonders für die deutschen Verhältnisse noch keineswegs feststeht, ist es fraglich, ob der Weinbau in Deutschland aufrecht erhalten werden kann, wenn die Verseuchung so weit fortschreitet, daß sie das allgemeine Aufgreifen des Rekonstruktionsverfahrens mit reblausfesten Amerikanerreben verlangt. Wenn aus diesem Grunde auch an dem Ausrottungsverfahren solange wie nur möglich festzuhalten sein wird, sollte es doch nicht versäumt werden, durch staatliche oder doch wenigstens staatlich unterstützte Anlagen tunlichst vieler Versuchsgärten die eventuelle unumgängliche Rekonstruktion der deutschen Rebenkultur auf amerikanischer Grundlage genügend vorzubereiten, weshalb es zu bedauern ist, daß das Reblausgesetz von 1904 solche Anlagen allzusehr erschwert, und ihre Zahl deshalb noch recht spärlich ist. Fernerhin sollte durch Aufstellung weiterer Sachverständiger das gesamte deutsche Rebgelände noch besser überwacht werden. Denn zweifellos harren heute noch kleine Herde ihrer Entdeckung, die jetzt leicht zu beseitigen wären, später aber nur mit großen Kosten zu bekämpfen sind.

Aus dieser kurzen Betrachtung möge zur Genüge hervorgehen, welch äußerst kostspielige Anforderungen auf dem Gebiet der Bekämpfung der pflanzlichen und tierischen Rebschädlinge an den Staat herantreten und wie verdient sich die Weinsteuer um den Weinbau schon dadurch macht, daß erst nach ihrer Einführung die verbündeten Regierungen jene dringlichen Anforderungen überall befriedigen werden und überhaupt können.

Zu § 65.

Ähnlich wie es die Regierungsvorlage von 1893 in Aussicht genommen hatte, so soll auch für diesen Entwurf die Einsetzung des Termins für das Inkrafttreten des Gesetzes in dem Sinne erfolgen, daß sie etwa auf ein halbes Jahr nach der voraussichtlichen Annahme des Gesetzes hinausgeschoben wird. Dies ist geboten, um den im Besitz einer Weinsteuer befindlichen Bundesstaaten, sowie auch den eine Abgabe von Wein erhebenden Kommunen Gelegenheit zu geben, bis dorthin ihre Weinsteuergesetzgebung an das Reichsgesetz und die dazu ergehenden Ausführungsbestimmungen anzupassen. Der Zeitpunkt für die nach § 18 bzw. § 43 erforderlichen Anzeigen ist einen Monat vor dem Termin des Inkrafttretens dieses Gesetzes anzusetzen.

Zu § 66.

Die hier getroffenen Bestimmungen klingen an den Entwurf von 1893 mit den gleichen Zwecken an. Es ist klar, daß die Erhebung einer angemessenen Nachsteuer sich bei der Einführung einer Weinsteuer in noch höherem Grade notwendig erweist, als bei anderen Verbrauchsabgaben, weil der Wein für eine lange Lagerung besonders geeignet ist. Würde eine Nachsteuer nicht vorgesehen, so wären vor allem hinsichtlich der Konsumtionsverkehrssteuer die Steuerpflichtigen imstande, ihre Keller auf Jahre hinaus mit unversteuertem Wein zu versorgen. Dieselben würden dadurch gegenüber denjenigen, welche zu diesem Verfahren nicht greifen können, einen sachlich nicht gerechtfertigten Vorteil erlangen, und überdies wäre eine erhebliche, in ihrer Zeitdauer nicht absehbare Schmälerung des Steueraufkommens zu befürchten. Für die Handelsverkehrssteuer verliert durch die Niedrigkeit derselben die Nachsteuer viel von ihrer Dringlichkeit, ist aber nichts destoweniger ratsam und für die Steuerverwaltung bei den Kosten der die Richtigkeit der Anmeldungen prüfenden Bestandsaufnahmen, die als Grundlage für das amtliche Konto unter keinen Umständen zu entbehren ist, sehr erwünscht. Um aber die Abwicklung des Nachsteuergeschäftes wesentlich zu erleichtern, wählt der Entwurf nach dem Vorgange der Regierungsvorlage von 1893 einen festen Nachsteuersatz ohne Berücksichtigung des Wertes, dessen Angabe eben bei dem Fehlen fester Anhaltspunkte für die Steuerverwaltung auf ihre Richtigkeit nur außerordentlich schwer zu prüfen wäre, wobei zudem meist nur unwesentliche Steuerbeträge auf dem Spiele ständen. Der Ansatz von 1,20 M. wird für die überwiegend in Betracht kommenden Weinsorten annähernd einer Belastung von 2% des Wertes, wie sie der Handelsverkehrssteuer zugrunde liegt, darstellen. Um zu verhüten, daß hierbei die geringsten Weine im stärkeren Verhältnis belastet werden, erfolgt die Bestimmung des Absatzes 3.

Auch für die Konsumtionsverkehrssteuer erfährt das Nachsteuergeschäft eine große Erleichterung durch die Befreiung für Weinvorräte unter 30 Liter, die zudem auch Billigkeitsrücksichten entsprechen dürfte. Die Festssetzung einer Steuergrenze für die von der Nachsteuer freizulassenden Weine, wie sie die Regierungsvorlage von 1893 mit 150 M. in Ansatz brachte, ist wohl ihrer großen Dehnbarkeit wegen keineswegs empfehlenswert. Dagegen glaubt der Entwurf aus Gerechtigkeitsgründen hinsichtlich der Konsumtionsverkehrssteuer auch für die Nachsteuer unbedingt an der Wertbesteuerung festhalten zu müssen. Bei der Schanksteuer ist aus ersichtlichen Gründen eine Nachsteuer überflüssig. Jedoch bedarf die Weinzuckersteuer ihrer kaum minder nötig als die Konsumtionsverkehrssteuer.

Zu § 67.

Wein, der aus den Zollanschlüssen eingeht, ist der Steuer natürlich in gleicher Weise zu unterwerfen wie das inländische Erzeugnis. Im Interesse der freien Bewegung des Verkehrs mit den Zollanschlüssen muß darauf Bedacht genommen werden, mit den beteiligten Regierungen ähnliche Vereinbarungen wie bei der Schaumweinsteuer und anderen Reichssteuern auch hinsichtlich der Weinsteuer zu treffen: es wird eine Steuergemeinschaft begründet, indem sich die betreffenden Länder verpflichten, mit dem deutschen Gesetz übereinstimmende Vorschriften über die Besteuerung des Weins für die Zollanschlüsse zu erlassen. Der Ertrag der in die Gemeinschaft fallenden Weinsteuer wird nach dem Verhältnis der Bevölkerung der der gemeinschaftlichen Gesetzgebung unterworfenen Gebiete verteilt. Hinsichtlich der den Zollbehörden zu übertragenden Verwaltung und Erhebung der Weinsteuer in den Zollanschlüssen finden diejenigen Vereinbarungen, welche in bezug auf die Verwaltung und Erhebung der Zölle getroffen sind, entsprechende Anwendung.

Zu § 68.

Im Hinblick auf die Schwierigkeiten, welche die Weinsteuergesetzgebung bietet, und angesichts der Unmöglichkeit, den verschieden gestalteten Verhältnissen des Weinverkehrs im Gesetz nach allen Richtungen Rechnung zu tragen, erscheint es wie für die Regierungsvorlage von 1893, so auch für diesen Entwurf notwendig, den Bundesrat zu ermächtigen, bei der Ausführung des Gesetzes nicht bloß hinsichtlich der Kontrollvorschriften, sondern auch in anderen Beziehungen Erleichterungen eintreten zu lassen. Es wird sich hauptsächlich darum handeln, auf Grund der zu sammelnden Erfahrungen die Formen des Kontrollsystems zu mildern, wodurch aber unter keinen Umständen die Sicherheit des Steueraufkommens oder der Schutz der reellen Weinbranche gefährdet werden darf. An einigen Stellen, wie z. B. in § 40 weist der Entwurf auf den von dem Bundesrat gemäß seiner Vollmacht zu beschreitenden Weg hin. Namentlich sei hier auch auf eine wünschenswerte Verkehrserleichterung für diejenigen Orte, wo kein Steueramt besteht, aufmerksam gemacht. Am besten erfolgt hier wohl eine Vorschrift in der Richtung, daß die Bürgermeisterämter gewisse Vertretungsvollmachten erhalten, indem sie z. B. die vorschriftsmäßige Anmeldung durch ein Formular beglaubigen, mittels welchem die Transporte bis zum nächsten Steueramte gehen, wo dann ein richtiger Steuerschein ersetzend ausgestellt werden muß.

IV. Berechnung des mutmaßlichen Steuerertrages.

Bei der Berechnung des mutmaßlichen Ertrages einer den vorstehenden Vorschlägen entsprechenden Weinsteuer handelt es sich natürlich über die gegebene statistische Grundlage hinaus um Schätzungen, die sich nach oben und unten von den wirklichen Einnahmen mehr oder weniger entfernen können. Doch wollen wir bei allen notwendigen Schätzungen vorsichtigerweise bestrebt sein, nie zu hoch zu greifen, sondern lieber ein gut Teil zu niedrig, damit eben das tatsächliche Steueraufkommen unter keinen Umständen eine Enttäuschung bereiten wird. Nur in Kürze braucht hier wiederholt zu werden, daß für die Ergebnisse der vorgeschlagenen Weinsteuer eine große Stetigkeit zu erwarten ist, da die

Steuererhebung, abgesehen von der kaum ins Gewicht fallenden Handelsverkehrssteuer, dem Konsum so nahe wie nur möglich gelegt ist.

1. Inländischer Wein.

a) Handelsverkehrssteuer. Der jährliche Durchschnittswert der deutschen Mosternte beträgt nach den durch die Statistik des Deutschen Reichs aufgenommenen Jahrgängen 1893—1898 und 1902—1906 rund 95 Mill. M. Dieser Herbstwert steigt erfahrungsgemäß im ersten halben Jahre durch Abgang an Hefe und Trübwein und durch Zinsen und Küferkosten durchschnittlich um 10% des Wertes, und von da ab bis zu einem gewissen Alter durch weitere Zinsen, Küferkosten und Schwand durchschnittlich pro Jahr um je 10%, so daß also der Wein nur allein durch die Lagerung nach dem ersten Jahr etwa 15% und nach jedem der nächsten Jahre etwa 10% mehr kostet.

Nehmen wir, um sicher nicht zu überschätzen, an, daß die 2%ige Handelsverkehrssteuer nur einmal und im ersten halben Jahre in Wirksamkeit tritt, so erhalten wir als Steuerertrag . . . . 2,1 Mill. M.

b) Konsumtionsverkehrssteuer. Die Berechnung soll davon ausgehen, daß der Wein dieser Steuerform durchschnittlich schon nach zwei Jahren unterliegt, was sehr mäßig angesetzt ist, wenn man bedenkt, daß doch, abgesehen von den Weinbaubezirken, meist nur ausgebaute flaschenreife Weine von Privatpersonen bezogen werden und die Flaschenreife selten vor dem dritten Jahre oft noch später eintritt. Der Konsumtionsverkehrssteuer denken wir uns die Hälfte des gesamten Weinkonsums unterstellt, was annähernd der Wirklichkeit entsprechen dürfte; denn wenn auch in den Weinbaugegenden und in der Nähe derselben mehr Wein zu Hause als in den Wirtschaften getrunken wird, so ist im übrigen Deutschland das Verhältnis umgekehrt. Außerdem soll als Großhandelsgewinn nur der sehr niedrige Satz von 5%, und zwar nur einmal verwendet werden. Hiernach berechnet sich der Ertrag der Konsumtionsverkehrssteuer folgendermaßen:

Gesamtwert des Inlandserzeugnisses nach 2 Jahren	120 Mill. M.;
hiervon die dieser Steuer unterstellte Hälfte . . .	60 Mill. M.;
dazu der Großhandelsgewinn von 5%	63 Mill. M.;
folglich das Aufkommen durch diese Steuer von 10%	6,3 Mill. M.

c) Schanksteuer. Wir wollen den Ausschank schon nach 2½ Jahren annehmen, was sicher als Durchschnitt nicht zu hoch gegriffen ist in Anbetracht dessen, daß der Ausschank sich nicht nur nicht überwiegend in völlig ausgebauten Weinen, sondern auch großenteils erst in Flaschen vollzieht, und zwar teilweise mit ziemlich alten Weinen. Zudem ist nicht zu vergessen, daß sich der Wert des Weins durch seine Abfüllung in Flaschen meist recht erheblich über die 10%ige Jahressteigerung hinaus erhöht, was aber seiner unbestimmten Unterschiedlichkeit wegen wie bei der Konsumtionsverkehrssteuer, wo der Flaschenweinhandel ja auch schon eine große Rolle spielen wird, so gleichfalls bei der Schanksteuer nicht eigens in Rechnung gebracht werden soll. Trotzdem der Wirt nur selten seinen Wein unter 100% Gewinn, oft dagegen sogar bis zu 300% Gewinn abzusetzen pflegt, wollen wir, um uns auch hier keiner Überschätzung schuldig zu machen, den Kleinhandelsgewinn nur mit 80% veranschlagen. Aus diesen Angaben berechnet sich sodann das Ergebnis der Schanksteuer wie folgt:

Die dieser Steuer untersellte Hälfte des Gesamtwertes des Inlandserzeugnisses nach 2 Jahren	60 Mill. M.;
dazu die halbjährige Lagerungssteigerung des Wertes um 5%	63 Mill. M.;
dazu der Kleinhandelsgewinn von 80%	113,4 Mill. M.;
folglich das Aufkommen durch diese Steuer von 8%	9,1 Mill. M.

2. Ausländischer Wein.

Hinsichtlich des der Weinsteuer unterliegenden ausländischen Weins soll bei der Berechnung die beträchtliche Menge des gegenwärtig aus eingeführten frischen Weinbeeren gekelterten Weins vollständig außer acht gelassen werden, da voraussichtlich die aus der vorgeschlagenen Weinsteuer resultierende Unterbindung der puren Weinvermehrung und Weinfabrikation ein fast völliges Aufhören dieser Einfuhr, die nur bei unreeller Ausnutzung lohnend ist, bewirken wird. Um so bestimmter darf aber demgegenüber erwartet werden, daß bei dem nach Einführung der Weinsteuer so außerordentlich verminderten Angebot an Wein die Einfuhr von Wein in Fässern und in Flaschen sich verdreifacht, wenn nicht allmählich vervierfacht oder gar verfünffacht. Jedoch wollen wir vorsichtigerweise bei der schätzenden Steuerveranschlagung nur eine Steigerung um 150% annehmen, welche unter allen Umständen erreicht werden wird. Der jährliche Durchschnittswert der Einfuhr von Wein in Fässern und in Flaschen stellt sich nach den Jahren 1896—1906 auf 37 Mill. M., wonach für die Zukunft bei einer Steigerung um 150% sich ein Einfuhrwert von 92 Mill. M. ergibt. Von diesen 92 Mill. M. ist jedoch der Wert der deutschen Weinausfuhr, welche höchstens von der mäßigen Handelsverkehrssteuer getroffen wird, abzuziehen. Dieser Wert beläuft sich im Durchschnitt der Jahre 1896—1906 auf 20 Mill. M. Somit verbleiben als Grundlage für unsere Berechnung des Steuerertrags vom ausländischen Wein 72 Mill. M.

a) Handelsverkehrssteuer. Wenn auch die Weineinfuhr meist durch Zollkeller zu gehen und dort eine längere wertsteigernde Lagerung bis zum Fälligwerden des Zolls und damit auch der Handelsverkehrssteuer stattzufinden pflegt, so soll doch diese Steuerform direkt vom Wert bei der Einfuhr berechnet werden. Da der Privatbezug aus dem Ausland nur ganz verschwindend sein wird, kann man den gesamten Wert der Einfuhr der Handelsverkehrssteuer einmal unterworfen ansetzen. Zu dem Einfuhrwert von 72 Mill. M. muß jedoch der gezahlte Zoll hinzugerechnet werden, wobei von dem Zuschlag der Transportkosten und -spesen, der beim Durchgehen durch Zollniederlagen sich von selbst in dem dadurch erhöhten Kaufpreis der Steuer unterwirft, abgesehen sein soll. Der Zollertrag von Wein in Fässern und Flaschen ergab unter dem Einfluß der neuen Handelsverträge 1906 etwas über 16 Mill. M. Folglich macht bei der angenommenen Steigerung der Einfuhr um 150% der den 72 Mill. M. hinzuzurechnende Zoll 40 Mill. M. aus. Danach stellt sich der Ertrag der Handelsverkehrssteuer von 2% auf . . 2,2 Mill. M.

b) Konsumtionsverkehrssteuer. Es unterliege ihr wieder wie beim Inlandserzeugnis die Hälfte des eingeführten Weins abzüglich der Ausfuhr, mithin der Wert von . . . 56 Mill. M. Dazu sei, obwohl die Weine überwiegend jung bezogen werden und in Deutschland deshalb bis zum Absatz an den Konsum noch länger zu lagern pflegen, nur eine 5%ige Wertsteigerung für eine halbjährliche Lagerung und außerdem noch wie oben 5% Großhandelsgewinn gerechnet. Dies ergibt dann 61,6 Mill. M.; folglich beträgt das Aufkommen durch diese Steuer von 10% . . . . 6,2 Mill. M.

c) Schanksteuer. Deren Ertrag berechnet sich etwa folgendermaßen:

Die dieser Steuer unterstellte Hälfte des Einfuhrwertes (abzüglich des Ausfuhrwertes) mit Zollzuschlag	56 Mill. M.
dazu die Steigerung des Wertes um 10% für ein Jahr Lagerung	61,6 Mill. M.
dazu der Kleinhandelsgewinn von 80%	110,9 Mill. M.
folglich das Aufkommen durch diese Steuer von 8%	8,9 Mill. M.

3. Weinzuckersteuer.

Die Berechnung der Weinzuckersteuer weist besondere Schwierigkeit insofern auf, als man hinsichtlich des Weinzuckerverbrauchs jeder statistisch festgestellten Grundlage entbehrt. Jedoch kann man sich wohl als ungefähr zutreffend der in Kreisen der Sachverständigen verbreiteten Anschauung anschließen. Diese geht dahin, daß zurzeit noch mindestens 80% aller in- und ausländischen Moste mit durchschnittlich $1\frac{1}{2}$ Ztr. Zucker pro 1000 Liter gallisiert werden. Wenn wir nun eine Zuckerung der keineswegs verbesserungsbedürftigen ausländischen Moste, die gegenwärtig allgemein üblich ist, für die Zukunft nicht mehr in Ansatz bringen, so gehen wir wohl nicht sehr fehl, wenn wir die weitere Wirkung der vorgeschlagenen Weinsteuer insbesondere in ihrer Eigenart als Weinzuckersteuer dahin auslegen, daß in Zukunft nur noch etwa 50% der inländischen Moste, und zwar nur noch durchschnittlich mit 1 Ztr. Zucker pro 1000 Liter oder 5 kg pro hl verzuckert werden. Hiernach berechnet sich die Weinzuckersteuer zur Weinverbesserung etwa wie folgt:

Durchschnittlicher deutscher Ernteertrag pro Jahr	3 Mill. hl;
die davon der Zuckerung unterliegende Menge . .	1,5 Mill. hl;
die dazu verbrauchte Menge an Weinzucker . . .	7,5 Mill. kg;
folglich das Aufkommen der Weinzuckersteuer von 40 M. pro 100 kg	3 Mill. M.

Dazu käme dann noch die Weinzuckersteuer für den Haustrunk, wie auch für die Brennweine, die ebenfalls ein nicht unansehnliches Ergebnis ausweisen dürfte. Jedoch soll von der Einstellung eines Ertrages dafür, sowie auch für die Obstweinsteuer abgesehen werden, weil es dabei für die Schätzung jedes vertrauenswürdigen Anhaltspunktes fehlt.

4. Gesamtreinertrag.

Die Zusammenstellung vorstehender Berechnungen ergibt folgenden, durch die vorgeschlagene Weinsteuer zu erwartenden Gesamtrohertrag:

Handelsverkehrssteuer für inländischen Wein . .	2,1 Mill. M.
Konsumtionsverkehrssteuer für inländischen Wein	6,3 Mill. M.
Schanksteuer für inländischen Wein	9,1 Mill. M.
Mehrertrag an Zoll durch die Steigerung der Einfuhr von Wein in Fässern und Flaschen um 150% nach Einführung der Weinsteuer	24,0 Mill. M.
Handelsverkehrssteuer für ausländischen Wein . .	2,2 Mill. M.
Konsumtionsverkehrssteuer für ausländischen Wein	6,2 Mill. M.
Schanksteuer für ausländischen Wein	8,9 Mill. M.
Weinzuckersteuer für die Weinverbesserung . . .	3,0 Mill. M.
Summe	61,8 Mill. M.

Um den Gesamtreinertrag der Weinsteuer zu erhalten, sind von dieser Summe die Erhebungskosten in Abzug zu bringen. Wir wollen dieselben, um uns ja nicht den Vorwurf der Unterschätzung zuzuziehen, mit 20% des Gesamtrohertrages annehmen. Die Regierungsvorlage von 1893 bemaß sie nach Analogie der Branntweinsteuer-Erhebungskosten mit 15%, wohl aller Voraussicht nach ausreichend. Nach damaliger Feststellung waren die sachverständigsten Kräfte, die in Baden, Elsaß-Lothringen und Württemberg mit Weinsteuerangelegenheiten befaßt waren, der Meinung, daß sich zwar ein bestimmter Prozentsatz für die Kosten der Verwaltung und Erhebung nicht angeben lasse, daß jedoch 15% keineswegs zu gering sei. In Anbetracht dessen jedoch, daß die Kontrolle des vorstehenden Weinsteuergesetzentwurfs besonders eingehend geregelt ist, sollen hier 20% in Abrechnung kommen. Jedoch darf man dabei auch nicht vergessen, daß bei dem hohen Rohertrag von 61,8 Mill. M. im Vergleich zu den nur etwa 20 Mill. M., welche die Weinsteuer der Regierungsvorlage von 1893 hätte ergeben sollen, schon mit 15% die Verwaltungskosten hier viel höher veranschlagt wären als damals.

20% von 61,8 Mill. M. als Abzug für die Verwaltungskosten

belaufen sich auf 12,3 Mill. M. Mithin bleibt als Gesamtreinertrag durch die Weinsteuer **49,5** Mill. M.

Diese nahezu 50 Mill. M. dürften der Reichskasse aller Wahrscheinlichkeit nach als vollkommen reine Einnahme aus einem Weinsteuergesetz nach Art des in Vorschlag gebrachten zufließen. Denn für den oben einmal auf etwa 4 Mill. M. geschätzten Ausfall an bisheriger Zuckersteuer durch die erhebliche Einschränkung des Zuckerns, sowie für die kaum ins Gewicht fallenden Steuerbefreiungen, für den etwaigen anfänglichen Konsumrückgang und eventuelle Steuerhinterziehungen bedarf es keiner Kürzung der obigen Summe, weil die Berechnung sich schon allgemein in sehr mäßigen Schätzungen gehalten hat und abgesehen von auch nicht zu unterschätzenden Werterhöhungen, wie durch das öftere Gehen durch mehrere Händlerhände und durch die Transportkosten und sonstiges, was den Wein im Norden und Osten Deutschlands so erheblich teuerer als in den Weingegenden werden läßt, vor allem zwei höchst wichtige, steuerertragsteigernde Momente dabei überhaupt nicht zum Ausdruck kamen. Muß man doch erstlich bedenken, daß der als Unterlage dienende Durchschnittswert der deutschen Mosternte von 95 Mill. M. Jahren größten Tiefstandes der Weinpreise entnommen ist, daß die Weinpreise unter der Wirkung der Weinsteuer sich unausbleiblich erhöhen müssen, zum mindesten um den Steuerbetrag von 2% für die Handelsverkehrssteuer und um 8% für die Schanksteuer, — die 10% der Konsumtionsverkehrssteuer können hier nicht in Betracht gezogen werden, weil sie ja erst vom Konsumenten zu entrichten sind und sich deshalb nicht schon im Kaufpreis ausdrücken, — sicherlich aber auch noch allgemein darüber hinaus, was ja ein hauptsächlicher Zweck dieser Weinsteuer sein soll, um endlich wieder einen neuen Aufschwung der Produktion und des reellen Handels hervorzurufen. Und vollends wurde in obiger Veranschlagung auch überhaupt nicht der sich auf Millionen beziffernde Wert der Weinverbesserungen durch Zuckerwasser in Anrechnung gebracht. Alle diese beträchtlichen Werterhöhungen kommen aber dem Steuerertrag in vollem Maße zugute. Deshalb werden dadurch unzweifelhaft die vorhin genannten Ausfälle mehr als aufgewogen und etwa 50 Mill. M. Reinertrag der Reichskasse verbürgt.

Schluß.

Wenn wir prüfend auf den Inhalt der vorausgegangenen Seiten zurückblicken, so müssen wir uns gestehen, daß das darin Ausgeführte natürlich keinen Anspruch auf völlige oder auch nur annähernde Erschöpfung des so umfassenden Stoffes erheben kann; haben wir uns eben doch für den beschränkten Rahmen der vorliegenden Schrift gar zu hohe Ziele gesteckt und mußten deshalb auch vor allem andere Gebiete der Weinfrage, die nicht streng genommen zur Weinsteuerfrage gehören, eingehender mit heranziehen. Aber der eigentliche Zweck der versuchten Bearbeitung soll ja nur der der Anregung sein, die Weinsteuerfrage in Verbindung mit der Forderung der Gerechtigkeit und des Finanzbedarfes einmal hauptsächlich unter einem neuen gewichtigen Gesichtspunkte, dem des fördernden Schutzes der Produktion und des reellen Handels, zu betrachten und dadurch vielleicht eine geeignete Grundlage weiterer nützlicher Entwicklung zu schaffen. Dabei allerdings sind wir uns vollkommen darüber klar, daß man nie unsere Auffassung teilen und unseren Versuch der Konstruierung eines durchführbaren, die gestellten Anforderungen befriedigenden Weinsteuersystems begründet finden, oder ihm gar beifällig zustimmen kann, wenn man nicht die dringende Notwendigkeit einer erfolgversprechenden Abhilfe der jetzigen Notlage der Weinproduktion wie auch des reellen Handels anerkennt, oder wenn man gar den deutschen Weinbau in Verkennung seiner volkswirtschaftlichen Bedeutung eines fördernden Schutzes nicht für würdig hält.

Geradezu stiefmütterlich erscheint seit Jahrzehnten die Behandlung des Weinbaus. Wie lange kämpft er nun schon mit ständig drückender werdendem Niedergang, ohne bis jetzt auch nur die geringste auf Tatsachen gegründete Hoffnung auf eine künftige Besserung seiner Lage zu haben. Isoliert steht er in dieser Beziehung da gegenüber allen bedeutungsvolleren Wirtschaftszweigen unseres Vaterlandes, zu denen doch gewiß auch der Weinbau zu rechnen ist. Industrie- und Handelszweige leiden wohl zeitweise unter einer Krisis, aber im ganzen geht ihre Entwicklung doch rapid aufwärts; auch die Depression der übrigen Landwirtschaft ist in den jüngsten Jahren gehoben mit gewisser Aussicht auf ständige Besserung. Nur mit dem Weinbau geht es noch andauernd abwärts. Und dies alles zu einer Zeit, wo nicht nur die Regierung eine wohlwollende Stellung dem Winzerstande gegenüber einnimmt, sondern diesem auch vor allem aus den Kreisen der Volksvertretung berechtigte Sympathien in einer Einmütigkeit entgegengebracht werden, wie sie selten zu finden ist. Der gesamte Reichstag von der äußersten Rechten bis einschließlich zu den Sozialdemokraten verlangt einstimmig den fördernden Schutz der Produktion und des reellen Handels gegen die unerhörte Schädigung der Unreellität, und zwar hauptsächlich durch tunlichste Einschränkung des Zuckerwassers und überall gleichmäßig strenge Kontrolle. Genau dasselbe hat sich auch die vorstehende Abhandlung zu ihrem höchsten Ziel gesteckt. Der einzige Unterschied zwischen jenen einmütigen Wünschen und den Vorschlägen dieser Arbeit besteht in dem Mittel, das die Erreichung des gleichen Zweckes ermöglichen soll. Dort das Mittel der Weinverkehrsgesetzgebung, das sich bisher als vollkommen unzulänglich und untauglich erwiesen hat und von dem nicht viel besseres für die Zukunft zu erhoffen ist, hier das neue Mittel der Weinsteuer, das bei durchdachter Anwendung aller Voraussicht nach dem Erstrebten in höchstem Maße zuführen kann und damit zugleich einer ernstesten Forderung der steuerlichen Gerechtigkeit und des stets wachsenden Finanzbedarfes, welcher die Erfassung des Weins so wie so über kurz oder lang zur unumgänglichen Notwendigkeit machen wird, zu genügen vermag. Wer den Zweck will, kann das Mittel nicht verweigern: mag die Weinsteuer auch auf den ersten Blick ihre Bedenklichkeit haben, so wird man sich doch nicht mehr lange der Überzeugung verschließen können, daß sie das einzig erfolgversprechende Mittel ist, daß **jeder Versuch einer befriedigenden Lösung der Weinfrage ohne Steuer ein unvollständiges Stückwerk** bleibt. Es ist höchst kurzsichtig von Produktion und reellem Handel, immer noch zum größeren Teil aus kleinlichem Vorurteil sich dieser Erkenntnis gegenüber ablehnend zu verhalten und damit die Besserung ihrer trostlosen Lage auf unbestimmte Zeit hinauszuschieben, wo sie ihnen sofort garantiert sein dürfte, sobald sie sich zur Weinsteuer bekennen.

Auf dem Bestreben, diese schon jetzt langsam sich verbreitende Einsicht möglichst zwingend zu begründen und demgegenüber die gebräuchlichen Einwände gegen die Weinsteuer, wenigstens die in Vorschlag gebrachte, als unberechtigt zu widerlegen, und überhaupt auf der Fixierung der leitenden Grundsätze, in deren Sinne die Weinsteuer allein befriedigend zu lösen ist, deren nur teilweise Außerachtlassung, sei sie nur bequemlichkeitshalber, oder wenn sich das wirklich praktisch herausstellen sollte, notgedrungen, jede Einführung einer Weinsteuer, besonders wegen ihrer schädigenden Rückwirkung auf die Produktion bedenklich, wenn nicht sogar verwerflich erscheinen läßt, ruht das Hauptgewicht der vorliegenden Arbeit. Der darauf aufbauende Entwurf eines Weinsteuergesetzes stellt nur einen ersten Versuch dar, die theoretisch gewonnenen Ergebnisse ins Praktische umzusetzen, ein Versuch, der von erfahrenerer Seite wohl noch in vieler Beziehung bessernd modifiziert werden kann. Man würdige den allgemeinen Geist und das Wollen dieser Arbeit und übersehe die Schwächen im einzelnen, die aber von einer besseren Kraft unzweifelhaft auf dem eingeschlagenen Wege lösend auszumerzen sind.

Wenn es so dem Verfasser gelungen wäre, für alle diejenigen, denen an dem fördernden Schutz der Produktion und des reellen Handels gelegen ist, die Frage der Weinsteuer näher zu bringen, ihre Lösung ihnen nicht nur nicht annehmbar, sondern in höchstem Maße wünschenswert gemacht zu haben, so wäre seine hauptsächliche Absicht erreicht. Abschließend möchte er nur noch nicht verfehlen, dem hoffenden Wunsche Ausdruck zu geben, daß die Reichsregierung die Weinsteuer unter den aufgestellten Gesichtspunkten einer wohlwollenden Erwägung unterziehen möchte, und wenn sie wirklich die Berechtigung und Zweckdienlichkeit des Ausgeführten anerkennen könnte, möglichst rasch mit kraftvoller Entschiedenheit die äußerst günstige Gelegenheit der Finanzreform und der neuen Regelung des Weinverkehrs ausnutzend an die Einführung einer Weinsteuer im Sinne dieser Arbeit herantreten möchte zum größten Nutzen für die Produktion und den reellen Handel, sowie für die Reichskasse und auch die Konsumtion.

GPSR Compliance

The European Union's (EU) General Product Safety Regulation (GPSR) is a set of rules that requires consumer products to be safe and our obligations to ensure this.

If you have any concerns about our products, you can contact us on ProductSafety@springernature.com

In case Publisher is established outside the EU, the EU authorized representative is:

Springer Nature Customer Service Center GmbH
Europaplatz 3
69115 Heidelberg, Germany

Batch number: 10844623

Printed by Printforce, the Netherlands